JN320872

実例 大人の基本

手紙書き方大全

Letters Encyclopedia

中川 越

講談社

はじめに

今から三十年程前、私はある本を書きました。すると、多くの人から出版祝いの手紙が届きました。しかし、私はそのほとんどに、満足に礼状が書けませんでした。礼状の書き方を知らなかったからです。感謝の気持ちはたくさんあっても、手紙という形式で、失礼なく礼意を示す方法についてはまるで無知で、考えこんでいるうちに返礼の時機を逸《いっ》してしまったケースさえありました。

今や各種通信端末が飛躍的な進歩を遂げ、電子メールやそれに類したコミュニケーションが一般的となり、誰でも手軽に文字情報を伝え合うことができる時代となりました。しかし一方で、私が三十年前に遭遇した状況は、現在も同じように繰り返されているのではないかと思われます。

というのは、友達同士や家族間など、ごく親しい関係の中で気楽な内容を伝え合うことは、手紙でもメールでも、比較的苦労せずに行うことができますが、少しでもかしこまった内容の手紙、メールになると、さて、どう書けば失礼にならないか、非常識と思われないかと、とても心配になるからです。

そんなとき、本書のさまざまな例文や解説をご覧になると、きっと役立つはずです。そして、本書を参考に手紙やメールのトレーニングを重ねていけば、伝統的な手紙の作法や用語、書き方のコツが、いつのまにか身につくに違いありません。その結果、それまで手紙やメールを書くときの手かせ足かせとなっていた手紙の決まりごとが、今度は逆にのびのびと自由に書くための、非常に便利な道具になることに気がつくはずです。

伝統的な手紙の作法や用語は、意味のない形ばかりのルールではありません。

たとえば、手紙文の組み立て方の決まりは、相手との適切な距離感を保ち、スムーズに情報や気持ちを伝え合うための合理性を備えています。

また、拝啓・敬具などの頭語《とうご》や結語、あるいは前文の時候や各種あいさつなどの決まりは、四季をめでる世界観、謙虚な姿勢を美徳とする感受性など、古《いにしえ》より私たち日本人の心に脈打つ美質を、現代に受け継ぐための確かな渡し舟ということができるでしょう。

この渡し舟は、私たちの手紙やメールの表現を縛《しば》るものではなく、むしろ、のびのびとした自由な表現という大きな海原《うなばら》に、私たちを導いてくれる外洋船でもあるのです。

本書が読者の皆様のすばらしい手紙と、それによって育まれる豊かな日々のために、わずかでも資《し》するところがあれば幸いです。

著者

実例 大人の基本 手紙書き方大全 目次

9章 困ったとき

10章 手紙の常識とマナー

便箋は一枚でもいいってホント？……291
宛名だけ最後の便箋に書いてはいけない理由……292
白の二重の封筒がていねい。ただし不祝儀は一重……292
テープで封をするのは失礼。ノリできちんと貼る……292
「あなた」は行頭に。「私」は文末に……292
「が・に・は・の・を」は行頭を避ける……293
人名・数字・熟語は二行に分けない……293
手紙文の組み立て方と実例……294
手紙文の要素の解説……296
定型の言い回し・用語の使い方……298
相手の様子を尋ねるあいさつ……298
自分の様子を伝えるあいさつ……299
ご無沙汰のあいさつ……299
お礼のあいさつ……300
お詫びのあいさつ……300
起語（主文の起こし言葉）……301
用件を結ぶあいさつ……302
健康と無事を祈るあいさつ……302
返事を求めるあいさつ……303
今後に関するあいさつ……303
伝言を依頼するあいさつ……303
日付の書き方……304
自分の署名の書き方……304

宛名の書き方……305
宛名の敬称の書き方……305
脇付の書き方……306
追って書き……306
頭語と結語の呼応関係……307
敬語の表現方法……308
敬語の種類と作り方……309
敬語の作り方の実例……310
尊称と謙称……310
和封筒の書き方……312
洋封筒の書き方……314
便箋の書き方……316
はがきの表書きの書き方……318

手紙検定 総評

正解数50問以上【上級】申し分のない正解数。十二分な知識をもとに、ますますすばらしい手紙を書いてください。

正解数40問以上【中級】知識量はかなり高レベル。さらに豊富な知識を持てば、手紙に一層磨きがかかるでしょう。

正解数30問以上【初級】一般的なレベル。さらに手紙を自由に書くために、手紙の知識を増やしましょう。

正解数20問未満【がんばりましょう】大丈夫。本書を利用して手紙になじめば、きっとすばらしい手紙が書けます。

この本の使い方

Column＆Variation
手紙のセンスを磨く読み物や、言い換え表現のバリエーションなどを掲載しました。

文例
内容に応じて「気軽な例」「改まった例」「一般的な例」の印をつけました。送る相手やシチュエーションについての参考にしてください。

ポイント
特に注意したい点、気を配りたい点をまとめました。

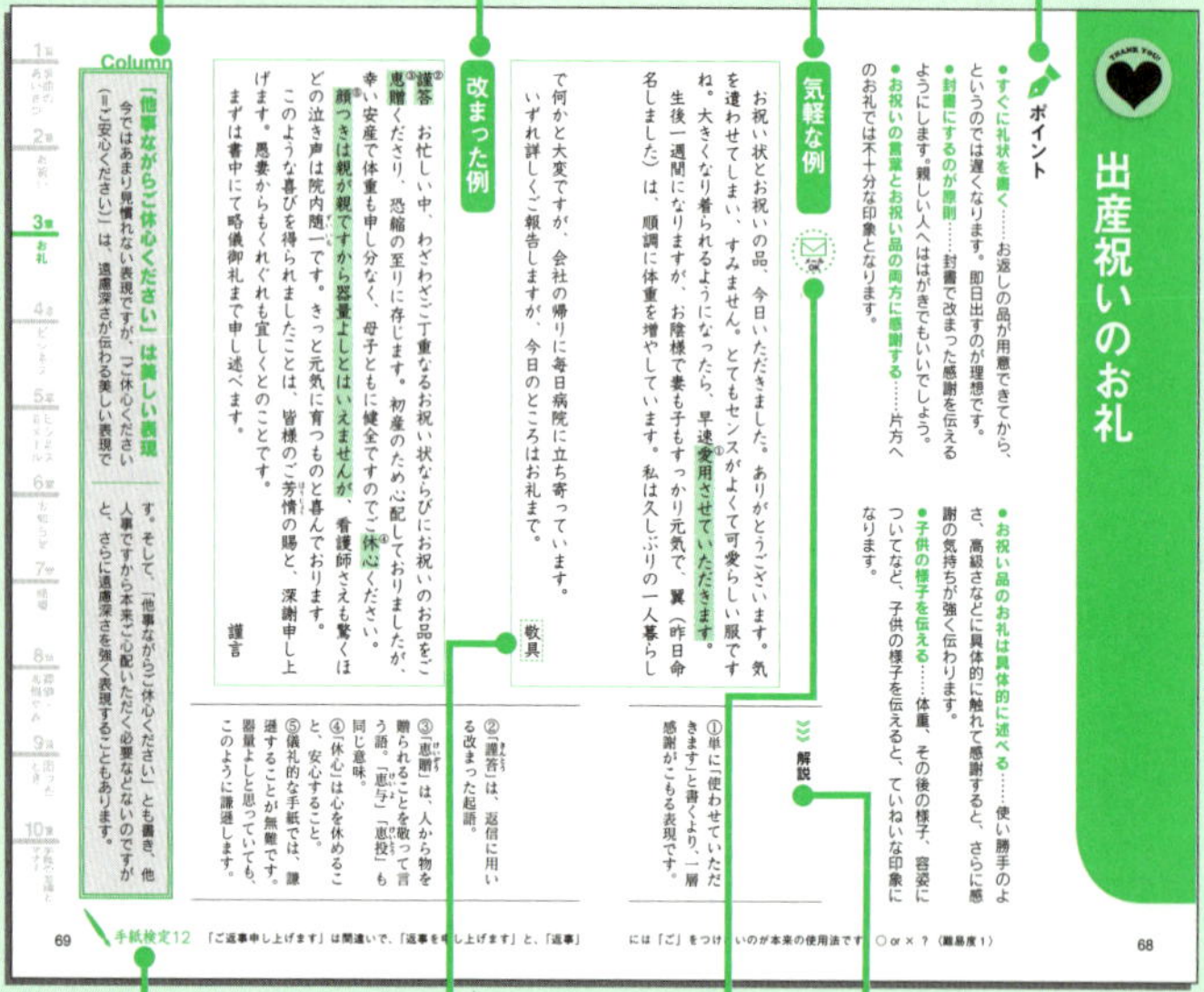

出産祝いのお礼

ポイント

●すぐに礼状を書く……お返しの品が用意できてから、というのでは遅くなります。即日出すのが理想です。
●封書にするのが原則……封書で改まった感謝を伝えるようにします。親しい人へははがきでもいいでしょう。
●お祝いの言葉とお祝い品の両方に感謝する……片方へのお礼では不十分な印象となります。
●お祝い品のお礼は具体的に述べる……使い勝手のよさ、高級さなどに具体的に触れて感謝すると、さらに感謝の気持ちが強く伝わります。
●子供の様子を伝える……体重、その後の様子、容姿についてなど、子供の様子を伝えると、ていねいな印象になります。

気軽な例

お祝い状とお祝いの品、今日いただきました。ありがとうございます。気を遣わせてしまい、すみません。とてもセンスがよくて可愛らしい服ですね。大きくなり着られるようになったら、早速愛用させていただきます。①
生後一週間になりますが、お陰様で妻も子もすっかり元気で、翼（昨日命名しました）は、順調に体重を増やしています。私は久しぶりの一人暮らしで何かと大変ですが、会社の帰りに毎日病院に立ち寄っています。
いずれ詳しくご報告しますが、今日のところはお礼まで。
敬具

改まった例

謹答《きんとう》② お忙しい中、わざわざご丁重なるお祝い状ならびにお祝いのお品をご恵贈③くださり、恐縮の至りに存じます。初産のため心配しておりましたが、幸い安産で体重も申し分なく、母子ともに健全ですのでご休心④ください。顔つきは親が親ですから器量よしとはいえませんが、⑤看護師さえも驚くほどの泣き声は院内随一《ずいいち》です。きっと元気に育つものと喜んでおります。
このような喜びを得られましたことは、皆様のご芳情《ほうじょう》の賜と、深謝申し上げます。愚妻からもくれぐれも宜しくとのことです。
まずは書中にて略儀御礼まで申し述べます。
謹言

解説

①単に「使わせていただきます」と書くより、一層感謝がこもる表現です。
②「謹答《きんとう》」は、返信に用いる改まった起語。
③「恵贈《けいぞう》」は、人から物を贈られることを敬って言う語。「恵与《けいよ》」「恵投《けいとう》」も同じ意味。
④「休心」は心を休めること、安心すること。
⑤儀礼的な手紙では、謙遜することが無難です。器量よしと思っていても、このように謙遜します。

Column
「他事ながらご休心ください」は美しい表現
今ではあまり見慣れない表現ですが、「ご休心ください（＝ご安心ください）」は、遠慮深さが伝わる美しい表現です。そして、「他事ながらご休心ください」とも書き、他人事ですから本来ご心配いただく必要などないのですが、と、さらに遠慮深さを強く表現することもあります。

69 手紙検定12 「ご返事申し上げます」は間違いで、「返事を申し上げます」と、「返事」には「ご」をつけないのが本来の使用法です ○or×？（難易度1） 68

手紙検定
手紙のマナーや雑学を、全60問の○×クイズ形式で掲載しました。目次の最終ページに、正解数に応じた総評を掲載しています。

解説
決まり文句の意味や使い方、また文面についての考え方などを掲載しました。文例中の丸囲み数字が、この解説欄に対応しています。

メールOK
メールでも使える文例にこのマークをつけました。**点線で囲んだ**頭語（「拝啓」など）や結語（「敬具」など）のほか、「この手紙に」「右」など、メールで使用しない語句を削除することで、メールに応用できるつくりになっています。

＊ルビ（よみがな）について
本書では、読みやすくするために文例にもルビをつけています。これは、実際の手紙にも同じようにルビをつけるということではありませんのでご注意ください。

1章

季節のあいさつ

年賀状、暑中見舞い、お中元・お歳暮に添える手紙など。
基本マナーをおさえながら、
自分らしい言葉で季節の心を伝えましょう。

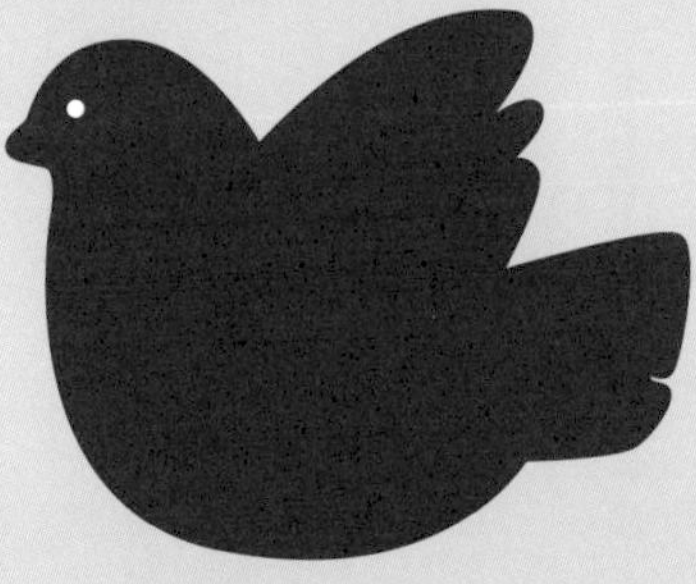

書き方の基本とマナー

明るさや幸福を感じる話題を

年賀状でも季節のあいさつでも、原則として暗い話題や不吉な内容は、できるだけ避けます。喜び、健康、無事、幸福、希望などを伝え合うことが大切です。病気、事故、怪我、死、不幸などの暗い話題を持ち出すのは不粋であり、失礼でもあります。喪中で出せなかった年賀状の代わりに寒中見舞いなどを出すときもありますが、やはりできるだけ明るい雰囲気のあいさつを心がけます。

お知らせを兼ねた季節のあいさつ

年賀状や季節のあいさつと、各種通知を兼ねることがしばしばあります。結婚、転勤、転居など、それぞれの出来事が起こったときに、ことさらに伝える必要のない相手には、季節のあいさつのタイミングまで待って、それぞれの通知を行うのが合理的で、礼儀にもかなっています。

自分の言葉で季節を伝える

「暑中お見舞い申し上げます」など、季節のあいさつには、決まり文句がいくつかあります。そうした定着した言葉を使うことにより、安心感を与えることも大切ですが、あいさつに新鮮な雰囲気を添えるためには、自分の言葉で、自分の身近な季節感を、具体的に伝えるのが効果的です。夏目漱石は「あつい事で御座います　私は朝から晩までサル股一つですごしています」と書きました。

手書きのメッセージは必ず添えるもの？

印刷された年賀状やあいさつ状を使う場合などは、余白に一言自筆を加え、温かみを演出することも大切です。ただし、改まるべき相手、上位者などに対しては、自筆を添えることが失礼になる場合もあるので注意します。添え書きは付け足しで、付け足しはふつつかで失礼だからです。

基本構成

年賀状

❶前文

「謹賀新年」などの賀詞《がし》

（注意：「拝啓」など頭語《とうご》は書かない）

❷主文

1. **旧年中に受けたお世話などへのお礼**
2. **今年のお世話、励ましなどを願う**
3. **今年の相手の活躍を期待したり、自分の抱負を述べたりする**

（注意：改まるべき相手には書かないほうがよい場合もある）

（❸添え書き）

印刷年賀状の場合は、余白に自筆で「今年も頑張ろう」などと一言添え書きをする

（注意：改まるべき相手には、添え書きはしない）

いろいろな季節の手紙

❶前文

「暑中お見舞い申し上げます」などの季節を見舞う言葉

（注意：暑中・残暑・寒中・余寒《よかん》の各見舞いでは、「拝啓」など頭語は書かない）

❷主文

1. **相手の様子をうかがう**
2. **こちらの近況を報告する**
3. **相手の活躍・健康を願う**

（注意：改まるべき相手には書かないほうがよい場合もある）

❸末文

結びの言葉・結語

（注意：印刷で出す場合、余白に添え書きなど入れることもある。ただし、改まるべき相手には、添え書きはしない）

ポイント

●**目上に「賀正」はやや失礼**……目上や上位者への改まった年賀状では、「謹賀新年」「恭賀新年」などの賀詞を選ぶのがていねいで適当です。「賀正」「迎春《げいしゅん》」「頌春《しょうしゅん》」は粗略な感じがします。

●**印刷年賀状には自筆を添える**……「その後いかがですか」などと、余白に一言添えると、温かみが加わり効果的な場合があります。

●**子供の写真年賀状は出す相手を選ぶ**……子供の成長は私事です。あまり親しくない相手に子供や家族の写真を載せた年賀状を出すのは失礼です。さし控えるべき。

●**句読点は打たなくてもよい**……とくに改まった儀礼的な年賀状の文章では、句読点を打たずに深い敬意を示します。

気軽な例

1 賀正
昨年はなにかとお世話になり誠にありがとうございます。
本年もどうかよろしくお願い申し上げます。

Variation

喪中の人に年賀状を出したときのお詫びの手紙

頭語・結語は省き、「年賀」を「年始」または「年頭」として、次のように書くのが通例です。

「御服喪中とは知らず、年頭のご挨拶を申し上げましたご無礼を、心よりお詫びいたします。遅ればせながら、謹《つつし》んで⑦御母堂様のご冥福をお祈り申し上げます。ご家族の皆様方には、さぞやお力落としとは存じますが、一日も早く御悲嘆を乗り越えられるようお祈り申し上げます。」

などは、さようならという意味です。○ or × ？〈難易度1〉 ＊答えは次のページ

2
新年おめでとうございます
大変ご無沙汰しておりますが、皆さんお元気でおすごしのことと思います。
今年も貴家①にとってよい年でありますようにと、心よりお祈り申し上げます。

改まった例

1
恭賀新年
旧年中は格別のご厚情を賜《たまわ》り②誠にありがたく　心より感謝申し上げます
本年も何卒宜しくお願い申し上げます

2
謹んで新年のご祝詞③を申し上げます
ご家族の皆様にはいよいよご機嫌うるわしく初春をお迎えのことと心より
お慶《よろこ》び④申し上げます　本年も貴家御一同様には一層光輝《こうき》あふれる年であるこ
とを御祈念申し上げます

3
初春のお慶びを申し述べます
謹んで年頭の祝意を表し高堂⑤の万福⑥を衷心《ちゅうしん》よりお祈り致します
本年も倍旧《ばいきゅう》のご高誼《こうぎ》ご厚情を賜りますよう何卒宜しくお願い申し上げます

≫解説

①「貴家《きか》」は、相手の家の敬語表現。このような敬語を適所に用いると、さわやかな印象になります。

②「賜り」は、いただく、という意味。

③「祝詞《しゅくし》」は、お祝いの言葉。

④「慶《よろこ》ぶ」は「喜ぶ」より、改まった印象になります。

⑤「高堂《こうどう》」は、相手の家や家族の敬語表現。

⑥「万福《ばんぷく》」は、多くの幸せ。

⑦「御母堂《ごぼどう》様」は、相手の母親の敬称。

手紙検定01　「拝啓」「謹啓」などは、簡単にいえば、こんにちは、「敬具」「敬白」

喪中欠礼のあいさつ状

ポイント

●**喪中欠礼のあいさつ状は早めに出す**……相手が年賀状を書く前、すなわち十一月末から十二月上旬に、相手に届くようにします。

●**年賀状への返信は松が取れてから出す**……喪中にもかかわらず年賀状が来たときは、松が取れてから（一月七日、または十五日以降。地域によって異なる）、寒中見舞いとして、その旨を伝える返信を書きます。

●**句読点は打たない**……きわめて儀礼的な通知なので、句読点を打たないのが一般的です。

●**「年賀」ではなく「年始」**……「賀」は祝うという意味なので、本文中に「年賀」は使わず、「年始」「年頭」「新年」とします。

一般的な例

1
喪中につき年始の御挨拶を御遠慮させていただきます
本年九月父〇〇が享年①九十三にて逝去②致しました
生前の御厚誼《こうぎ》に③衷心より感謝申し上げます

2
喪中につき年末年始のご挨拶をご遠慮申し上げます

解説

①「享年《きょうねん》」は、天からさずかった年齢。一般的には満年齢。

②「逝去《せいきょ》」は、なくなること。

③「衷心《ちゅうしん》より」は、心から、という意味の古風な言い

白」も、うやまって申し上げました、という意味です。

本年五月に母〇〇が永眠いたしました
ここに本年賜りましたご厚情を深謝④致すとともに
明年も変わらぬご交誼《こうぎ》のほどをお願い申し上げます

★返信例　喪中欠礼のあいさつ状で初めて知りお悔やみを出す⑤

御尊父様の御永眠を、心よりお悼《いた》み申し上げます。御家族の皆様の御心痛の大きさを思うと、お慰めの言葉もなく、呆然とするばかりでございます。さぞかしお優しかった御尊父様に相違ございません。無念です。遅ればせながら、一言お悔やみまで申し述べます。

★喪中に年賀状をもらったときの返信

ご丁寧な年始のご挨拶を賜り、光栄に存じます。ご家族の皆様には本年も旧年に倍するすばらしい年であることを願ってやみません。

さて当方、昨秋兄に逝かれ、年頭のご挨拶をすべてご遠慮させていただきました。年末にご連絡が行き届きませんでした失礼を、心よりお詫び申し上げます。

まずは寸書⑥にて、お礼かたがたお詫びまで申し上げます。


方。
④「深謝」は、深く感謝すること。
⑤喪中欠礼のあいさつ状が届いたときは、すぐに返信してお悔やみを伝える場合と、翌年の正月に、松が取れてから（一月七日、または十五日以降）寒中見舞いとして出す場合とがあります。あまり騒ぎ立てないほうがよいと判断した場合は、翌年に寒中見舞いとして出すほうを選びます。
⑥「寸書《すんしょ》」は、自分の手紙をへりくだっていう言い方。「寸簡《すんかん》」ともいう。

手紙検定01の答え　✕「拝啓」も「謹啓」も、謹んで申し上げます、「敬具」も「敬

寒中見舞い・余寒見舞い

ポイント

● **寒中見舞い、余寒《よかん》見舞いを出す時期**……寒中見舞いは、一月六日頃から節分（二月三日頃）まで、余寒見舞いは、立春（二月四日頃）以降、二月末日までに出します。

● **服喪中は年賀状代わりに出す**……喪に服しているときは、寒中見舞いを年賀状の代わりにして、年頭のあいさつを行います。ただし、「おめでとう」「年賀」「賀正」「謹賀新年」などの賀詞は避け、近況を報告し、相手の一年の幸福を祈ります。

● **自分の言葉で季節感を添える**……決まり文句ではなく、身近な風物を具体的に文中にまじえるのが効果的です。自分の言葉で季節感を添えるよう工夫すると、ていねいな印象のあいさつになります。

気軽な例

メールOK

1 湯豆腐がおいしい時季ですね。いかがお過ごしですか。
　身を切る寒さの中を帰宅して、昆布だしの湯豆腐が待っていたりすると、思わず涙ぐんでしまうほどです。おまけに熱燗《あつかん》があると、もうたまりません。うれしさ倍増です。こちらは至って元気です。そちらもきっと元気でしょうね。

　寒中お見舞いいいたします。

　　　　　　　　　　　　　　　　　　　　　　不一①②

解説

①「不一《ふいつ》」は、気軽な手紙の結語。まとまらずにすみません、という意味。「草々」と同じ。「前略」や「冠省《かんしょう》」などの頭語と呼応します。

②年賀状、寒中・暑中見

きでは失礼で、効果的な手紙にはなりません。○ or ×？〈難易度1〉

2

余寒お見舞い申し上げます。

立春を過ぎましたが、寒さはこれからが本番です。皆さんお元気でしょうか。当方は元気だけが取り柄の家族で、皆小犬のように雪を喜び、週末になるとスキー場に出掛けます。聡美も明美もボーゲンなら山の上から一人でおりられるようになりました。うかうかしていると私が家族で一番下手になってしまいそうです。まだしばらくは寒い日が続きそうです。くれぐれも体には気をつけて、この冬を乗り切ってください。

まずは余寒のお見舞いまで。

改まった例

メールOK

寒中謹んでお見舞い申し上げます。

昨夏軽井沢でお会いして以来、すっかりご無沙汰しておりますが、ご家族様にはいかがお過ごしでしょうか。当方は風邪一つひかず元気で立ち働いておりますので、③他事ながらご休心ください。

今冬の冷え込みは格別です。予後《よご》の御身《おんみ》ゆえ、くれぐれも健康にはご留意くださるようお願い申し上げます。

②敬具

舞いなど、「拝啓」などの頭語がなく、賀詞や見舞いの言葉だけで始まる場合、「敬具」や「不一」などの結語を書かないのが通例ですが、長めのあいさつ文が入るときに結語を入れる例は、過去の指導書や文豪たちの手紙の実例を見ても少なくありません。改まった気持ちを結語に込めるために、ここでは結語を入れています。

③「他事《たじ》ながらご休心《きゅうしん》ください」は、「あなたには他人事ですから、わざわざいうまでもないことですが、ご安心ください」という意味。自分の様子を伝えた後に加える定型句。へりくだった言い方。

手紙検定02　改まった頼みごとをするとき、たとえ親しい相手への手紙でも、鉛筆書

暑中見舞い・残暑見舞い

ポイント

●**出す時期**……暑中見舞いは、梅雨《つゆ》明けを迎える七月十五日頃から立秋《りっしゅう》（八月八日頃）までに出します。残暑見舞いは、立秋以降、八月末頃までに出します。

●**暑中見舞いを兼ねた通知もある**……転勤通知や転職通知、転居通知を兼ねて、暑中見舞いや残暑見舞いを出すこともしばしばあります。その際は、「暑中（残暑）お見舞い申し上げます」を最初に書き、次に転勤転居の内容を続けて書きます。

気軽な例

メールOK

毎日うだるような暑さが続き、街路樹の葉も生気をなくししおれていますが、いかがおすごしですか。あなたはきっとしおれていないはず。週末にはサーフボードをかついで海に出かけ、真っ黒に日焼けしていることでしょう。私はなぜか忙しく、夏風邪をこじらせ鼻をグズグズさせながら奮闘していますます。でもご心配なく、気力だけは充実していて、新プロジェクトの成功を期し、闘志まんまんです。夏休みは、お盆を挟んで四、五日はとる予定。伊豆あたりで合流しませんか。またご連絡します。とりあえず暑中のお見舞いまで①。

解説

①「まで」は、〜だけ、〜のみ、という意味。

は原則として厳禁です。失礼であり、書き直しが可能だからです。

★残暑見舞いの書き出し

残暑お見舞い申し上げます。立秋をすぎたというのに依然憎らしい暑さが続いていますが、いかがおすごしですか。当方は少々夏バテ気味です。……

改まった例

暑中お見舞い申し上げます。

連日の炎暑、今年は格別なものがございますが、ご一家の皆々様には、いかがお過ごしでしょうか。お伺い申し上げます。報道によれば②錦地の今夏の暑さは記録的とのことですが、お体には障《さわ》りませんか。夫婦ともどもご案じ申し上げております。当地は錦地に比べればまだ気温は低く、田舎ゆえに樹木が多いことも幸いし、夜間はいくぶんしのぎやすく助かります。

ご多忙とは存じますが、くれぐれもご自愛専一《せんいつ》にお過ごしください。

③略儀ながら寸書にて、暑中のお見舞いを申し上げます。

敬具

★残暑見舞いの書き出し

④余炎去りやらぬみぎり、先生にはいかがお過ごしでしょうか。暦《こよみ》の秋は名ばかりで、日中は真夏に等しい酷暑に閉口する毎日です。……

---

②「錦地《きんち》」は、相手の土地の敬称。「御地《おんち》」「貴地《きち》」と同じ。

③「略儀《りゃくぎ》」は、略式の礼儀、という意味。

④「余炎《よえん》」は、残暑のこと。

手紙検定02の答え ○ 改まった頼みごとに限らず、どんな手紙でも、鉛筆で書くの

お中元に添える

ポイント

●**お中元を贈る時期**……七月初めから十五日にかけて。

●**内容の一般的な組み立て方**……とくに決まりはありませんが、普通は次の通り。①時候のあいさつ ②日頃のお世話へのお礼 ③お中元送付の通知 ④贈った品の使い方や料理法の説明 ⑤健康、幸福などを祈る

●**謙遜しすぎは卑屈**……高価な品を「粗品」「粗酒」など謙遜しすぎると卑屈で嫌味になることもあります。

●**使い方や料理法の説明を**……贈った品をどのように使えば重宝するのか、どう料理したらおいしいかなどを書き添えると、一層感謝の気持ちが強く伝わります。

気軽な例

メール OK

厳しい暑さが続いていますが、皆さんお元気ですか。

いつもなにかにつけてご親切にしてくださり、ありがとうございます。先日は弟がご厄介《やっかい》をかけたようで、すみません。

日頃のお礼のほんの印として、お中元の品をお贈りします。

今年も工夫がないと叱られそうですが、地元愛媛の濃縮オレンジジュースです。三倍に薄めて飲んでください。①薄めずに砂糖を加え冷凍すれば、アイ

解説

①このように使い方などを伝えると、親切で感謝のこもった通知になります。

のが常識。黒字ではまったく効果がありません。○ or × ？〈難易度１〉

スキャンディーにもなり、なかなかのおいしさです。お母様のお口にも合うとよいのですが。
これからが夏本番。体には十分気をつけて、おすごしください。
とりあえず、お中元のご挨拶まで。

草々

改まった例

拝啓　緑陰②のありがたい季節の到来となりましたが、皆々様にはいかがおすごしでしょうか。

平素は格別のご配意を賜り、深謝いたします。私ども家族の平安と幸福は、ひとえに御主人様はもとより、貴家皆々様のご厚情、ご指導の賜《たまもの》と、改めて心より御礼申し上げます。

お中元の品としてはあまりに不十分とは存じますが、日頃の感謝の微意として、蘭の花を別送③いたしましたので、ご受納いただければ幸甚④に存じます。

新装された美しい貴邸にふさわしい花と思われ、私ども夫婦二人で選びました。

向夏《こうか》のみぎり、皆々様には、十分ご自愛のほどを願い上げます。

まずは拝送のご通知のみ申し上げます。

敬具

②「緑陰《りょくいん》」は、木陰のこと。

③「別送《べっそう》」は、別の便で送ること。

④「幸甚《こうじん》」は、とても幸せなこと、満足なこと。

手紙検定03　催促や抗議の手紙は、怒りを表現して相手を驚かせるために赤字で書く

お歳暮に添える

ポイント

●**贈る時期**……十二月初めから暮れまで。

●**内容の一般的な組み立て方**……普通は次のように構成します。①時候のあいさつ　②日頃のお世話へのお礼　③お歳暮送付の通知　④贈った品の使用法や料理法の説明　⑤よい年越しを願う

●**自慢も謙遜も嫌味になる**……値打ち物だとわざわざ説明すれば恩着せがましくなり、逆に、高価な品を「粗末な品」と謙遜すれば、いやらしい感じになります。

●**使用法、調理法を説明する**……贈る側はわかっていても、もらう側は使い方や調理法がわからないことがあります。それらを説明する配慮は、感謝の気持ちに通じます。

気軽な例

メールOK

いよいよ年の瀬となり、慌《あわ》ただしくなってきましたが、元気でやっていますか。お店の方は順調ですか。今年も何から何までたくさんお世話になってしまいました。ありがとうございます。そのお礼に、というには釣り合いませんが、わずかばかりの気持ちを別便でお送りしました。はなさきガニです。

解説

①食べ方に関して自分のざっくばらんな感想を述べると、よりていねいな印象になります。

②「不備《ふび》」は、「不一」「草々」と同じで、不十分ですみません、という意味。

③感謝の理由がはっきりしているときは、このように具体的に示すと、さらに謝意が増します。

④「頓首《とんしゅ》」は、頭を床につけるほど感謝する、という意味。

になります。黒字で礼儀を重んじることが基本です。

もちろん、どう食べてもかまいませんが、①私はこれで味噌汁を作るのが一番のぜいたくと思っています。とくに酒を飲んだ後で飲むこの味噌汁の味は最高の美味です。

ますます寒くなってきます。どうかカゼに気をつけて、すばらしい新年をお迎えください。

②不備

改まった例

謹啓　早くも師走《しわす》の風に追い立てられる季節となりました。そろそろ年越しのご準備にお忙しいことと存じます。

本年もまた子供が大変お世話になり、誠にありがとうございました。③お陰様で心身ともにすっかり健康になり、今年は一年欠席なしで過ごすことができました。ひとえにご芳情《ほうじょう》ご指導の賜物《たまもの》と深謝申し上げるしだいです。

別便小包みにてお歳暮のお印までに、当地名産の奈良漬を一箱ご送付致しました。炊き立てのご飯とよく合うかと存じます。また、ご晩酌の添え物としてもいかがでしょうか。

慌ただしい年の瀬ですが、くれぐれもご自愛専一によいお年をお迎えください。まずはお歳暮のご挨拶まで申し上げます。

④頓首

Variation

さらに改まった例

謹啓　師走の候、貴家ご一同様には益々ご清福の段《だん》大慶に存じます。

さて、本年も格別なご高配ならびにご懇篤《こんとく》なるご指導を頂戴し、改めて深謝申し上げます。この一年の当方の吉祥は、鈴木様の並々ならぬご芳情の賜物にほかなりません。衷心より御礼申し上げる次第です。

些少《さしょう》ではございますが故郷の名産をご送付申し上げますので、ご笑納《しょうのう》いただければ幸甚に存じます。

略儀ながら寸書にて本年の御礼かたがたご送付のお知らせまで申し上げます。

謹言

手紙検定03の答え　×　催促、抗議を赤字で書くのは、原則として非常識で、逆効果

敬老の日の贈り物に添える

ポイント

● **敬老の日を迷惑がるお年寄りもいる**……還暦《かんれき》を迎えても、まだまだ現役という意識の人が少なくありません。還暦以上でも、ことさらに老人扱いすると不機嫌になる人もいるので、十分注意して祝います。

● **健康を祝い今後の活躍や長命を願う**……お祝いの手紙＋贈り物送付の通知が、この手紙の内容です。これまでの功績、現在の健康を祝い、今後の活躍や長命を心から願ったり、祈ったりします。

気軽な例

メールOK

だいぶ朝夕涼しくなってきましたが、神経痛の具合はどうですか。こちらは全員健康で、平凡だけれど楽しく暮らしています。私たちが元気で幸せにやっていけるのも、きっとおじいちゃんがいつも故郷で私たちの幸福を祈ってくれているからに違いありません。

今年も敬老の日が近づいたので、ほんの気持ちだけ、お祝いの品を贈ります。①家族全員で近くのデパートに行き、みんなで選んだパジャマです。気に入ってもらえるといいのですが。

解説

①手紙を書いた本人だけでなく、家族全員の思いがこもっていることを示すと、よりていねいな印象となります。

康や様子を尋ねるのが正しい礼儀です。○ or × ？〈難易度１〉

熊野の堤防に真アジの大物が来る時期ですが、潮風は毒だから、十分あったかくして出掛けてください。私たちのためにも、いつまでも健康で長生きしてね。

敬老の日、おめでとう。

かしこ

改まった例

拝啓　新涼《しんりょう》のみぎり、いよいよご健勝の段②、慶賀③の至りと存じます。

さて、今月十五日は、諸先輩を慶祝④する日ですので、本年喜寿を迎えられる先生に、心よりの謝辞を申し述べます。多年教育界において郷土の人材育成に御尽力くださり、現在も郷土記念館の名誉館長として、私どもを見守ってくださる先生のご芳志に、⑤深甚の感謝を捧げ、ご長寿とご健康に衷心よりのお慶びを申し上げます。今後も壮者⑥をしのぐお元気で、叱咤激励をいただければ幸甚に存じます。

心ばかりの御礼お祝いの品として、当市在住の武田清隆先生の作になる掛け軸を贈らせていただきます。お納めください。

右略儀ながら書中にて、御礼ならびにご祝詞⑦まで申し上げます。　敬具

②「段《だん》」は、～とのこと、という意味。
③「慶賀《けいが》」は、喜び祝うこと。
④「慶祝《けいしゅく》」も、喜び祝うこと。
⑤「深甚《しんじん》」は、とても深いこと。
⑥「壮者《そうしゃ》」は、若くて働きざかりの人をさす。壮年の人。
⑦「祝詞《しゅくし》」は、お祝いの言葉。

手紙検定04　時候のあいさつの後には、まず自分の健康や様子を伝え、次に相手の健

時候のあいさつの決まり文句

時候のあいさつは一般に頭語の後に書き、コミュニケーションの前提を作るために役立てます。ただし、病気・災害見舞いや弔事《ちょうじ》などの手紙には書かない場合もありますので、本書の各例文を参考にしてください。

春・三月

弥生《やよい》（二十四節気《にじゅうしせっき》　啓蟄《けいちつ》—三月六日頃　春分《しゅんぶん》—三月二十一日頃）

【フォーマル】早春《そうしゅん》の候／浅春《せんしゅん》の候／春暖《しゅんだん》のみぎり／春寒《しゅんかん》のみぎり／孟春《もうしゅん》の候

【カジュアル】春浅く風未《いま》だ寒い日が続きます／一雨《ひとあめ》ごとに暖かさの増す今日この頃／春光天地に満ちあふれる心地よい季節となりました／暦《こよみ》の上ではすでに春とはいえ、依然肌寒さが続きますが／桃のつぼみもふくよかにふくらみ始めました／暑さ寒さも彼岸《ひがん》まで、寒さもようやくやわらぎ

春・四月

卯月《うづき》（二十四節気　清明《せいめい》—四月五日頃　穀雨《こくう》—四月二十日頃）

【フォーマル】春暖《しゅんだん》の候／陽春《ようしゅん》の候／清和《せいわ》のみぎり／春風のみぎり／春宵一刻値千金《しゅんしょういっこくあたいせんきん》の時季《じき》

【カジュアル】春色《しゅんしょく》すでに十二分／桜花爛漫《おうからんまん》と咲き誇《ほこ》る好季節の到来／馨《かぐわ》しい花の香たちこめいよいよ春たけなわ／風軽やかな季節／南風しきりの暖かなみぎり／春日《はるひ》ののどかな季節の到来／春眠暁《しゅんみんあかつき》を覚えずと申しますが／春風駘蕩《しゅんぷうたいとう》、穏やかなよい季節の到来／花冷えの今日この頃／春宵一刻千金のみぎり

に自分の健康や様子を伝えるのが正しい礼儀です（自分のことは伝えない場合もあります）。

春・五月

皐月《さつき》（二十四節気　立夏《りっか》―五月六日頃　小満《しょうまん》―五月二十一日頃）

【フォーマル】晩春《ばんしゅん》の候／惜春《せきしゅん》の候／新緑のみぎり／軽暑《けいしょ》の候／薫風緑樹《くんぷうりょくじゅ》の候／暮春《ぼしゅん》の候／向暑《こうしょ》のみぎり／老春《ろうしゅん》の候／送春《そうしゅん》の候

【カジュアル】萌《も》える若葉が目にしみる季節／五月晴《さつきば》れの好天の続く今日この頃／藤の花房《はなぶさ》が春風に趣《おもむき》深く揺れる季節／鯉《こい》のぼりが甍《いらか》の波を泳ぎます／そよぐ風も夏めいて、若葉の緑が日毎《ひごと》に深みを増します

夏・六月

水無月《みなづき》（二十四節気　芒種《ぼうしゅ》―六月六日頃　夏至《げし》―六月二十二日頃）

【フォーマル】初夏の候／向夏《こうか》の候／孟夏《もうか》のみぎり／麦秋《ばくしゅう》の候／梅雨《つゆ》の候

【カジュアル】野は一面青く、木々の緑が日毎に深まりゆく季節となりました／早くも衣替《ころもが》えの季節となりました／梅雨寒《つゆざむ》のうっとうしい日々が続きます／雨に濡《ぬ》れた紫陽花《あじさい》が鮮やかに咲き競うこの季節／雨後《うご》の新緑鮮やかに輝く今日この頃／清流に若鮎《わかあゆ》の躍《おど》る季節の到来／つつじの花群《はなむ》れの美しい季節

夏・七月

文月《ふみづき》（二十四節気　小暑《しょうしょ》―七月八日頃　大暑《たいしょ》―七月二十三日頃）

【フォーマル】盛夏の候／酷暑《こくしょ》の候／炎暑《えんしょ》のみぎり／極暑《ごくしょ》の候

【カジュアル】雷鳴って梅雨もあけ、いよいよ夏本番／炎暑日増しに厳しくなり閉口する今日この頃／うだるような暑さが続いています／暑気《しょき》日毎に増し緑陰《りょくいん》に感謝する季節／例年にない酷暑が続きます／海山に涼《りょう》を求めて旅立ちたい今日この頃／夜空に天の川の美しい季節となりました

手紙検定04の答え　✕　時候のあいさつの後には、まず相手の健康や様子を尋ね、次

夏・八月

葉月《はづき》（二十四節気　立秋《りっしゅう》―八月八日頃　処暑《しょしょ》―八月二十四日頃）

【フォーマル】残暑の候／晩夏《ばんか》の候／秋暑《しゅうしょ》の候／秋涼《しゅうりょう》のみぎり

【カジュアル】暑さ厳しきおりから／蟬《せみ》の声がいまだ衰えぬ今日この頃／立秋とは名ばかりの残暑厳しき毎日／暦の上ではすでに秋とはいうものの／ようやく酷暑も盛りを過ぎて、吹く風にも秋の気配色濃い今日この頃／ひぐらしが鳴き始め、木々の緑も秋色をおび始め

秋・九月

長月《ながつき》（二十四節気　白露《はくろ》―九月八日頃　秋分《しゅうぶん》―九月二十三日頃）

【フォーマル】初秋の候／新秋《しんしゅう》の候／新涼《しんりょう》のみぎり／清涼《せいりょう》の候／微涼《びりょう》の候

【カジュアル】ようやくしのぎやすい季節となってまいりました／厳しい夏もようやく過ぎゆき、新秋の涼が心地よい季節の到来です／ぶどう狩り、梨もぎの季節です／天高く馬肥《うまこ》ゆる秋です／虫の音《ね》が深まる秋を奏《かな》でる今日この頃／台風一過、野山はにわかに秋色を加え始めました

秋・十月

神無月《かんなづき》（二十四節気　寒露《かんろ》―十月九日頃　霜降《そうこう》―十月二十四日頃）

【フォーマル】仲秋《ちゅうしゅう》の候／秋冷《しゅうれい》のみぎり／紅葉の候／秋雨《あきさめ》の候／初霜《はつしも》のみぎり／清秋《せいしゅう》のみぎり

【カジュアル】灯火《とうか》親しむべき候／読書の秋、スポーツの秋となりました／実りの秋、味覚の秋の到来です／さわやかな秋晴れの続く毎日／菊花《きくか》薫る好季節の到来／紅葉《もみじ》狩りに出掛けてみたくなる季節となりました

秋・十一月

霜月《しもつき》（二十四節気　立冬《りっとう》―十一月八日頃　小雪《しょうせつ》―十一月二十三日頃）

【フォーマル】晩秋の候／向寒《こうかん》のみぎり／暮秋《ぼしゅう》の候／落葉《らくよう》の候／冷雨《れいう》の候

【カジュアル】日毎に冷気の増す今日この頃／いつのまにか夜寒《よさむ》の身にしみる季節となりました／落葉が風に舞い、忍び寄る冬を思う季節となりました／初霜の便り届く今日この頃／ストーブの恋しい季節です／冬がかけ足で近づいています／山々の頂はうっすらと雪化粧を始めました

冬・十二月

師走《しわす》（二十四節気　大雪《たいせつ》―十二月八日頃　冬至《とうじ》―十二月二十二日頃）

【フォーマル】初冬の候／寒冷のみぎり／年末厳寒の候

【カジュアル】早くも年の瀬を迎え何かと気忙《きぜわ》しい毎日です／冬将軍の到来に、街往《ゆ》く人々もコートの襟《えり》を立てる季節の到来です／街角では早くもクリスマスの飾り付けが始まりました／師走の声を聞き、慌《あわ》ただしい今日この頃／今年もいよいよ押しつまり、余すところわずかに十日

冬・一月

睦月《むつき》（二十四節気　小寒《しょうかん》―一月六日頃　大寒《だいかん》―一月二十日頃）

【フォーマル】孟冬《もうとう》の候／厳寒の候／酷寒《こっかん》のみぎり

【カジュアル】新春とは名ばかり厳しい寒さが続いております／松の内も早あけ／大寒に入り寒さもひとしおの今日この頃／例年になく暖かな寒《かん》の入りです／一陽来復《いちようらいふく》の春／寒気肌を突き刺す日々が続きます／謹《つつし》んで新春をお祝い申し上げます／星も凍《い》てつく寒い夜が続きますが

冬・二月

如月《きさらぎ》（二十四節気　立春《りっしゅん》—二月四日頃　雨水《うすい》—二月十九日頃）

【フォーマル】 晩冬《ばんとう》の候／余寒《よかん》のみぎり／春寒《しゅんかん》の候

【カジュアル】 立春とは名ばかりの寒さです／余寒なお厳しきおりから／梅一輪、一輪ほどの暖かさと申しますが／三寒四温《さんかんしおん》、少しずつ春めいてきたように感じられる今日この頃／節分は過ぎたものの、相変わらずの寒さが続いております／このところ日足《ひあし》も少しずつのび始め

Column

文豪たちの時候のあいさつ

一月　志賀直哉　「今日も雪。大分《だいぶ》積った」

二月　北原白秋　「日は温かに早稲田《わせだ》の野も林も春めきわたり候」

三月　高村光太郎　「木の芽もまだ堅く草木の冬眠はまださめません」

四月　川端康成　「熱河《ねっか》は杏《あんず》の花盛《はなざか》り、春だ」

五月　斎藤茂吉　「馬酔木《あせび》の花をこんなに心しずかに見たことがありません」

六月　立原道造《たちはらみちぞう》　「すがすがしい初夏がようやく光と暑さの夏に移ろうとしております」

七月　石川啄木　「また雨。これにも弱っちゃった」

八月　尾崎放哉《おざきほうさい》　「暑中御見舞申上候《しょちゅうおみまいもうしあげそうろう》」

九月　太宰治　「どてらを二枚かさねて、仕事して居ります」

十月　種田山頭火《たねださんとうか》　「だんだん秋がふかくなりますね」

十一月　佐藤春夫　「きのう一日だけはめずらしくよく晴れた日で佐久《さく》の秋晴を思い出しました」

十二月　宮沢賢治　「こちらも雪です。例年より寒いようです」

2章

お祝い

慶びの気持ちを大切な人と分かち合う手紙です。
新しい人生の出発を迎える人には、
はなむけの言葉も添えておくりましょう。

書き方の基本とマナー

出すタイミングを逃さない

お祝い状を出す理想の時機は、相手の喜びが最高潮に達しているときです。たとえば誕生祝いなら その当日となります。すぎてしまえば効果は半減します。お祝いの手紙は、原則としてお祝い事の当日か、それ以前に届くようにします。もちろん、後でお祝い事があったことを知った場合は、その限りではありません。

冒頭から「おめでとうございます」でもよい

頭語、時候などの前文を省《はぶ》き、冒頭からお祝いの言葉を述べると、ストレートで力強い祝意《しゅくい》が伝わります。ただし、改まった手紙では、「拝啓」「謹啓」などの頭語を書き、時候は省いてお祝いの言葉から始めたり、頭語も時候も書いてから、お祝いの言葉を始めたほうがよい場合もあります。

少し大げさなぐらいに祝う

お祝い事に際して、当事者本人の喜びは、周囲の想像以上に大きなものです。その喜びの大きさにふさわしい祝意を届けるには、少し大げさなぐらいの祝意を伝えたり、自分のことのように大きな喜びを表現することが必要です。もちろん空々しい嘘はいけませんが、ご祝儀として最大限の祝意と喜びを届けます。

なぜ祝いたいか、うれしいかの理由を

お祝いの言葉を並べたり、自分のことのように喜んでみせるだけでは不十分な場合もあります。なぜ祝福に値するのか、その理由をある程度明確に伝えることが大切です。たとえば新築祝いであれば、「長年のご家族の夢が、瀟洒《しょうしゃ》な三階建ての二世帯住宅として完成したことは、まさにご同慶《どうけい》の至りと存じ上げ」などとします。

基本構成

成長・健康を祝う手紙

❶前文

頭語・時候
（注意：親しい相手に率直な祝意を伝えるときは省く場合もある）

❷主文

1. お祝いの言葉
2. 喜びをともにする気持ち
3. 周囲の喜びを想像する
4. 今後の成長・健康・幸福への期待
5. お祝い品についての言及

❸末文

結びの言葉・結語

繁栄・発展・成功を祝う手紙

❶前文

頭語・時候
（注意：親しい相手に率直な祝意を伝えるときは省く場合もある）

❷主文

1. お祝いの言葉
2. 相手と周囲の喜びを想像する
3. これまでの努力・労苦を称賛する
（注意：ほめると僭越《せんえつ》な印象になるときは省く）
4. 今後の活躍・発展などを期待したり祈ったりする
5. お祝い品送付の通知

❸末文

結びの言葉・結語

出産祝い

ポイント

●**前文を省略してもよい**……親しい相手には、あいさつを忘れ、お祝いの言葉から始めるのも自然です。

●**安産を喜び産後の肥立《ひだ》ちの注意を促《うなが》す**……産後の母子の健康も願うようにすると、よりていねいな印象になります。

●**赤ちゃんの様子への関心を示す**……「さぞ美人でしょう」などと、赤ちゃんへの関心を示すと、さらに祝意が強く伝わります。

●**大げさなぐらいに喜ぶ**……赤ちゃん誕生は、人生の最大慶事《けいじ》の一つです。どんなに祝福しても、祝福しすぎることはありません。

気軽な例

メール OK

うれしい安産のお便り、たった今受け取りました。

初産なのでちょっと心配し、陰ながら無事に生まれてくれればと毎日願っていたので、知らせを聞いて、自分のことのように思わず「バンザイ」と叫んでしまいました。

「母子共に健康」という文字だけで十分なのですが、①お顔はどちら似？泣

解説

①たとえばこのように、自分まで浮き立つ気持ちを表現するのが効果的です。

②「可祝《かしゅく》」は、祝うべし、という意味の結語です。

③「清祥《せいしょう》」は、相手が元気で幸せに暮らしていることを喜ぶあいさつの言葉。

④「拝察《はいさつ》」は、推察することを、へりくだっていう語。

⑤「親しく」は、直接、という意味。

儀です。2〜3日前に届くのは大変失礼です。○ or ×？〈難易度1〉

き声はどう？　などと、次々に質問が生まれ、今すぐにでも駆けつけて、かわいい赤ちゃんに対面したい気持ちでいっぱいです。

大役を果たしたのですから、産後の体は十分に大切にしてください。そうそう、お祝い品は何にしましょう。私とあなたの仲だから何なりとどうぞ。

取り急ぎ安産のお祝いまで。　可祝②

改まった例

拝啓　皆様にはますますご清祥③のことと、お慶び申し上げます。

さて、この程は、ご長男ご出産とのこと、誠におめでとうございます。衷心よりお祝い申し上げます。初孫のご誕生となれば、ご夫婦はもとよりご尊父様のお喜びも格別と拝察④する次第です。

すぐに駆けつけて、親しく⑤お祝いを申し上げたく存じますが、遠路のためままなりません。お子様の健やかなご成長と奥様の健全なお肥立ちを、当地からお祈り申し上げるばかりでございます。

ほんの心ばかりではございますが、本日お祝い品を宅配便にて拝送いたしました。肌着などですので、お役立ていただければ幸甚に存じます。

略儀ながら寸書にてお祝いとご送付のお知らせまで申し上げます。　敬具

Variation 祖父母宛ての出産祝い

恭啓　この度ご愛嬢里香様におかれましては、無事ご長女をご出産の由、誠におめでとうございます。お嬢様はもとより桑木様ご夫妻も、定めてお喜びのことと拝察し心よりお祝いを申し上げます。

ご愛孫はお子様よりさらにかわいいと申しますが、ご胸中はいかがでしょうか。

お嬢様のお肥立ちと、ご愛孫のお健やかなご成長をお祈り申し上げます。

本日宅配便にてベビー服をお送りいたしましたので、ご受納ください。

まずは書面にてお祝いを申し上げます。　頓首

手紙検定05　どんな案内状も招待状も、開催日の1週間前には届くようにするのが礼

初節句を祝う

ポイント

●**初節句は生まれて初めて祝う節句**……女の子は三月三日の桃の節句、男の子は五月五日の端午《たんご》の節句（こどもの日）となります。

●**成長や健康を祝い将来に期待する**……健やかな成長を祝うほか、親と同じ気持ちになって将来を期待します。

●**改まった手紙は前文を省かない**……親しい人への手紙なら、前文省略で冒頭からお祝いの言葉を述べますが、改まった手紙なら、前文は省かないほうが無難です。

気軽な例

メールOK

①和喜ちゃんの初めての端午の節句、おめでとうございます。心からお祝いいたします。お誕生からやがて七ヵ月ですね。もうすっかり首もすわり、表情も豊かになって、ますます可愛らしくなっていることでしょう。男らしくもなっていますか。妻と二人でお祝いを考えましたが、結局鯉のぼりになりました。お宅の二階のベランダあたりに竿《さお》を出して、五月の空高く泳がせてやってください。滝を上る鯉のように、雄々しく元気に育ってくれればと心から願います。先《ま》ずは右お祝いまで。

解説

①冒頭からお祝いの言葉を述べ、ストレートに祝意を表現します。

状や招待状が届くようにするのが常識です。1週間前着では、どんな集まりでも失礼です。

改まった例

梅の蕾《つぼみ》が色づきはじめた今日この頃、貴家皆様におかれましては、いかがおすごしでしょうか。

若葉の目にしみる五月にお生まれになったご愛嬢留美様も、やがてめでたく一歳のお誕生日で、②そろそろ伝い歩きの頃かと存じます。

さて来月三日は、留美様のお初雛《はつひな》ということで、夫婦であれこれ思案した結果、自作のぬいぐるみ人形を贈らせていただくことに致しました。ぬいぐるみづくりは、わたくしの以前からの唯一の趣味でございます。

大変失礼とは存じましたが、人形は二体で、モデルはご主人様と御奥様とさせていただきました。将来留美様が御奥様のようにお幸せになられ、あるいはご主人様のようなすばらしい男性と巡《めぐ》りあわれるようにとの祈りをこめたつもりでございます。

③留美様に喜んでいただけるとよいのですが。どうかこのささやかなお祝いの気持ちを、お汲《く》み取りくださるようお願いいたします。

このようなお手紙で失礼とは存じますが、まずは書中にてお祝いのみ申し上げます。

④かしこ

---

②このように具体的に想像すると、祝意が強まります。ただし、成長が遅い場合もあるので、事前にある程度の成長の情報を得てから、注意深く想像するようにするのが無難です。

③手作りのものが、必ずしも喜ばれるとは限りません。控えめに贈る姿勢が大切です。

④男性が送る場合は、「拝啓・敬具」「謹啓・敬白」などの頭語や結語を用います。

手紙検定05の答え ✕ 大きな催しやフォーマルな集まりなら、1ヵ月以上前に案内

七五三を祝う

ポイント

●**七五三とは**……男子は満三歳と満五歳、女子は満三歳と満七歳のとき、十一月十五日に神社に参拝し、健康や幸福を願う祝いです。最近は十一月十五日前後の週末に参拝する例が一般的です。手紙は参拝の数日前には届くようにします。

●**手紙では成長を祝い幸福を願う**……親と同じ気持ちになって、子供の成長を喜び、将来の幸福を心から願うことが大切です。

気軽な例

メール OK

そろそろですね、七五三。もう準備は整いましたか。早いですね、美里ちゃんが三歳だなんて。ついこの間病院で元気な泣き顔を見たと思ったのに。去年の写真を拝見すると、かなりの美形。さぞ振り袖が似合うでしょうね。ちょっと紅をさせば、神社に訪れた五歳のワンパク坊やも、きっとドキッとするはずですよ。①写真ができたら、スナップでいいですから送ってくださいね。ほんのお印までに、髪飾りを送らせていただきます。

解説

①このように関心を持つことが、強い祝意の表れとして相手に伝わります。

美里ちゃんの健やかな成長と幸福を、遥かに祈っています。
②このたびはおめでとうございます。
③あらあらかしこ

改まった例

拝啓　いつしか夜寒の身にしむ季節となりましたが、皆々様にはご機嫌うるわしくお暮らしのこととお慶び申し上げます。

さて、この度《たび》④ご令息様におかれましては、めでたく七五三を迎えられ、誠におめでとうございます。

ご主人様に瓜《うり》二つのご令息様であられますので、さぞかしご立派な晴れ姿でお宮参りをなさるものと拝察します。

近ければ当日おうかがいし、親しくご祝詞を申し上げるべきではございますが、あいにく遠路ゆえままならず残念至極《しごく》に存じます。

ご令息様の行く末幸多きことを心の奥底から願い、またお祝い当日の晴天を、当地よりご祈念申し上げるしだいです。
⑤寸志本日別便にて拝送いたしました。ほんのお印ばかりのものでお恥ずかしゅうございますが、ご⑥笑納いただければ幸いに存じます。
右略儀ながらお祝いまで申し上げます。

敬具

②親しい相手に対して、最後だけでもこのように改まると、それまでがざっくばらんな感じでも、全体が引き締まり、さわやかな印象になります。

③「あらあらかしこ」は、女性が使う結語。「あらあら」は「粗々」で、「草々」や「不一」と同じ意味になります。

④「ご令息《れいそく》様」は、相手の息子の敬称。

⑤「寸志《すんし》」は、わずかばかりの志のこと。自分が送ったお祝いを、謙遜する言い方。

⑥「笑納《しょうのう》」は、お笑い種《ぐさ》としてお納めください、という、へりくだった言い方。

手紙検定06　新築祝いで「火事にならない耐火性の強い建材ですばらしい」「大地震

誕生祝い

ポイント

●**バースデーカードに書く**……親しい間柄ならバースデーカードに気のきいたお祝いの言葉を手短に書きます。ユーモアは大切ですが、親しき仲にも礼儀ありです。

●**成長を祝い将来を期待**……子供の誕生祝いは、相手の親の気持ちになって成長を喜び、将来に期待します。また後輩を祝う際、激励の言葉があってもよいでしょう。

気軽な例

メールOK

1 友人に

あなたの記念日が今年もやってきました。二十五歳になったご感想は？
誕生日は生まれかわる日、と私は思います。
だから今日からまた新鮮な気持ちでがんばって！
心をこめてあなたにこのプレゼントとこの言葉を贈ります。
HAPPY BIRTHDAY TO YOU

2 親戚の子供に

梢ちゃん、十二歳のお誕生日、おめでとう。

解説

倒・壊・揺・傾・朽・燃・潰・焼・煙・炎」などの語はタブー。避けるようにします。

いつの間にか小学校六年生。大きくなっただろうね。もう五分の三ぐらいは大人だと思うから、ちょっと大人っぽいバッグを贈ります。十二歳を力いっぱい楽しんでください。

改まった例

①**謹んでお便り申し上げます。**皆様にはお健やかにお過ごしのことと存じます。日頃は何かとお心にかけてくださり誠にありがとうございます。

さて、②**早いもので来月八日には**、お嬢様の理沙さんが十四歳のお誕生日をお迎えになります。おふた方におかれましては、さぞかしお慶びのことと存じ上げ、心からお祝いいたします。

女性らしさが加わり、さらに美しくなられたお嬢様に、おふた方が目を細めるご様子が目に浮かびます。今はクラブ活動の美術と音楽に夢中だとうかがっておりますが、将来はどのような道に進まれるのでしょうか。③**今後のご成長がますます楽しみです。**

心ばかりではございますが、お祝いの品を別便にてお送りしました。お納めいただければ幸いに存じます。

まずは心からのお慶びまで申し上げます。

かしこ

①女性が書くときは、このように書き始める場合があります。

②このようにお祝いは、早め早めに送ります。

③誕生日を祝うだけでなく、このように将来を楽しみにすると、さらにていねいな印象になります。

手紙検定06の答え ○ たとえよいことを言うためでも、新築祝いの手紙で、「火・

成人のお祝い

ポイント

- **成長を祝し将来を期待する**……成人した本人の親に送る改まった手紙では、成長を喜び将来への期待を表すのが無難な内容となります。たとえ将来に不安がある場合でも、そうした話は祝意にはなじまないので、避けます。

- **親しい相手にはアドバイスを**……甥や姪などへは、成人の意義を伝えたり、大人として生きるためのアドバイスを与えたりします。ただし、お説教がましくならないように、十分注意します。

気軽な例 ✉メールOK

勉君、成人おめでとう。①

いよいよ君も大人の仲間入りですね。早いものです。大学生活はどうですか。テニスに熱中しているようですね。成人になっても大学生には変わりないので、あまり実感がないかもしれませんが、まず君を見る法律の目が違ってくるのはいうまでもありません。

しかし、成人にはもう一つの意味があります。それは精神的な成人です。成人とは、人に成ること、成熟した人になることだと思います。

解説

① 親しい相手には、時候のあいさつは省き、ストレートにお祝いの言葉から始めるのが効果的です。

頑丈にしっかり封締めすることが大切です。○ or ×？〈難易度1〉

では成熟した人とは何か？　難しい問題ですが、世馴《よな》れて世知辛《せちがら》くなることでも、保守的になることでもないと思います。私は人の心の痛みがどれだけわかるかが、成熟の中身だと思うのです②。おめでたい日に堅苦しい話でごめんなさい。勉君が見事な成人になることを期待します。

お祝いの品、別送しました。大したものではありませんが、どうぞ受け取ってください。

改まった例

粛啓③　余寒の候、ますます清適④のこととお慶び申し上げます。

承りますれば⑤、この度ご子息佑太様におかれましては、いよいよ成人式を迎えられるとのこと、慶祝の至りに存じます。

過日⑥お宅様にお電話差し上げた折、久方ぶりに佑太様のお声をうかがいました。折り目正しく溌剌《はつらつ》としたご口調でしたので、最初佐伯様かと勘違いしたほどでございます。見事なご成長ぶりに感服した次第です。

佑太様の今後ますますのご成長とご多幸をお祈り申し上げるために、心ばかりのお祝いの品を拝送致しました。ご笑納いただければ幸甚に存じます。

まずは略儀ではございますが、寸書にてお祝いまで申し上げます。　敬白

②この「思うのです」があることにより、説教調でなくアドバイスになります。

③「粛啓《しゅくけい》」は、「拝啓」よりもていねいな頭語。謹んで申し上げます、という意味。

④「清適《せいてき》」は、健康で無事なこと。

⑤「承《うけたまわ》れば」でも失礼にはなりませんが、「ます」を入れたほうがさらにていねいな感じになります。

⑥このように具体例を挙げて成長を喜ぶと、さらに祝意がこもります。

手紙検定07　封筒を閉じるときには、セロハンテープ、ガムテープ、ホチキスなどで

退院・全快祝い

ポイント

●**前文省略で冒頭から祝福する**……親しい相手に喜びを表すには、頭語、時候を省き、お祝いの言葉から始めると効果的です。

●**浮かれすぎは禁物**……全快といっても再発の不安や、職場復帰にはリハビリを必要とする場合があるので、浮かれすぎたり、はしゃぎすぎたりするのは禁物です。

●**予後《よご》の自愛を願う**……職場復帰を焦って無理をしないようになどと、病後の十分な養生を願うことも必要です。

気軽な例

メールOK

今日①佐竹さんから嬉しい知らせを聞きました。退院されたそうですね。おめでとうございます。電車の中で倒れ入院されたとうかがったときは、どうなることかと心配しましたが、無事全快退院の運びとなり、私も嬉しさでいっぱいです、本当によかったよかった。ご家族の皆さんも、どんなに喜んでいることでしょうか。もう無理をしてはいけませんよ。

医者の言うことはもちろん、奥さんの忠告もよく聞いて、二度と病院に入ることにならないように注意してください。

解説

①知らせを聞いてすぐに手紙を書いている様子を示すことが大切です。

キスで留めるのは避けます。ガムテープなどは、粗雑で乱暴な印象となるので厳禁です。

とりあえず全快のお祝いまで。

改まった例

拝啓　この度はご退院の由②、祝着③の至りと存じます。誠におめでとうございます。林様ご自身はもとよりご家族の皆様も、さぞお喜びのことと存じます。

先月お見舞いに参りました折、とてもお元気そうにお見受けしたので、ご退院も間もなくとは思っておりましたが、ここまで時期が早まるとは思いませんでした。毎日ベッドに付き添い介抱された④御奥様のご献身の賜《たまもの》と存じ上げます。

予後⑤の大切さは、申し上げるまでもありません。この先はしばらくご自宅にて十分なご静養をお願いいたします。

いずれお伺いしてお祝い申し上げる心算《しんさん》でございますが、先ずは書中にて御祝詞まで申し上げます。

敬具

②「由《よし》」は、～とのこと。
③「祝着《しゅうちゃく》」は、喜び祝うという意味。
④ここを、「お付き添いになりご介抱された」とはしません。過剰敬語は煩わしいからです。
⑤「予後」は、病後の経過のこと。

Column

復帰を願うか静養を求めるかは微妙

全快後にすぐに復帰を求めたほうがよいか、静養を促したほうがよいかは、非常に微妙で、相手の状況や性格を踏まえたうえで、慎重に言葉を選ぶ必要があります。復帰を焦らせてはいけませんが、静養を促せば、せっかくの復帰への意欲をそいでしまう場合もあるからです。

手紙検定07の答え　✕　封筒は、糊や両面テープできれいに閉じます。テープやホチ

長寿を祝う

ポイント

●**業績をほめ健康を祝い長寿を願う**……内容は、業績の称賛、健康の祝福、さらなる長寿への期待などです。

●**年寄り扱いしない**……還暦《かんれき》は働き盛りが多く、それ以上でも現役の人がますます多くなっています。「ご高齢」「お年寄り」などの言葉を使わないように注意します。

★**長寿の祝いの種類と謂《いわ》れ**

○**還暦**……六十歳の祝い。干支《えと》が一巡りして還るため、この名がある。

○**古稀《こき》**……七十歳の祝い。中国の杜甫《とほ》の詩の「人生七十古来稀《こらいまれ》なり」にちなむ。

○**喜寿《きじゅ》**……七十七歳の祝い。「喜」の草書体「㐂」が七十七と読めるため。

○**傘寿《さんじゅ》**……八十歳の祝い。傘の略字「仐」は八十と読めるから。

○**米寿《べいじゅ》**……八十八歳の祝い。「米」の字を分解すると「八十八」になる。

○**卒寿《そつじゅ》**……九十歳の祝い。卒の略字「卆」は九十と読めるから。

○**白寿《はくじゅ》**……九十九歳の祝い。「百」から「一」を取ると白になるため。（＊還暦以外は数えで行うのが普通）

気軽な例 メールOK

暑い季節になりましたが、いかがおすごしですか。

解説

だけをできる限りシンプルに明確に事務的に伝えます。○ or × ？〈難易度１〉

さて、今月数えで七十七歳になるおじいちゃんに①、一言喜寿のお祝いを書きます。

百歳以上の長生きも少なくないから、七十七なんてまだ若いほうだけれど、おじいちゃんの歳で元気で生き生きと働き、社会の人たちに心から喜んでもらえる人はそれほど多くないと思います。こんなに嬉しいことはなく、私たちの大きな目標にもなり、喜ばしい限りです。

喜寿①、おめでとうございます。家族みんなで、心からお祝いいたします。

改まった例

謹啓　晩秋のみぎり、御尊父様にはますますご健勝にて、この度めでたく米②寿を迎えられし御事、慶賀の至りと存じます。

多年当県実業界に御尽瘁③遊ばされ、当県の発展に寄与された
御尊父様④が、光輝あふれる寿賀《じゅが》を迎えられましたことは、小生のみならず、当県県民全員の一大慶事と存じ上げる次第です。

今や風塵《ふうじん》を外に悠々自適の日々を過ごされる御尊父様の、ますますのご長生、ご健康を、衷心よりお祈り申し上げます。

略儀ながら寸簡⑤にて、お祝いまで申し述べます。

謹言

①身内なら親しさあふれる呼び名で祝ってかまいませんが、最後はていねいな言葉で締めくくります。

②古風な言い方ですが、かなり改まった手紙にはふさわしい表現です。

③「尽瘁《じんすい》」は、力をつくして骨を折ること。

④改まった手紙では、相手の呼称が文末に来るときは、文末を空けて、相手の呼称を次行の先頭に書きます。

⑤「寸簡」は、自分の手紙をへりくだっていう語。「寸書」ともいう。

手紙検定08　依頼の手紙は、余計なあいさつを省くのが本来の礼儀であり、依頼内容

合格・入学祝い

ポイント

- **知らせを聞いたらその日に書く**……とくに合格祝いは、早いほど効果的です。入学祝いは三月中には書きます。
- **相手と同じ気持ちになって喜ぶ**……相手の喜びを真剣に想像します。相手は想像以上に喜んでいるもの。その喜びやうれしさをともにする姿勢が何よりも大切です。
- **どの学校でも「難関突破」**……社会的評価はさておき、本人にとっては難しかったはず。「難関突破」といってほめてあげるようにします。
- **今後の期待を述べる**……入学後どうなってほしいと期待する言葉も入れると、さらにていねいになります。

気軽な例

メールOK

信じていた通りの「サクラサク[①]」、本当におめでとう。

今日会社から帰宅すると隆君からの電話があったと妻から言われ、一瞬ドキッとしました。妻の表情が深刻だったからです。（キミの姉さんも人が悪い）隆君の実力ならたとえ難関とはいえ、きっと大丈夫だと思っていたので、しばし途方に暮れ、慰めの言葉を探してしまったほどでした。

一年の苦労が報われましたね。いや、この一年だけでなく、それ以前も含

解説

①昔の合格電報の電文。ちなみに不合格は「サクラチル」。

す。また十分低姿勢でお願いしないと、相手の理解や同情が得られず、失敗に終わります。

めたこれまでの努力の結果にちがいありません。

今はどんな気分ですか。もう十年以上も前のことになりますが、私もあの時の気持ちは忘れません。②たとえ自信があっても試験は水ものだから、合格通知を見るまでは、決して安心できないものですよね。

とにかくおめでとう。バンザイです。いよいよ青春本番。楽しみです。

とりあえず、心からのお祝いの気持ちを伝えます。

改まった例

拝啓　③桜花《おうか》咲き初《そ》めしみぎり、貴家皆々様にはいよいよ御清適の御事、心よりお喜び申し上げます。

さてこの程は、御令息宏様には、名門棚橋中学に晴れて御入学の由、④大賀《たいが》の極《きわ》みと存じます。誠におめでとうございます。

御本人様はもとより、御両親様ならびに御祖父母様も、定めてお喜びのことと拝察いたします。

今後もますますご勉学に励まれ立派にご成長されることを、⑤陰ながらお祈り申し上げる次第です。

略儀失礼ながら、本状にて一言お祝いまで申し上げます。

敬具

---

②相手の身になり、このように本人の心の経過をたどることも効果的です。喜びを増幅させる手法の一つです。

③入学祝いならこのように前文を入れ、ゆったりとした趣あるお祝い状にするのも効果的です。

④このぐらいオーバーに喜ぶのがよいでしょう。

⑤この一言により遠慮深さを表現することができます。

手紙検定08の答え　✕　依頼の手紙はとくにていねいにあいさつする必要がありま

卒業・就職祝い

ポイント

●**在学中の努力をほめ将来を期待する**……事実とは多少異なっても、儀礼的な手紙なら、在学中の努力をほめます。また、将来に期待する言葉があってもよいでしょう。

●**親しい年下にはアドバイスを**……お説教ではなく、温かなアドバイスが必要です。

●**封書にする**……節目になる大きな慶事なので、たとえ同等以下であっても、はがきでなく封書で出すのがよいでしょう。

●**就職直前には届くようにする**……卒業・就職祝いが就職後に届くと、相手の感謝感激は半減してしまいます。

気軽な例

メール OK

島崎君、いよいよ卒業そして就職ですね。おめでとう。

噂によると君の成績は抜群で、この就職難にあって何社もの誘いを袖《そで》にしたとか。そしてあえてあの難しいグローバル企業、レインボーヒストリー社の試験に挑戦し、自力で就職を決めたそうですね。①後輩ながらその根性は見上げたものです。

Column

お祝いの手紙には「めでたかしく」

「かしこ」は、女性が使う結語として知られていますが、「かしく」と書く場合もあります。一説によれば、「かしこ」は畏まるを語源とし、「かしく」は、「可祝《かしゅく》」がルーツともいわれています。

そして、「めでたかしく」という結語も中世から近世においては使われ、おめでたい雰囲気を付け添えました。

「可祝」や「めでたかしく」を復活し、卒業・就職祝いに使うのも楽しそうです。

実社会は弱肉強食、生存競争の厳しさは、想像を絶するほどです。社会がいかに発展しても、その内実はいささかも変わりません。

これが、ちょっと先ゆく先輩からの、君へのはなむけの言葉です。

今後のご健闘を祈ります。島崎君なら、成し遂げるはずです。

別送の品、お祝いのしるしです。お受け取りください。

一言お祝いまで。

不一

改まった例

拝啓　御賢息②太郎様には、この度めでたく新富士経済大学を御卒業の由、誠におめでとうございます。加えて、業界の雄ファースト銀行への御就職を、心より御慶祝申し上げます。

優秀なご両親の才知を受け継ぐ御賢息にしてみれば、今回の御就職は当然の航路であり、この先も順風満帆に社会に乗り出されて行くに相違ございませんが、なにぶん環境が激変いたしますので、御健康には十分御留意されるよう、御伝声③いただきたく存じます。

なお別封の品僅少《きんしょう》ではございますが、お祝いの印です。ご笑納ください。

まずは寸書にてお祝いのみ申し上げます。

敬具

解説

①後輩に対しても素直にほめる気持ちが大切です。先輩風を吹かせないよう注意します。

②「御賢息《けんそく》」は、相手の息子の敬称。文字通り賢い息子さんという意味。

③「伝声《でんせい》」は、言葉を伝えること。

手紙検定09　災害見舞いや病気見舞いは、状況や病状を詳しく尋ね、相手が負った心

開店・開業祝い

ポイント

●**開店・開業に至るまでの労苦をいたわる**……祝意を表すだけでなく、開店・開業をむかえるまでの労苦を想像すると、よりていねいな印象になります。

●**繁盛、発展の好材料を強調する**……「人通りは少ないが、品がよければお客は遠くからでもやってくる」などの不安材料を打ち消す形の激励は禁物です。好材料だけを強調することが大切です。

●**忌《い》み言葉に注意する**……開店・開業祝いは縁起ものなので、不吉な言葉は避けるのが礼儀です。「閉じる／敗れる／失う／落ちる／哀れ」などの語は避けます。

気軽な例

メール OK

あなたの夢だった「リサイクルショップ・ラッキーペコ」[1]が、いよいよオープンするそうですね。おめでとう。

今や資源保護、リサイクルの時代で、若い女性もリサイクル用品に関心を向けているようですし、駅前の一等地を確保して立地も最高だから、きっと繁盛すると信じています。

オープンにこぎつけるまでにもきっと相当無理を重ねてきたと思いますか

解説

①店の正式名称を正しく書くこと。略称は失礼。まちがった名称など書けば、祝意を疑われます。

避けなければなりません。相手の心痛を大きくするばかりだからです。

ら、体には十分気をつけて、あなたの夢をさらに大きくふくらませてください。

ご発展を心から祈っています。

お祝いのしるしとして、胡蝶蘭《こちょうらん》を贈らせていただきました。

まずはお祝いまで。

かしこ

改まった例

拝啓　桜花爛漫《らんまん》の候、ご健勝の段お喜び申し上げます。

この度は、設計事務所「未来計画」のご開設、誠におめでとうございます。慶賀の至りと存じます。

かねてより尊台②の斬新な住宅ご設計は斯界③でも評判が高く、しかも優秀なスタッフが参加されたとのことですから鬼に金棒、今後のご発展は約束されたも同然です。春の最中に咲き競う花のように、貴事務所が今後大きく開花し、やがては大きな果実をお育てになることを願ってやみません。

何卒ご自愛専一にお励みください。

些少④ですが、お印までにお祝いの品を拝送いたしました。お納めいただければ幸いです。

まずは右、御祝詞まで申し上げます。

敬具

②「尊台《そんだい》」は、相手を敬っていう言い方。「貴台《きだい》」と同じ。
③「斯界《しかい》」は、この世界、という意味。
④「些少《さしょう》」は、わずか、少しの意。

手紙検定09の答え ✕ 災害の状況や病状を根掘り葉掘り詳しく尋ねることは、絶対

栄進・栄転祝い

ポイント

●**家族の喜びにも触れる**……本人だけでなく、家族の喜びも想像すると、さらに強い祝意が伝わります。

●**将来に期待し激励する**……期待は同等以上の人にも向けますが、激励は同等以下に向けるものです。同等以上を激励するのは失礼です。

●**健康への注意を願う**……環境の変化や重責を担《にな》う気苦労などを想像し、自愛を促します。

●**嫉妬《しっと》するような言い方は禁物**……自分を卑下することで相手の出世を称賛すると、いじましい嫉妬と受け取られることがあるので注意します。

気軽な例

メール OK

すっかりご無沙汰していますが、頑張っているようで何よりです。課長昇進、おめでとう。驚くほどのスピード出世ですね。奥さんもさぞかし喜んでいることでしょう。

①上司へのゴマすりが上手だと思えない君、若い人のご機嫌とりもうまいとは思えない君だから、きっと仕事に対する情熱とその力量が認められての抜擢だったに違いありません。

解説

①このような評価は、同等以下への手紙だから行えるものです。

用います。同等以下でも内容が改まったものなら白が無難です。○ or ×？〈難易度1〉

課長という中間管理職は、上下からのプレッシャーを一手に引き受ける厳しい立場で、真面目な君の神経には応《こた》えることもあるかもしれませんが、君の闘志と明晰《めいせき》な頭脳をもってすれば、きっとどんな難局も乗り越え、うまくいくはずです。

この度はおめでとう。さらなる飛躍を期待しています。

敬具②

改まった例

謹啓　承りますれば、高岡様には東京本社営業部長に御栄転の由、大慶至極③に存じ上げます。

高岡様の大阪支店での格別の御活躍を踏まえれば、今回の御栄進は遅すぎたのではという声も耳に届いております。しかし一方で、満《まん》を持《じ》しての御昇格により、磐石《ばんじゃく》のご環境が整い、ご手腕が十分に発揮されるものとも考えられます。

大阪支店御在任中は、公私にわたり格別の御厚情を賜り、誠にありがとうございました。御自愛のうえ、なお一層御活躍ください。東西に遠く距離を隔てますが、今後も変わらぬ御交誼賜りたく、謹んでお願い申し上げます。

略儀ながら、右御祝詞を一言申し述べます。

頓首

②頭語を省いて、このように結語だけを入れる場合もあります。

③堅苦しく大げさな表現ですが、改まった手紙にはなじみます。

手紙検定10　改まった内容の手紙、上位者への手紙には、白か白に近い淡色の便箋を

受賞・表彰祝い

ポイント

●**すぐに手紙を出す**……受賞・表彰を知ったらすぐに出します。手紙を出すタイミングが早いほど、伝わる祝意が大きくなります。

●**心の底から祝う気持ちが肝心**……お義理のお祝いになりがちです。心底から祝う気持ちがないと、義理の挨拶と受け取られてしまいます。

●**これまでの努力をたたえる**……受賞に至るまでの努力を想像したり、たたえたりします。ただし、同等以上には、努力を想像するだけにして、たたえることは控えます。

●**作品への評価は僭越**……相手の作品や仕事を評価するという行為は、本来失礼です。同等以下にはほめてもかまいませんが、具体的な批評は避けるほうが無難です。

気軽な例

メールOK

①今日佐久間さんから、札幌市民フェスタ・ロゴマークデザインコンクールで、数多くの応募作品の中から、見事あなたの作品が選ばれ、大賞の栄冠を手にされたと聞きました。
おめでとうございます。やりましたね。心からお祝いいたします。
まだ作品を拝見できず残念ですが、フェスタ開催の折には、会場の各所や

解説

①昨日聞いても「今日」とするほうがよい場合もあります。

ます。ただし柄物などでも淡色なら、改まった手紙に用いてかまわない場合があります。

パンフレットであなたのすばらしいデザインが見られると思うので、今からとても楽しみです。②嬉しさのあまり会場で、「このデザインをしたのは私の知り合いですよ」などと叫んでしまいそうです。

これを機に、プロとして活動されてはいかがでしょうか。

ともかく、これからもすばらしいご活躍を期待しております。

まずはお祝いまでお伝えします。

かしこ

改まった例

拝呈　この度は市政施行三十周年記念、市民特別功労賞のご受賞、誠におめでとうございます。二十余年の長きにわたり、文庫活動を始め、青少年の健全育成にご尽力されてこられたすばらしいご功績が認められてのご受賞と、心より御慶び申し上げます。

受賞のスピーチで鈴木様は、この表彰は共に活動してきた人々全員に授けられるべきとおっしゃいましたが、その御言葉には心から感激致しました。

今後もご自愛専一に、文庫活動を通して、当市の青少年の心を健やかに育むために、ますますのご活躍をお願い申し上げます。

略儀ながら一言御祝いのみ申し述べます。

拝具《はいぐ》

②少々大げさですが、このぐらい大げさに相手と喜びをともにする姿勢が大切です。

手紙検定10の答え　○　白い便箋は、改まった印象なので、どんな手紙にも利用でき

住宅購入・新築祝い

ポイント

●精一杯祝う……住宅購入は、人生の一大慶事です。本人の喜びは思いのほか大きいといえます。かなり気持ちを入れて祝う姿勢がないと、相手は物足りなく感じます。

●周囲の環境もほめる対象になる……家の造り、豪華さ、趣味のよさ、水回りの工夫、庭の様子などをほめます。また、周辺の道路が広い、公園が近くにある、駅から近いなど、環境のよさをほめるのも効果的です。

●忌み言葉に十分注意する……縁起を気にするお祝いなので、忌み言葉は使いません。「倒れる／崩れる／潰れる／流れる／揺れる／傾く／焼く／朽ちる／燃える／煙／炎」などはタブーです。「鉄骨造りで震災で潰れる危険のない」などと、よいことを言うためであっても避けます。

気軽な例

メールOK

聞くところによれば、かの世田谷の地に、低層階の高級マンションをご購入されたとのこと、①なんとも羨ましい限りです。
奥さんのお城であるキッチンは、広々としたアイランドキッチンで、ディスポーザーも装備されているそうな。奥さんはさぞご満悦のことでしょう。ピカピカのシステムキッチンの使い心地はいかがですか。

解説

①このような羨みは、祝福の一種ですが、あまり羨みすぎるとやっかみと思われ嫌味になるので、サラッと淡泊に羨みます。

ります。そうならないように工夫して書きます。○ or × ？〈難易度1〉

今すぐにでも拝見したいのですが、生憎《あいにく》忙しくてしばらくは伺えません。
本日のところはお手紙にて、一言お祝いまで。
不備②

改まった例

恭啓　かねてよりご新築中の貴邸、この程無事ご竣工《しゅんこう》の由、誠におめでたくお慶び申し上げます。

新鮮な木の香漂う総檜《そうひのき》のご新居のお住み心地はいかがでしょうか。定めて③ご快適ゆえ、ご家族の皆々様にはさぞかしお喜びのことと拝察致します。また貴邸は霊峰富士を遠望し、清らかな小川や美しい雑木林に囲まれた理想的なご環境を得ておりますので、非の打ち所なきお住まいの完成と申せます。

お邪魔でなければ、やがてツツジの花の咲き揃う好日《こうじつ》に、家族で参上し、親しくお祝いを申し上げたく存じます。

とりあえず寸書にてご祝詞のみ申し上げます。

敬白

②「不備」は、不十分ですみません、という意味の結語。「不一」「草々」などと同じです。

③「定めて」は、きっと、たぶん、という意味。古風な言い方ですが、改まった手紙にはなじみます。

Column ほめられたい所をほめることが大切

住宅購入や新築は、ふつう、強いこだわりのもとに行われます。たとえば、高層住宅を購入した人には、眺望を想像してほめると大変喜ばれます。木造で新築した人には、木の香りをほめます。住宅購入や新築のお祝いは、そうしたこだわりのポイントを的確に見つけてほめることが大切です。

手紙検定11　便箋の最後の1枚に、相手の名前だけが来てしまうのは失礼な印象とな

個展開催・出版祝い

ポイント

- **個展開催を知ったらすぐに出す**……早ければ早いほど、祝意が強く伝わります。
- **作品鑑賞を楽しみにする**……作品を想像したりして鑑賞を楽しみにしている様子を伝えます。
- **今後のさらなる活躍にも期待**……個展を契機にさらに飛躍することを期待すると、強い祝意が伝わります。
- **出版祝いの祝い方には二種類ある**……本を郵便で贈呈されたときには、落手《らくしゅ》の知らせとお祝いを述べ、感想は後日とするのが一つの方法です。もう一つは、本を読んでから、感想とともに、お祝いの手紙を書く方法です。どちらがよいかは、時と場合によります。
- **具体例を挙げて感銘を伝える**……個展や本を見てから、その感銘を手紙で伝えるときは、具体的にどの部分、どの作品に感動したかを伝えることが大切です。
- **プロセスに敬服する**……個展開催や出版にこぎつけるまでの努力や労苦を想像し、称賛したり敬服したりします。

気軽な例〈個展開催祝い〉

メール OK

①驚きました。美しい写真をバックにした個展開催のお知らせをいただき、どこの写真家の個展かと思ったら、あなたではないですか。場所も麻布十番とはすばらしい。②情緒をたたえながらも洗練された町での開催は、あなたに

解説

①このように、ストレートに驚きを表現することが、祝意につながる場合もあります。

す。最低2行以上の文章とともに宛名を書くようにするのがよいでしょう。

ピッタリの印象です。もちろん、あなたが会場にいらっしゃる時間に合わせて伺います。私の好きなあの作品もありますか。知らないものも多いでしょう。今からとても楽しみです。

あらあらかしこ

改まった例〈個展開催祝い〉

メールOK

③拝復　この度はわざわざ個展開催のご案内を賜り、恐縮に存じます。ご宿願が叶い個展開催のお運びとなりましたことは誠に喜ばしく、心よりお祝い申し上げます。

新日本洋画協会の作品展において、過去五回も入賞されている実力派であらせられる田中様のご作品に親しく接する機会を得ましたことは、光栄の至りです。必ずお伺いする所存です。

お仕事と並行しての創作活動は、なにかと制約が多く、ご苦労されたと想像しますが、今後とも末永く画作に取り組まれ、ご快作を生み続けていただきたいと存じます。

とりあえず書面にて、個展開催のお祝いまで申し上げます。

敬具

②開催地に特色のある場合は、このように相手のイメージとリンクさせると、さらにていねいな印象になります。

③「拝復《はいふく》」は、返信の頭語。

手紙検定11の答え　○　宛名だけが別の紙になるのは不体裁で失礼な印象となりま

気軽な例〈出版祝い〉

拝啓　この度は写真集『サンセット』のご出版、おめでとうございます。

　収載された日本各地、海外各所の夕焼けは、実に千差万別個性豊かで興味深く、しかも一枚一枚に鈴木さんのあたたかな思いがこもっていることがわかります。これからもすばらしい写真をお撮り続けください。

敬具

改まった例〈出版祝い〉

謹啓　昨日朝刊の広告にて、『ある教師の問わず語り』のご上梓①を知り、早速書店でご著書を求めました。僭越ですが、混迷を極める教育問題に内部から一石を投じる好著と存じ上げます。とくに終章第二項の「大人の反省」にはいたく感動を覚え、この一文は世の親すべてに読ませたいと思いました。まったくご高説の通りです。今後もご執筆の活動を通して、先生の確かな教育論を世に問うてくださるようお願い申し上げます。

ふつつか②ながら寸書にてご上梓のお祝いまで申し上げます。

謹言

★読む前に祝うとき
本日ご高著落手。宿願叶ったご出版、おめでとうございます。まだ中身はじっくり拝見していませんが、目次を眺めるだけでも楽しくなります。早く仕事を片付けて熟読し、後日感想などをお送りしたいと思います。まずはお祝いまで。　不一

①「上梓《じょうし》」は、書物を出版すること。昔、梓《あずさ》の木を版木にして本を印刷したことに由来する言葉。

②「ふつつか」は、行き届かず、大ざっぱな様子。自分の行為を謙遜する語。

3章

お礼

「ありがとう」の気持ちを大切な方へ伝える手紙です。
大人として求められる礼節を保ちながら、
まごころの伝わる温かい文面を心がけましょう。

THANK YOU!

書き方の基本とマナー

お祝いを受けたその日に出すのが理想

お礼の手紙は、お祝いを受けたり、お祝い品やお祝いの手紙をいただいたその日に出すのが理想です。早ければ早いほど、より強い感謝の気持ちが相手に伝わります。はがきではなく封書で出しますが、封書で三日後に出すより、その日のうちにはがきで出すほうが、しばしば、より効果的です。

「おかげさまで」の一言がなによりも大切

幸福に喜んでいる様子を手紙で伝えられると、受け取った側も幸福な気持ちになります。しかし、有頂天《うちょうてん》になりすぎて、まるですべて自分の力でその喜びを得たかのような印象があると、受けた側に幸福な気持ちは芽生えず、違和感だけが生まれます。相手や周囲の人々の直接、間接の支援のおかげ、という気持ちを十分に伝えます。

感謝する理由をていねいに伝える

ただ漠然と、「ありがとうございます」「感謝します」と書くだけでは、十分な礼意が伝わりません。なぜ感謝したいのか、その理由をできるだけ具体的に伝えることが大切です。どのようなお世話、支援を受けたのかを、改めて振り返り、感謝します。直接お世話になっていなくても、心配をしてもらったなど精神的な支援を想像し、感謝します。

今後の思いを伝える

お礼の手紙はお礼の気持ちを伝えるだけでは不十分な場合があります。今後どうしたいと思っているかなど、今後の計画や抱負や夢を語ったり、今後も支援、協力、指導などをお願いしたいと伝えたりすると、より一層ていねいな印象の手紙になります。お礼は倍返しでちょうど釣り合いが取れるものです。ていねいに、ていねいに書きます。

基本構成

成長・健康祝いへのお礼

❶前文
頭語・時候
（注意：親しい相手に率直な礼意を伝えるときには、時候を省いたり、頭語も省いたりする場合がある）

→

❷主文
1 お祝い品・お祝い状へのお礼
2 状況報告・素直な喜びの表現・感謝の言葉
3 今後の抱負・誓い
4 一層の厚誼・支援・指導の依頼

→

❸末文
結びの言葉・結語

繁栄・発展・成功祝いへのお礼

❶前文
頭語・時候
（注意：親しい相手に率直な礼意を伝えるときには、時候を省いたり、頭語も省いたりする場合がある）

→

❷主文
1 お祝い品・お祝い状へのお礼
2 状況報告・控えめな喜びの表現・感謝の言葉
3 今後の抱負・さらなる精進を誓う
4 一層の愛顧・支援・指導の依頼

→

❸末文
結びの言葉・結語

出産祝いのお礼

ポイント

- すぐに礼状を書く……お返しの品が用意できてから、というのでは遅くなります。即日出すのが理想です。
- 封書にするのが原則……封書で改まった感謝を伝えるようにします。親しい人へははがきでもいいでしょう。
- お祝いの言葉とお祝い品の両方に感謝する……片方へのお礼では不十分な印象となります。
- お祝い品のお礼は具体的に述べる……使い勝手のよさ、高級さなどに具体的に触れて感謝すると、さらに感謝の気持ちが強く伝わります。
- 子供の様子を伝える……体重、その後の様子、容姿についてなど、子供の様子を伝えると、ていねいな印象になります。

気軽な例

〈メールOK〉

お祝い状とお祝いの品、今日いただきました。ありがとうございます。気を遣わせてしまい、すみません。とてもセンスがよくて可愛らしい服ですね。大きくなり着られるようになったら、早速愛用させていただきます。① 生後一週間になりますが、お陰様で妻も子もすっかり元気で、翼（昨日命名しました）は、順調に体重を増やしています。私は久しぶりの一人暮らし

解説

① 単に「使わせていただきます」と書くより、一層感謝がこもる表現です。

には「ご」をつけないのが本来の使用法です。○ or ×？〈難易度１〉

で何かと大変ですが、会社の帰りに毎日病院に立ち寄っています。
いずれ詳しくご報告しますが、今日のところはお礼まで。

敬具

改まった例

謹答② お忙しい中、わざわざご丁重なるお祝い状ならびにお祝いのお品をご**恵贈**③くださり、恐縮の至りに存じます。初産のため心配しておりましたが、幸い安産で体重も申し分なく、母子ともに健全ですのでご**休心**④ください。

顔つきは親が親ですから器量よしとはいえませんが⑤、看護師さえも驚くほどの泣き声は院内随一《ずいいち》です。きっと元気に育つものと喜んでおります。

このような喜びを得られましたことは、皆様のご芳情《ほうじょう》の賜と、深謝申し上げます。愚妻からもくれぐれも宜しくとのことです。

まずは書中にて略儀御礼まで申し述べます。

謹言

②「謹答《きんとう》」は、返信に用いる改まった起語。
③「恵贈《けいぞう》」は、人から物を贈られることを敬って言う語。「恵与《けいよ》」「恵投《けいとう》」も同じ意味。
④「休心」は心を休めること、安心すること。
⑤儀礼的な手紙では、謙遜することが無難です。器量よしと思っていても、このように謙遜します。

Column
「他事ながらご休心ください」は美しい表現

今ではあまり見慣れない表現ですが、「ご休心ください(=ご安心ください)」は、遠慮深さが伝わる美しい表現です。そして、「他事ながらご休心ください」とも書き、他人事ですから本来ご心配いただく必要などないのですが、と、さらに遠慮深さを強く表現することもあります。

手紙検定12 「ご返事申し上げます」は間違いで、「返事を申し上げます」と、「返事」

THANK YOU!

初節句祝いのお礼

ポイント

●**お祝いの言葉とお祝い品の両方に感謝する**……どちらか一方になりがちです。必ず両方に感謝します。

●**お祝い品をもらった子供の喜びを書く**……どう喜んだか、その様子をまじえると、さらに感謝がこもります。

●**子供の成長を「おかげさま」とする**……子供の成長の様子を具体例で紹介すると、とても喜ばれます。写真を添えてもよいでしょう。そして、その成長は相手の厚情や支援のおかげだとすることが大切です。

●**今後の支援を願う**……今後の厚誼、支援などを願うと、よりていねいな印象となります。

気軽な例

メールOK

①拝復　理沙への嬉しい初節句のお祝い、ありがとうございます。心から感謝いたします。

わざわざお祝いの手紙をくださるのは、高崎さんぐらいです。ましてや、初節句だからといってお祝いのプレゼントをくださる方など他にいません。

②きっと今回ばかりでなく、高崎さんは、いつも私たちのことを気にかけてくださっているのだと思います。ありがたい限りです。

解説

①「拝復《はいふく》」は、返信の頭語。

②このように相手の配慮を想像してみることも大切です。よりていねいな印象になります。

「ご」や「お」をつけます。お電話、お手紙、ご送付などとするのと同じです。

理沙もとても気に入ったようで、いただいたお人形を毎日なかなか手放しません。

理沙が無事生まれ、元気に初節句をむかえられたのは、高崎さんのような優しい方々のお陰です。

本当にありがとうございました。一言お礼をお伝えします。

かしこ

改まった例

拝啓③ この程は長男光太の初節句につき、早々に豪華な鯉のぼりをご**恵与**④くださり、厚く御礼申し上げます。お陰様で出生以来健康で、風邪一つひくことなく丸々と太っております。

私どもでも初節句に際して、床飾《とこかざ》りの**具足**⑤一領と金太郎を準備しましたが、鯉のぼりの用意はなかったので、大変嬉しく存じます。

早速狭い庭に取り付けさせていただきました。五月の空に泳ぐ色鮮やかな鯉のぼりを見て、光太は手を叩きキャッキャとはしゃぎます。その様子を収めた写真を、感謝をこめて拝送します。

末筆ながら御奥様にもよろしくお伝えくださいませ。

まずは右謹んでお礼まで申し上げます。

敬具

③必ずしも返信用の「拝復」などの頭語を使わなくてもかまいません。
④「恵与」は、相手の贈答行為の敬称。
⑤「具足《ぐそく》」は甲冑《かっちゅう》のこと。一領、二領と数えます。

手紙検定12の答え ✕ 返事は自分の側のものですが、相手に向かう行為なので、

七五三・成人祝いのお礼

ポイント

- **お祝いの言葉とお祝い品の両方に感謝する**……お祝いの品だけに感謝するのは不十分です。
- **子供の成長の様子を具体的に伝える**……「すっかり成長しました」というより、「漢字で自分の名前が書けるようになった」などと具体的に紹介するほうが、成長の様子がよく伝わり、よりていねいな印象になります。
- **お祝いをもらった子供の喜びを書く**……七五三のお祝いは、子供の感想を紹介すると効果的です。
- **大人になった決意を一言**……あまり堅苦しくならないようにして、大人になった決意を一言述べます。
- **親を通しての成人祝いにも本人が返礼**……親に礼をさせれば笑い物になります。本人が返礼するのが礼儀です。

気軽な例〈七五三祝いのお礼〉

〔メールOK〕

いつもいろいろ気にかけていてくださり、ありがとうございます。きれいでとても品のいい髪飾り、今日いただきました。

万理は千里のお下がりばかりなので、実は振り袖も新しいのがほしいとぐずっていたのです。しかし、いただいた髪飾りがすっかり気に入ったようで、①「これカワイイ」と言いながらおおはしゃぎです。振り袖がおニューで

≫ 解説

① このように子供の生（なま）の

てはあえてひらがなで「わたくし」と書くのが効果的。○ or × ？〈難易度１〉

ないのをすっかり忘れてしまったようで、親はしめしめと思っています。改めて写真でお見せするような器量ではないので気が引けますが、お送りするようにとのことですので、出来上がり次第送らせていただきます。

とりあえず一言お礼まで。

かしこ

改まった例〈成人祝いのお礼〉

謹啓　この度は私の二十歳の祝い②に際して、ご丁寧なご祝詞と結構なお品を賜り、誠にありがとう存じます。格別のご配意に心より御礼申し上げます。

何分まだ親の援助を受ける学生の分際《ぶんざい》ですので、裏付けのあることは何も申し上げられませんが、皆様からのすぎたるご期待に少しでも応えるべく、決意も新たに本分の勉学に精励③し、社会に貢献できる人間になりたいと思います。今後も末長くご厚情ならびにご鞭撻④を賜りたく、謹んでお願い申し上げます。

まずは書中にて厚く御礼まで申し述べます。

謹言

声を伝えると、楽しい便りになります。

②「お祝い」とは絶対しないように。敬語一つの誤りにより、すべての敬意がだいなしになることもあります。

③「精励《せいれい》」は、一生懸命励むこと。

④「鞭撻《べんたつ》」は、鞭《むち》で打つこと。転じて励ますこと。

Column　祝詞とお祝い品に詳しくふれるとよりよい

祝詞がどの部分が印象的か、お祝い品がなぜ嬉しいかなどについて、より詳しく具体的に触れると、謝意がさらに強く伝わります。「『いよいよ成人。さて、どう生きるか』のお言葉、胸に刻みました。万年筆の重厚感に感激しました。これが似合う大人を目指します」などと。

手紙検定13　「わたし」より「わたくし」のほうが、ていねいな印象に。相手によっ

合格・入学祝いのお礼

ポイント

- **お祝いの言葉とお祝い品の両方に感謝する**……お祝い品にだけお礼を言うのは不十分。必ず両方に感謝します。
- **連絡しなかったことを詫びる**……連絡より先にお祝いをもらったら、まず詫びることが大切です。
- **幸運により合格したとする謙虚さを**……合格を、たまたま運がよかっただけとするほうが、好感度の高いあいさつになります。
- **今後の抱負を述べ支援を依頼する**……お礼を言うだけでなく、今後の抱負を述べたり、今後も変わらぬ支援や指導を願うと、よりていねいな印象になります。

気軽な例

メール OK

拝啓　お祝い状、今受け取りました。ありがとうございます。
①お知らせすれば、きっとまた気を遣わせてしまうだろうと思い、あえて黙っていました。いつもいつも申し訳ありません。
税理士の資格試験は今回で五年目になりますが、今年ほど自信がなかった年はなく、もうすっかり諦めていた矢先に合格通知がありました。きっと何かの間違いと、いまだに信じられません。とはいえ、一度もらった合格通知

解説

①知らせ忘れたときによく使われる文言です。

ときには、ひらがなで書きます。ひらがなでも十分敬意を示すことができます。

ですから、たとえ間違いでも返す気はありませんが。

今後のことは、今の事務所でもうしばらくは実践経験を積んでからと考えています。

生涯で一番うれしい日に、うれしいお便りをくださり、本当にありがとうございました。

敬具

改まった例

拝復　春暖のみぎり、ご尊家の皆々様にはますます御清適のことと、お慶び申し上げます。
さてこの度は、次男重人の入学につき、早速御丁重なる御祝詞と素晴らしいお品を賜り、厚く御礼申し上げます。
②今回の合格は恐らく偶然で、実力ではありません。当人には、皆様の御期待に応えるためには、今後の努力専心が肝要と申し聞かせております。
この先重人がどのような進路をとるか、親としての楽しみはございますが、何はさておき健康優先が基本と考えます。

末筆ですが、③御令閨様にもどうか宜しく御伝声くださいませ。

まずは書中を以て御礼まで申し上げます。

敬具

②合格をまぐれとし、謙遜するほうが、共感を得られます。
③「御令閨《ごれいけい》様」は、相手の妻を敬う語。御令閨でもよい。

手紙検定13の答え　○「私」は「わたし」とも読むので、「わたくし」と読ませたい

卒業・就職祝いのお礼

ポイント

- **お祝いの言葉とお祝い品の両方に感謝する**……両方いただいたときは、必ず両方に感謝します。
- **目に見えない恩に感謝する**……具体的な支援を受けていなくても、気にかけていてくれたことに感謝します。
- **将来の抱負を生き生きと述べる**……具体的に抱負を書きます。ただし、儀礼的な礼状では漠然と書きます。
- **今後の指導や励ましなどを願う**……儀礼的な礼状では、文末で、指導や鞭撻を願う一文を添えます。

気軽な例（メールOK）

伯母さん、ご無沙汰しています。お元気でおすごしですか。

さて、今度の僕の卒業に際していろいろとご配慮くださり、ありがとうございました。素敵なブリーフケースは早速四月一日から使わせてもらいます。

卒業といっても人一倍勉学に励んだわけではないし、就職といっても一流会社ではないので、そんなに大げさにほめられるほどのことでもないのですが、①やはりほめられるとうれしく、伯母さんのご厚意には心から感謝します。こんな僕が世の中に通用するのか、今は不安半分期待半分といった心境です。

解説

① 親しい人には喜びの気持ちをこのように素直に表すのが効果的です。

にいらっしゃいますか」が、正しい言い方です。○ or × ?〈難易度1〉

か正直不安もありますが、まあなんとかなるさ、という自信もないわけではありません。ともかく、人生これからが本番、フンドシを締め直して頑張るつもりです。

まずは心からのお礼をお伝えします。

敬具②

改まった例

拝復　この度の小生の就職につきましては、早速過分なお祝いとご激励のお言葉を賜り、ご懇情③誠にありがたく、厚く御礼申し上げます。

学生生活は実社会に乗り出す準備とはいえ、果たしてこの自分が実社会において、どれほどのことができうるものかと、入社日が近づくにつれ、日に日に憂いがつのるばかりでございます。

とは申せ、消極的になってばかりいても、いいことはございません。ご激励のお言葉通り、ここはただがむしゃらに精根の限りを尽くす以外にないとの覚悟で邁進④する所存です。

何卒今後も旧に倍してご指導ご鞭撻を賜りたく、謹んでお願い申し上げます。

末筆ながら、花冷えの時期ですので、十分御身おいといくださいませ。

まずは右謹んで御礼まで申し上げます。

敬具

②親しい相手への手紙でも、改まるべき内容なので、ここは、「草々」とせず、あえて「敬具」で締めくくります。

③「懇情《こんじょう》」は、親切な気持ちのこと。

④「邁進《まいしん》」は、元気よく、ひたすら目標に向かって進むこと。

手紙検定14　「当日はお二人でご一緒に参られますか」は、誤った表現です。「ご一緒

THANK YOU!

退院・全快祝いのお礼

ポイント

- **晴れやかな喜びを伝える**……すっかり元気になったことを伝えます。自分や家族の喜びの胸の内を具体的に表します。
- **お見舞いにも感謝**……お祝い状へのお礼だけでなく、それまでのお見舞いにも改めて感謝します。
- **二度と心配をかけないと誓う**……今後健康には十分注意することを約束します。

気軽な例

メールOK

この半年病院の一室で呻吟《しんぎん》を続け、草木の美しさも見ることができずにいましたが、このほどようやく全快し退院を許されました。

季節はすでに初夏の趣。①久しぶりに眺める空の色はまた格別です。

お祝いの手紙を今日いただき、喜びがまたさらに大きくふくらみました。

闘病中の幾度ものお見舞いと、あなたの厚い情けに深謝いたします。病気はもうこりごりですが、自分の生き方をいろいろと考え直すためには、よい時間を与えられたと思っています。

Column

結語の使い分けで思いを伝える

約千年前の平安時代の手紙に、こんな結語があります。「誠惶誠恐謹言《せいこうせいきょうきんげん》」。今でも非常に改まった儀礼的な手紙で使われることがある「恐惶謹言」のルーツです。「惶」は畏《かしこ》まるという意味。おそれて、かしこまって、つつしんで、と、非常にていねいです。現代使われる結語にも、強い恐縮が感じられる結語があり、その一つが「頓首《とんしゅ》」です。頭を地につくように深く下げてうやうやしく礼をする、という意味があります。

って相手を立てるときに使います。相手の動作に使えば失礼になります。

今後は十分養生に専念して健康を取り戻し、二度とご心配をかけないようにいたします。

まずはお礼かたがた一言退院の感想まで申し上げます。

改まった例

謹啓　秋冷忍び寄る季節となりましたが、皆様にはいよいよご清祥の段、大慶に存じます。

小生病臥②中には度々お見舞いくださり、格別なご厚情に鳴謝③いたします。また、退院に際しては結構なお品を頂戴し、恐縮の至りです。

今回の病気にかかる以前の健康を回復するまでには、相当の時日を要するものと思われますが、病気自体は最早全快いたしましたので、くれぐれもご休心ください。

小生はもとより妻子も待望久しい退院の到来により、改めて家族四人が一つ屋根の下で平凡に暮らすことの幸福を再認識した次第です。

この喜び、ひとえに尊台④始め皆様のご芳情の賜物と、家内と共に深く感謝申し上げる次第です。

まずは右御礼まで謹んで申し述べます。

頓首

解説

①このような具体性のある感想を自分の言葉で伝えるのがていねいです。

②「病臥《びょうが》」は、病気で寝ていること。

③「鳴謝《めいしゃ》」は、深く感謝すること。

④「尊台《そんだい》」は、相手を敬っていう言い方。「貴台《きだい》」と同じ。

手紙検定14の答え　○「参る」は自分の動作につける謙譲語です。自分がへりくだ

お中元・お歳暮のお礼

ポイント

- **できるだけ早く出す**……封書が理想ですが、はがきでも十分です。できるだけ早く出すことが大切です。
- **時候を省きお礼の言葉から開始**……お礼の言葉から書き始めてかまいません。ストレートに感謝を伝えます。
- **おいしさや便利さを具体的に伝える**……おいしさ、便利さ、必要性などを強調することで深い感謝が伝わります。
- **無事な年越しや新年の多幸を祈る**……お歳暮のお礼では、季節にふさわしいあいさつをまじえます。

気軽な例〈お中元〉

メール OK

今日お中元のご挨拶と素敵な贈り物をいただきました。

毎年毎年のお気遣いありがとうございます。

①夫も私も夏はビールと決めていますし、この銘柄が一番と信じているので何よりの贈り物です。晩酌の際、このビールを見る度に、毎晩あなたのお気遣いに感謝します。

暑いさなか、お元気でいらっしゃるようで安心しました。こちらは娘の結婚準備などで大わらわ、暑さも手伝い少々ぐったりしていますが、絶好の暑

解説

①贈り物に対する感謝は、感謝する理由を添えると、よりていねいです。

ると、新しい感覚のセンスのいい手紙になり、効果的です。○ or × ？〈難易度1〉

気払いの薬が届いたので、明日からはもう大丈夫でしょう。
②まずは心よりお礼申し上げます。

かしこ

改まった例〈お歳暮〉

拝啓　ただ今御③懇書に加え、結構なお品のご恵贈にあずかり、深謝申し上げます。

本年も貴家ご一同様が、無事に一年をお過ごしになられ、ご事業もご盛況の由、誠にご同慶の至りと存じます。

私方も老父の病癒《い》え、息子の就職も決まり、お陰様で何かと満足多き年の瀬を迎えておりますので、他事ながらご④放念ください。

⑤答礼と申しては誠に些少で失礼とは存じますが、国もとより寄越《よこ》した鮑《あわび》の瓶詰をお福分《ふくわ》けさせていただきます。ご笑納いただければ幸いです。

取りあえず御礼まで申し述べます。

敬具

②気軽なお礼でも、お中元は改まったあいさつですから、ある程度礼儀正しく締めくくるのがよいでしょう。

③「懇書《こんしょ》」は、ねんごろな手紙。相手の手紙の敬称。

④「放念《ほうねん》」は、気にかけないこと。「ご放念ください」は、ご心配には及びません、という意味。

⑤「答礼《とうれい》」は、礼を返すこと。返礼。

Column

贈り物を称賛するための表現

相手が苦心して選んだ品物をほめたたえることで、深い感謝が伝えられます。たとえば、「なによりの○○」とすれば、最上級の賛辞となります。その他、「珍しい○○」「欲しかった○○」「なかなか手に入らない○○」「一度は飲んでみたかった○○」なども、効果的な修飾語となるでしょう。

手紙検定15　気の利いたデザインのおしゃれな一筆箋を何枚か使って便箋がわりにす

旅先から送ってもらった特産品へのお礼

ポイント

●**格別な気遣いに感謝**……旅先での旅程をこなす慌ただしさ、あるいは、のんびりとして雑事を忘れるくつろぎのさなかにもかかわらず、特産品送付の気遣いに、心から感謝します。

●**特産品について具体的に喜ぶ**……特産品の食味、あるいは趣やユニークさなどについて具体的にふれ、高く評価します。

●**よい旅を願う**……相手がまだ旅行中なら、旅の安全やよい旅を願うと、よりていねいな印象になります。

●**旅の土産話も期待する**……いつか会うときに、楽しかった旅の話を聞きたいと願います。

気軽な例

メールOK

①夕刻晩酌を始めようとしたら、加賀の銘酒が届きました。何かのまちがいかと思い差出人を見ると、なんとあなたではありませんか。旅行中とは知りませんでした。住所を見れば温泉旅館。のんびりお二人でおくつろぎ中ですね。そんな楽しいご旅行中に、私のことなど思い出してくださり、申し訳なく思いますが、一方では私も旅に参加させていただいた気分になり、この上

解説

①このように、臨場感を伝えながら感謝すると、より一層強い礼意が伝わります。

は、メモ書きよりはていねいという程度で、何枚も書くならふつうの便箋を使います。

なく満足です。「加賀千代」、いただきましたよ。「朝顔やつるべ取られてもらい水」、加賀千代女にちなんだ趣深い味わいとともに、さわやかな香りに酔いしれました。まだ旅程はしばらくあるとのこと。どうぞ引き続きよい旅を。楽しいお土産話も期待しています。

ありがとうございました。

改まった例

拝啓　この度は、美味なる名産安納芋《あんのういも》をご②恵送賜り、感謝この上ございません。誠にありがとうございます。

糖度がずば抜けて高い安納芋の存在は、すでに日常耳にし目にし、我が家の食卓にも並ぶことが度々ありましたが、今回屋久島・種子島のご旅行中の遠山様からいただいた安納芋とは、似て非なるものです。③いただいたお芋の新鮮なうまみ甘味は格別で、格段の差があります。うかがえば、同じ安納芋でも生産者により、かなり差があるとのこと。なるほどと思いました。

ご旅行中にもかかわらず、④数ならぬわたくしどものことまでお気に留めてくださり、感謝の申し上げようもございません。

略儀ながら寸書にて厚く厚く御礼を申し上げます。

敬具

---

②「恵送《けいそう》」は、送られることを、へりくだっていう語。お送りいただき、という意味。

③このように、ことさらに評価すると、強い感謝がこもります。

④「数ならぬ」は、数のうちに入らない、という意味。自分を謙遜する語。

手紙検定15の答え　×　一筆箋を便箋がわりに使うのは失礼です。今のところ一筆箋

病気・災害見舞いへのお礼

ポイント

● **状況を知らせる**……先方が一番知りたいのは病名・病状、負傷の様子、被害状況、回復、復興の見込み、期間などです。容体や状況が深刻なら、不要な心配をかけないよう、あえて具体的に報告しないこともあります。

● **はがきでもよい**……本人が病床で書くときは、たとえ目上でもはがきで十分です。

● **代筆はその旨を必ず明記する**……代筆するときは、その理由を必ず書きます。本人の署名の後に「代」を加え、「長谷信夫 代」とし、妻の代筆なら「内」を加えます。

● **闘病、治療、復興の決意を力強く表す**……苦痛や絶望をあからさまに吐露し、気弱くすがる態度は失礼です。

気軽な例〈病気見舞いへのお礼〉

✉ メールOK

この度は私の入院がお耳に届き、さっそくご親切なお見舞い状をいただき、ありがとうございます。入院時には発熱やひどい腹の痛みがありましたが、昨日あたりからなくなり、少しほっとしたところです。

入院の前日まで仕事が忙しかったので、過労だと思います。医者もこの分なら特に心配はないと言いますから、まずはお礼かたがたお知らせまで。

①ほどなく退院のめどもつくはずです。

草々

解説

①楽観的な言い方で、相手を安心させることも大切です。

と氏名は、書かないほうがよいでしょう。○ or ×？〈難易度1〉

改まった例

1 病気見舞いへのお礼

拝復　夫隆俊の入院が②ご高聞に達し、早速ご慰問くださり、加えて③結構なお見舞いのご恵贈品まで賜り、恐縮に存じます。仰せの通り日頃強健な夫ですので、今回の急激な衰弱そして入院には、本人はもとより家族一同大変驚いております。検査の結果肝炎と診断され、只今は絶対安静の状態です。
④病状は一進一退、予断を許しませんが、今後一週間のうちにさらに悪化しなければ、快方に向かうだろうと医師は見ております。
まずは取り急ぎ御礼かたがたご報告まで申し上げます。

かしこ

2 災害見舞いへのお礼

当地洪水につき、早速御見舞い状を賜り、感謝致します。

数日来の記録的な豪雨により護岸数箇所で決壊、上川の氾濫《はんらん》となり、当町も多くの家屋で床上浸水となりましたが、幸いにも弊家は無事でしたのでご休心ください。昨日より降雨止み天候回復の模様にて次第に減水、当地住民は⑤愁眉を開きつつあります。

右取り敢えず御礼まで申し上げます。

敬具

②「ご高聞《こうぶん》に達し」は、相手が聞くことの尊敬表現。

③お見舞い品にも必ずお礼を言います。

④容体が深刻なときは、感情を抑えて事実だけを伝えます。

⑤「愁眉《しゅうび》を開く」は、心配が去り安心すること。

手紙検定16　個人情報の流出防止のために、原則として、封筒やはがきに自分の住所

歓待のお礼

ポイント

●**はがきでよいからその日に書く**……早ければ早いほど、強い感謝が伝わります。特別改まったもてなしなら、封書で返礼します。

●**もてなし方を感謝する**……食事をほめるだけでなく、その他の気遣いや配慮にも、ていねいに感謝します。

●**批判めいたことは一切避ける**……「ワインがあれば、なおよかった」などと、ちょっとでも批判めいたことは一切いわない。いえば感謝が薄まってしまいます。

気軽な例

メールOK

昨日はお忙しい中突然おじゃまし、つい長話をしてしまい、申し訳ありませんでした。厚かましい珍客にもかかわらず、手厚くもてなしてくださり、ありがとうございました。

お酒はおいしいし、君の話は面白く、さらに奥さんのお手料理が絶品とくれば、私ならずとも長座《ちょうざ》を決め込むのは仕方なし、と実はあまり反省の色がありません。いけないことです。

①今度はお詫びとお礼がしたいので、来月初めの週末に、奥さんご同伴でう

解説

①このように、返礼の機会を願い出てもよいでしょう。

所・氏名がなければ、発信人不明の不審な手紙となってしまい失礼です。

ちの方へ遊びにいらっしゃいませんか。妻ともどもお二人のお越しを、楽しみにしております。

まずは右お礼のみ申し上げます。

敬具

改まった例

拝啓　昨日は大勢でお伺いし、申し訳ございませんでした。お言葉に甘え遅くまでご厄介になりました。②数々のおいしいご馳走に舌鼓《したつづみ》を打ち、子供たちはご子息様にいろいろと遊んでいただき、その上帰りには結構なお土産まで頂戴し、何から何まで格別なおもてなしを賜り、何とお礼を申し上げてよいものかわかりません。

ご主人様はもとより御奥様、ご子息様までもが、さぞかしお疲れのことと恐縮に存じます。③お陰様で楽しい一日を過ごすことができたと、帰途家族全員口々に申しておりました。誠にありがとうございました。

何卒御奥様、ご子息様にも、くれぐれもよろしくお伝えくださるようお願い申し上げます。

とりあえず略儀ではございますが本状にて、昨日のお礼のみ謹んで申し上げます。

拝具

②相手の配慮にいちいち感謝すると、さらに謝意が強く伝わります。

③このように、自分だけでなく全員が喜んだという様子を伝えるようにするのがていねいです。

手紙検定16の答え　✕　原則として、手紙には自分の住所・氏名を必ず書きます。住

食事をご馳走になったお礼

ポイント

- **お礼の言葉から始めてもよい**……時候を省いて冒頭からお礼の言葉を書き始めるのが効果的です。
- **感謝する理由を伝える**……ただ感謝の言葉を並べるだけでなく、なぜ感謝したいのか、その理由を明確に伝えることが大切です。
- **その日のうちに書く**……出すのが遅れると同じ文面でも感謝の気持ちが薄まります。

気軽な例

メール OK

今日はごちそうさまでした、というより、いつもごちそうさまです。申し訳ないと思いながらも、つい調子に乗って、甘えてしまいます。

天ぷら三昧《ざんまい》、満喫しました。カウンターでお任せで、次々に出てくる天ぷらのおいしいこと。思い出すだけでもまたヨダレがたれそうです。①それに、あの天ぷらが一度鍋の底に沈み、フワッと浮き上がってパチパチとはじける油の音。あの音も最高に食欲を刺激します。

あまりの美味に、しばらく佐藤さんのお話が聞こえなくなりました。大切

解説

①ごちそうだけでなく、雰囲気にも言及すると、さらにていねいな印象になります。

②「相伴《しょうばん》にあずかる」は、ごちそうになること。

③このように、少々大げさなぐらいに喜ぶと、強い感謝が伝わります。

「敬具」のほうが改まったていねいな結語とされています。○ or × ？〈難易度１〉

なお話、いくつもしていただきましたが、一部聞き逃していますので、またの機会によろしくお願いいたします。
とりあえず本日の心よりのお礼を、申し上げます。

改まった例

謹啓　本日は誠にありがとうございました。山海の珍味のご馳走のみならず、日本各地の美酒まで存分に味わうことができ、感謝の申し上げようもございません。わたくしは体型が物語る健啖《けんたん》家で、何でもおいしくいただくほうですが、本日ご②相伴にあずかりました北陸直送の魚は、これまで食した中でも最高のものでした。そして、各地の風土が香る各種のお酒により、東京麻布に居ながらにして、日本全国を旅した心持《こころも》ちにさせていただきました。

さらには、何と豪華な一夜だったことでしょうか。締めくくりのラーメンもまた絶品でした。豚骨でありながら、少しもしつこさのない、③これまでわたくしが味わってきたトンコツラーメンは一体何だったのかと疑いたくなる思いがいたしました。ラーメンをいただく前に、すでに満腹でありましたのに、実はもう一杯食べたくなったほどでございます。

感謝は尽きません。昨夜の御礼を寸書に託します。

頓首

Variation

手料理をご馳走になったお礼

昨夜はすっかりご馳走になり、ありがとうございました。美和さんの麺から自作のお手製パスタ、おいしゅうございました。私の中のパスタの味の常識が変わりました。舌鼓を打つという表現は、まさに昨夜のためにあるのだと思ったほどです。そして、パスタの中の早春、フキノトウの苦味と甘味も格別でした。そして、貴方のワインのチョイスも、お料理の美味を、さらに引き立てたことは、いうまでもありません。

お礼の気持ちの一部を、この手紙に込めます。

手紙検定17　「謹啓」より「拝啓」のほうが改まったていねいな頭語で、「謹言」より

送別会のお礼

ポイント

●**配慮に感謝する**……わざわざ送別会を開いてくれたことに心から感謝します。

●**わずかでも不満をもらすのは厳禁**……店の様子、料理の質、集まった人数などに、ほんのわずかでも不満をもらしてはいけません。感謝が薄まってしまいます。

●**抱負を述べ健康や幸福を祈る**……文末で今後の希望や決意を簡単に述べ、送別会の参加者の健康や幸福を祈ったり、引き続きのお付き合いを願ったりします。

気軽な例

メール OK

今日は私のために、心あたたまる送別会を開いてくださり、ありがとう。心から感謝しています。

私が中華料理が好きだと知って、横浜中華街のお店にしてくれたのですね。回鍋肉《ホイコーロー》の味、最高でした。小龍包《ショウロンポー》もフカヒレスープも何から何まで、①生まれて初めてのおいしさで、お別れで悲しいのに、おいしさでも涙が出ました。

それにあんなにたくさんの人たちを集めてくださった幹事さんの努力と、参加してくれた皆さんの心づかいに感激しました。

解説

①少々大げさなぐらいに感謝するのがよいでしょう。

具」より「謹言」のほうが改まったていねいな結語とされています。

短い間でしたが、皆さんのこと、そして今日のこと、一生忘れません。きっと誰にも負けないすばらしい家庭を築きます。シドニーは遠いけれど、私の気持ちはいつも皆さんのそばにいます。皆さんの健康と幸せと仕事での活躍を祈っています。

ありがとう山野井さん。お礼の気持ちをお伝えします。

かしこ

改まった例

拝啓　昨夜は小生の転勤につき、ご芳情あふれる送別の会を設けてくださり、誠に有り難く心より深謝申し上げます。皆様のご激励のお言葉、嬉しく胸にしみました。②「さらなる飛躍を」「開拓魂」「健康第一」などなど、何よりのはなむけを頂戴いたしました。また、ご用意いただいた料理も格別の美味で、恐縮の至りに存じます。

もとより営業所長など、小生には不似合いの大任とは存じますが、皆様のお言葉に従い、全力を尽くす所存ですので、今後もご交誼、ご厚情を賜りますよう、改めてお願い申し上げます。

晩秋の寒さが一層加わります。どうか皆様お体を大切に。

③右略儀大変失礼ながら、書面にて御礼まで申し上げます。

敬具

②贈られた言葉をこのように具体的に書くと、さらにていねいな印象の手紙になります。

③「略儀」は、略式、という意味。手紙での返礼は略式の礼儀だから本来失礼、ということになり、それを詫びるととてもていねいな印象になります。

手紙検定17の答え　✕　「拝啓」より「謹啓」のほうが改まったていねいな頭語で、「敬

お世話になったお礼

THANK YOU!

ポイント

●**封書で礼をつくす**……基本は封書でていねいに感謝を示します。ただし、お世話の程度が軽いときには、はがきでもかまいません。

●**うまくいかなくてもお礼する**……お世話してもらった結果、事がうまく進まなかったり、十分な成果が得られなかったとしても、お世話を受けたことには変わりないので、必ず感謝の気持ちを伝えます。

●**決して不満はいわない**……お世話してもらった結果、不都合な状況になったとしても、不満は一切いわないことが大切です。ただし、先方から世話を申し入れてきた場合は、不都合な状況について報告してもよいでしょう。

●**礼状でのお礼は略儀**……本来出向いて感謝を伝えるべきことです。手紙でお礼することが略式であることを踏まえて手紙を書くことが大切です。

気軽な例

メールOK

ありがとうございました。岡谷先輩のお陰で、新東京設計の高田先生にお会いすることができるようになりました。

①先日岡谷先輩に、高田先生に紹介しておいたからお電話するようにと言われ、早速新東京設計にお電話して岡谷先輩のご紹介であるとお伝えしたとこ

解説

①お世話を受けた結果だけでなく、経過説明を簡潔に行うと、よりていねいな印象になります。

ろ、高田先生に快く面会を許され、昨日事務所にうかがいました。そして高田先生が、私の新居の設計を快く引き受けてくださいました。お忙しい高田先生が、②まさか私の希望する狭小住宅の設計を引き受けてくださるとは、夢にも思いませんでした。すべて岡谷先輩のお陰です。心から感謝いたします。

まずは喜びのご報告を、お手紙で申し上げます。

敬具

改まった例

粛啓③　今回も小生の再就職につきまして、ご懇篤④なるお力添えを賜り、誠にありがたく心より感謝申し上げます。お陰様で面接後すぐに採用のお知らせを先方から頂戴しましたが、勤務地が当初のお話とは異なり、岡山の倉敷という条件でしたので、誠に申し訳ございませんが、やむなくお断りすることとなりました。すでに桑井様に申し上げておりますように、老母の介護が必要なため、東京を離れることはできません。折角ご紹介をいただきましたのに、このような結果となりましたことを、心よりお詫び申し上げます。

略儀ながら寸簡⑤にて、今回の格別のご厚情に、改めて深甚の感謝を申し上げます。ありがとうございました。

頓首

---

②喜びをストレートに表現すると、強い感謝が伝わります。

③「粛啓《しゅくけい》」は、「拝啓」よりもていねいな頭語。

④「懇篤《こんとく》」は、心がこもって手厚いこと。

⑤「寸簡」は、自分の手紙をへりくだっていう語。「寸書」ともいう。

手紙検定18　「時候」はどんな手紙にも書くのが、日本の手紙の基本的な常識で、時

借りたものを返すときのお礼

THANK YOU!

ポイント

●**借りるときよりもていねいに**……誰しも借りるときはていねいでも、返すときはぞんざいになりがちです。借りるときよりもていねいにお礼する気持ちが大切です。

●**どれだけ役立ったかを具体的に伝える**……借りたものによって、どんな利益があったか、喜びがあったかなど、できるだけ具体的に伝えると、より感謝がこもります。

●**不都合は一切書かない**……借りたものに不備、不都合があったとしても、それを伝えることは厳禁です。相手の気分を害するだけで、失礼と思われてしまいます。

●**弁償について触れるべきときも**……汚したり、壊したり、なくしたりした場合は、進んで弁償を申し出ますが、弁償すればよいでしょう、という態度は禁物です。借りたものを大切にしてきた相手の思いやしみついた思い出への十分な配慮が必要です。

気軽な例

メールOK

①ありがとうございました。お陰様で大切な思い出を、たくさんビデオにおさめることができました。しかもすばらしい高画質で。②あなたがいつも大切にされているデジタルビデオカメラをお借りするのは、実はとても申し訳ないと思っていました。高価なだけでなく、あなたの

解説

①まず感謝の言葉から始めるのが自然でしょう。②借りたものの大切さを、改めて強調すると、よりていねいな印象になります。

紙もたくさんあります。ていねいであれば、時候がなくても決して失礼にはなりません。

分身のように、いつも大切にされているものだからです。けれど、手ブレ防止機能や夜間撮影機能などすばらしい機能がいろいろあるので、故郷から出て来る祖父らとともに、熱海旅行の思い出を、ぜひあなたのカメラでおさめてみたいという欲望に勝てませんでした。③お陰様で、十時間に及ぶかけがえのない思い出が、SDカードいっぱいにおさまりました。いつかその一部をご披露いたします。

手紙などで不十分ですが、とりあえず感謝の気持ちをお伝えします。　敬具

改まった例

謹啓　この度は大変貴重なご蔵書を快くご貸与くださり、誠にありがとうございました。お陰様で懸賞論文を無事脱稿することができました。大した論文ではありませんが、完成は宿願でしたので、今は喜びで満たされる思いです。

佐竹様のご蔵書がなければ、思うような結論を導き出すことができませんでした。改めて深甚の感謝を申し上げたく存じます。

④なお、ご存じかとも思いますが、177頁から192頁の落丁がありましたので、念のためお伝えしておきます。

以上略儀ながらお礼まで申し送ります。

敬白

③どんな映像が撮れたかについては、相手はあまり関心がないはずです。簡潔にこの程度を伝えます。

④借りたものに、元々あった不備は、このようにあえて伝えておくほうが無難です。

手紙検定18の答え　✕　お詫びの手紙やお悔やみなど、原則として時候を書かない手

チケットや写真送付のお礼

THANK YOU!

ポイント

● **はがきで一言**……チケットや写真など、ちょっとしたものを送ってもらったときも、はがきで一言お礼をいうと、十分な感謝が伝わり喜ばれます。

● **相手の努力や手間に感謝する**……チケットを入手するための努力、あるいは写真を撮る苦労、送る手間などを想像して感謝します。

● **今後の楽しみを伝える**……送ってもらったものによって生まれる楽しみを相手に伝えると喜ばれます。

気軽な例

メールOK

チケット、今日届きました。ありがとうございます。いろいろお手数をおかけしました。入手は難しいと思っていたのに、感謝感激です。ネットニュースを見たら、①発売後一分で五千席ソールドアウトということですから、その一分にもぐりこんだということですね。奇跡です。すばらしい。

しかもアリーナ席ですから、彼らのほとばしる汗まで間近で見て、②年を忘れて思い切り熱狂して来ることにします。コンサートの報告は後日また。

とりあえず、心からのお礼をお伝えします。

かしこ

解説

①相手の尽力を改めて振り返り感謝します。

②楽しみにしている思いを興奮気味に伝えると、強い感謝がこもります。

4章

ビジネス

礼儀正しく、わかりやすく、的確に。できる社会人として知っておきたい、身につけたい、基本的な文書マナーを紹介します。

書き方の基本とマナー

（★数字は左ページの見本を参照）

❶会社名は正式名称を書きます。宛名は略字ではなく正字で書きます。

❷文書整理のための種別や整理番号が必要なときは、ここにあまり目立たないように書きます。

❸発信日を書きます。

❹発信人の所属、部署、氏名などを書きます。

❺表題を書きます。文書のテーマ、手紙の内容によっては書かないときもあります。また、あいさつの色彩が強いものは書かない場合があります。

❻「拝啓」などの頭語は、行頭から書きます（行頭一字空きにすることもある）。主文に入るとき、あるいは主文の内容が変わるとき、そして、末文に入るときは、行頭一字空きの段落にすると読みやすくなります。「敬具」などの結語は、文末に続けて、行末から一字空けた位置に置きます。

❼別記があるときは、このように箇条書きを利用するとわかりやすくなります。

❽原則として副文はつけません。出欠の返事などを求めるときは、副文として、本文よりやや小さめの文字で書きます。

❾別記、副文など、すべての内容が終わることを、「以上」によって示します。

❿差出人の他に、連絡事務の担当者などを示すときは、ここに、本文よりも小さめの文字で、氏名、電話、FAX番号などを明記します。

こんなビジネス文書はNG！

- 宛名に間違いがある。
- 誤字脱字や事実関係に誤りがある。
- 一文書一用件の原則が守られていない。
- テーマがはっきりしない。
- 一文が長く文意がつかみにくい。
- 敬語が不十分。または、敬語は十分だが敬意がない。
- 礼儀が不十分で不快感がある。

ビジネス文書の構成見本

❷ 人事部 カ-1201号
❸ 2025年8月18日

❶ 株式会社 護国寺本舗
人事部　齋藤啓二　様

❹ 株式会社 安藤坂建設
営業企画部　堤根一郎

❺ **○○○○のお願い**

❻ 拝啓　残暑の候、□□□□□□□□□□□□□□□□□□□□
□□□□□□□□□□□□□□□□□□□□□□□□□□□□
さて、弊社では□□□□□□□□□□□□□□□□□□□□
□□□□□□□□□□□□□□□□□□□□□□□□□□□□
まずは、□□□□□□□□□□□□□□□　　　　敬具

❼ 記
1. 日時：□□□□□□□□□□□□□□□
2. 場所：□□□□□□□□□□□□□□□

❽ 出欠のご返事は□□□□□□
□□□□□□□□□□□□□

❾ 以上

❿ 担当者　村西 元
電話　012-3XX-2XXX　FAX　012-3XX-2XXX

人事異動の通知

ポイント

- **いつどんなポストに就いたか**……新ポストだけでなく、以前の役職名も入れます。
- **できるだけ早く出す**……業務上支障がないように、できるだけ早く伝えるのが礼儀です。
- **はがきに印刷してもよい**……本来改まった通知は封書で行うべきですが、異動の通知は慣例としてはがきに印刷します。
- **儀礼的でかまわないが自筆を添える**……個人的感情はまじえず、事実だけを伝えます。しかし、親しい相手には自筆の一文を添えるとよいでしょう。

一般的な例

拝啓　春暖の候益々ご清祥のこととお慶び申し上げます。

さて、私こと①、去る四月一日の定期人事異動により、本社営業部より本社総務部勤務を命ぜられました。

営業部在勤中は、公私にわたり格別のご芳情を賜り、誠にありがとうございました。ここに改めて厚く御礼申し上げます。

総務部におきましても、これまで同様職務に専心する所存です。

解説

①「こと」は、謙譲の人称やそれに準ずる語の後につき、それについて何かをいうときに用いられる語。〜は、という意味。

かげんでも読めれば十分で、ていねいに書く必要はありません。○ or × ？〈難易度1〉

今後も尚一層のご指導、ご鞭撻を賜りますよう、何卒宜しくお願い申し上げます。

まずは略儀ご挨拶のみ申し置きます。

敬具

②入社以来頑張ってきた営業畑を離れるのは寂しく残念ですが、何事も勉強、しっかりやるつもりです。

★返信例　メールOK

拝復　ご異動③とは知りませんでした。ともかくおめでとうございます。営業から総務へのご異動は、御社では出世コースとのこと、喜ばしい限りでございます。

　これまでの格別なご厚誼に感謝するとともに、今後もより一層のご厚情を頂戴できれば幸いです。

　新しいご職務ゆえ、お疲れもあるかと拝察します。どうかお体を大切にご活躍ください。お疲れの節は、遠慮なく一声お掛けください。最近よい店を見付けました。

　とりあえず一言お祝いまで申し上げます。

敬具

②印刷した通知には、このように、自筆の一文を添えると、よりていねいな印象になる場合があります。

③「異動」は、地位や職務が変わること。

手紙検定19　封筒に書く住所・氏名は、郵便を配達する人に向けた情報なので、いい

移転・設立のあいさつ

ポイント

- **手紙の形式を守り格調高くまとめる**……移転・設立通知はデモンストレーションの一種ですから、格調の高さが必要です。伝統的な手紙の形式を守って書きます。
- **新装開店はプラスされた機能を紹介**……どんな点がよくなったかを伝えます。
- **今後の抱負を具体的に**……移転・設立・新装・落成後、どのような新たなビジョンにより業務を進めるのかを具体的に述べます。

一般的な例

1 移転のあいさつ

埼玉営業所移転のごあいさつ

謹啓　時下ますますご隆昌①のこととお慶び申し上げます。平素は格別のお引き立てを賜り、深謝いたします。

さて、弊社埼玉営業所は六月一日、②業務拡張を図るべく左記へ移転することとなりました。今後も全社員一丸となり精励する所存でございます。何卒倍旧のご支援、ご愛顧を賜りますよう謹んでお願い申し上げます。

謹言

解説

①「隆昌《りゅうしょう》」は、非常に栄えること。

②必要事項は、業務開始日、移転・設立理由、新住所、電話・FAX番号、Eメールやホームページのアドレスです。場所の略図も加えると親切で

はまず発信人の敬意の程度を、封筒やはがきの住所・氏名の書き方で感じ取ります。

記

埼玉営業所移転先②
〒359-00×× 埼玉県所沢市本町2-×-×
代表電話番号　042-933-××××
FAX　042-934-××××
Eメール　saitama@kaisha-●●.co.jp

以上

2 設立のあいさつ

拝啓　春暖のみぎり益々ご隆昌の段大慶に存じます。平素は格別のご厚情を賜り誠にありがとう存じます。

さて、来《きた》る四月一日を期し、健康器具販売会社「株式会社モアヘルス」を③設立致すこととなりましたので、ご案内かたがたご挨拶申し上げます。

昨今の健康ブームにより、多種多様な健康器具が市場にあふれていますが、真に健康に役立つ商品の開発流通は未だ不十分と申せます。そこで、私どもは医療機関の専門的な判断を仰ぎ、④正しい家庭医療に即した健康器具を厳選し、信頼のおける器具のみ販売すべく、弊社を設立することとなりました。

つきましては、格別なご支援ご愛顧を賜りますようお願い申し上げます。

まずは略儀ながら書面にてご挨拶まで申し上げます。

敬具

す。また、店舗やオフィスが広くなるなどのプラス面は強調しますが、交通が不便になるなどのマイナス面は、強調しないようにします。

③ここを「設立する」にすると、改まった感じが減り、親しみやすさが増します。どちらを選ぶかは、演出したい企業イメージによって決めます。

④企業ビジョンを、簡潔に明確に伝えます。ここを、「お客様へのサービス向上を図るべく」などとしてもよいでしょう。

手紙検定19の答え　✕　封筒の住所も氏名も尊敬しながらていねいに書きます。相手

中元・歳暮のあいさつ

ポイント

●**中元・歳暮の期限**……中元は上半期の厚情、支援、引き立てへのお礼、歳暮はその年のそれらに対するお礼です。中元は七月初めから十五日の間に送るのが一般的ですが、地方によって異なるので注意します。歳暮は、十二月初めから暮れまでが一般的ですが、これも地方で異なるので注意します。

●**喪中でも贈ってかまわない**……中元や歳暮は祝いの贈答ではないので、こちらや先方が喪中でも贈って差し支えありません。

●**忌み言葉に注意する**……忌み言葉はできるだけ避けます。「閉じる／潰れる／衰える／枯れる／倒れる／失う／焼ける／朽ちる／揺れる／傾く／崩れる／詰まる」など。

一般的な例

1 中元のあいさつ

拝啓　いよいよ夏本番となり、連日ご多忙の由大慶に存じます。平素は格別なご厚情を賜り感謝致します。

弊店①におきましては、お陰様で上半期の業務順調に推移し、社員一同大いに喜んでおります。

解説

①「弊店《へいてん》」は、自分の店を謙遜していう呼び方。

これもひとえに御社のお引き立ての賜と深謝致します。

つきましては、心ばかりのお礼の印までに、本日粗品を拝送致しましたので、ご受納いただければ幸いに存じます。

まずはご挨拶かたがたご送付のお知らせまで申し上げます。

敬具

2 歳暮のあいさつ

謹啓　いよいよ年の瀬を迎え、御社におかれましては、歳末定めて②ご繁忙③のことと拝察致します。

本年もまた御社の格別のお引き立てにあずかり、お陰様で小社滞《とどこお》りなく一年の社業④を全うする⑤ことができました。誠にありがとう存じます。わたくしはもとより、社員一同心より御礼申し上げます。

来る年も本年に倍するご支援、ご指導、ご愛顧を賜りたく、謹んでお願い申し上げます。

別送の品誠に些少で恐縮至極⑥に存じますが、歳末のご挨拶までにご覧に入れます。

本来持参の上ご挨拶致すべきところ、雑用に取り紛《まぎ》れ略儀失礼ながら、書中にてお歳暮の感謝まで申し上げます。

敬白

---

②「定めて」は、きっと、たぶん、という意味。
③「繁忙」は、とても忙しいこと。
④「社業」は、会社の事業。
⑤「全《まっと》うする」は、完全に成し遂げること。ここを、「終える」とはしません。「終わる」は忌み言葉だからです。
⑥「恐縮至極《きょうしゅくしごく》」は、恐縮の極み、最高に恐縮するということ。

手紙検定20　お悔やみの手紙は薄い墨で書くのが、古くからの慣習となっています。

仕事の依頼

ポイント

●**簡潔明瞭に趣旨を伝える**……何をどうしてほしいのか、できるだけシンプルに、明確に伝えます。詳しい事は、追って知らせたり、面会の際伝えます。

●**未知の相手には懇切ていねいに**……既知の相手には前文は不要です。未知の相手には、前文を省かず懇切ていねいに依頼することが大切です。

●**条件ははっきり明示する**……ギャランティなどの主な契約諸条件は、依頼する際に明記するのが原則です。

改まった例

委託販売の依頼

拝啓　①貴店益々ご隆盛のこととお慶び申し上げます。

初めてお便り申し上げます。弊社は「家庭用美顔器ビューティーα」でお馴染みをいただいております株式会社ニューアクアと申します。

弊社ではこの度、画期的な洗顔美容器「モアモアビューティー」を完成し、広く販売することとなりました。

同製品は従来の美顔器とは異なり、超純水に近い純度の清水により美顔効

解説

①形式的な前文ですが、初めての相手には、改まった印象になるので必要です。

使うのは、涙が硯に落ちて薄まるからという説があります。一方慶事には濃い墨を用います。

果を高めたもので、その抜群の効果は現在マスコミでも大いに注目され、今後爆発的なブームを呼ぶものと高く評価されております。

つきましては、貴地域においてご盛名②をはせる貴店に、特に委託販売のご協力をご依頼申し上げる次第でございます。

なお、委託販売の主な条件は左記の通りです。

同封のカタログをご高覧③の上ご検討いただき、ご高配を賜りますようお願い申し上げます。

ご繁忙中誠に恐縮ですが、ご回答をお待ち申し上げております。

敬具

記④

一、委託手数料　売価の30%
一、決済方法　毎月25日締切、翌々月3日現金払い
一、荷造り費用　運賃等諸掛《しょがかり》は小社負担

以上

②「盛名《せいめい》」は、立派な評判。

③「高覧《こうらん》」は、相手が見ることを敬う語。ご覧になる、という意味。

④条件などは、このように「記」としてまとめ、わかりやすくします。

Variation

「はじめまして」のバリエーション

初めての相手に対するあいさつには、次のようなバリエーションがあります。①「はじめまして」②「初めてお便り申し上げます」③「初めてお便り申し上げる失礼をお許しください」。どれが適切かは、一概には言えません。相手との関係性、伝える内容などによって、異なってきます。ただし、一般的には手紙で出す場合、①の「はじめまして」は、おざなりな印象となります。

手紙検定20の答え　○　お悔やみの手紙は薄墨を使うのが今でも一般的です。薄墨を

人物紹介の依頼

ポイント

●**必要な能力を具体的に示す**……たとえばデザイナーを探しているなら、ポスター、チラシ、雑誌・書籍など、どのデザインの分野を専門とし、どんなイメージを持った人が必要なのかを具体的に示さなければなりません。

●**採用条件を列記する**……仕事の内容、納期、ギャランティ、支払い条件など、必要な要項を列記します。ただし、主な条件だけにとどめ、詳しくは後で説明します。

●**恐縮しながら依頼する**……相手が斡旋機関でないときは、普通無料で手間をかけてくれるわけですから、十分に礼をつくして恐縮しながらお願いします。

一般的な例

拝啓　炎暑の候ますますご活躍の由お慶び申し上げます。日頃は何かとご厚情を賜り、感謝申し上げます。

さて、今回もまた厚かましくもお願いがあり、お手紙をしたためました。御社の外部スタッフで、どなたかクラシックな漫画を描かれる方はいらっしゃいませんでしょうか。[1]恐縮ですが、ぜひご紹介いただきたいと存じます。

実はこのほど小社で、会社案内を製作することとなりましたが、表紙のデ

解説

①遠慮しながら依頼する姿勢が必要。

当たる「あらあらかしこ」で、手紙を締めくくるのが常識です。○ or × ？〈難易度2〉

ザイン画を、明治時代のポンチ絵風のレトロなタッチで表現することに決まりました。

ギャランティ等の条件は左記の通りです。

不十分な額で大家への依頼は不可能です。まだ無名でも、②線がしっかりしていて、ポンチ絵風が描け、しかも都会的なユーモアのセンスがある方であれば結構です。

③上野様のお眼鏡にかなった方なら安心です。

お忙しい中大変恐縮に存じますが、近日改めてお電話させていただきますので、ご高配を賜りますよう、何卒宜しくお願い申し上げます。

まずは右ご依頼まで申し上げます。

敬具

記

イラスト料	仕上がりA4カラー一点　三万円（税込）
納品形式	デジタルデータ
著作権	買い取り
締め切り	九月二十日
お振り込み日	十月二十日

以上

---

②必要な才能や条件を明示します。

③見えすいたお世辞は逆効果ですが、相手をある程度気分よくさせることは必要です。

手紙検定21　女性は、どんな手紙でも「敬具」に相当する「かしこ」か、「草々」に

送品の催促

ポイント

●**前文は相手との関係で考える**……相手に非があっても、基本的な関係で相手が優位に立つなら、簡単な前文が必要です。こちらが優位なら、前文省略ですぐに主文から入り、ストレートに趣旨を伝えるのが効果的です。

●**困惑の状況を具体的に訴える**……納品の遅れにより顧客への納品が遅れるなど、具体的に苦況を伝え、送品の必要性をさらに強調します。

●**冷静さを保ち礼儀を外さない**……目的は至急納品させること。怒りを露《あらわ》にして礼を失すれば、友好関係にヒビが入り今後の取引のマイナスになりかねません。

一般的な例

1 納品の催促

前略　先日六月三日付でご注文致しましたニュースポルテのスポーツシューズ二十足、一昨日の六月二十日が納品日となっておりましたが、六月二十二日現在、未だに当店に到着しておりません。
　ご注文のお客様は、六月三十日にはご使用とのことで、当方大変困却①しております。貴社のご事情はともあれ、お約束ですので至急ご送付くださいま

解説

①「困却《こんきゃく》」は、困り切ること。

紙を書くときは、「かしこ」「あらあらかしこ」は使わず、「敬具」などを使います。

すようお願い申し上げます。以上取り急ぎご連絡まで。

草々

2 カタログ送付の催促

冠省[2]　早速で恐縮ですが、先週来メールでご依頼申し上げている、貴社壁用タイルの現品カタログ、いかがなりましたでしょうか。一昨日三月二十日までにはお届けくださるとのことでしたが、三月二十二日現在、届いていません。

お忙しい中誠に恐縮ですが、早急にご送付賜りますよう、よろしくお願い申し上げます。三月三十日必着を希望いたします。

不一[3]

3 返品出荷の催促

拝啓[4]　平素は格別のご厚情を賜り、深謝申し上げます。

さて、六月五日にご依頼申し上げました弊社委託商品ご返品の件ですが、六月十日現在、未だに当方に着荷《ちゃっか》していません。いかがなりましたでしょうか。甚だ遺憾[5]ながら、契約書に明記されておりますように、六月二十日までにご返品いただけない場合は、貴店にお買い取りいただくことになります。

そのようなこととなれば誠に申し訳なく存じますので、お手数をお掛けし恐縮ですが、六月二十日必着にてご返品くださるようお願い申し上げます。

右取り急ぎお願いまで申し上げます。

敬具

---

②「冠省《かんしょう》」は、前文省略という意味。「前略」と同じ。

③「不一《ふいつ》」は、気軽な手紙の結語。まとまらずにすみません、という意味。「草々」と同じ。「前略」や「冠省」などの頭語と呼応します。

④取引上の関係で相手が優位に立つときは、前文を省略せず、ていねいに依頼します。

⑤「甚だ遺憾《いかん》」は、とても残念、という意味。

手紙検定21の答え ✕ 女性が公的な立場（ビジネスや公的役割を担ったとき）で手

支払いの督促

ポイント

●どの支払いかを明記する……いつ発生した何の支払い請求かを明記することが大切です。

●冷静かつていねいに依頼する……激怒して攻撃的に督促すれば、その後の取引関係が継続しないこともあります。

●苦況、困惑を具体的に知らせる……支払いの遅延により、どんな被害を受け困っているかを、具体的に知らせます。

●督促状はコピーをとっておく……法的手段に訴えなければならないとき、督促状を出したという証拠が必要となるので、控えは必ずとっておきます。また、内容証明や配達証明をつけたほうがよい場合もあります。

一般的な例

1 代金支払いの督促（※実際には横書きで）

拝啓 ①平素は格別のお引き立てにあずかり、深く感謝申し上げます。
　さて早速ですが、②7月25日付でご請求致しました7月分商品代金58万5000円、本日、7月30日午後3時現在、未だにお振り込みを確認できません。

Column

今に伝わる代金の催促文の最高傑作

　その昔仙台に、牛馬を売り買いする馬喰《ばくろう》の亀という男がいました。彼は今でも参考になる催促文の傑作を書きました。
「一金三両　ただし馬代
右馬代、くすかくさぬか、こりゃどうじゃ。くすというならそれでよし。くさぬというならおれがゆく。おれがゆくならただおかぬ。かめのうでにはほねがある。亀より」
「くす」は、よこす、という意味。リズミカルでユーモラスです。相手の強情を溶かす力を感じます。

の手紙もあるので、十分注意しなければなりません。○ or ×？〈難易度２〉

ご多忙のところ誠に恐縮ですが、帳簿整理の都合がございますので、今一度お調べいただき、至急お振り込み賜りますようお願い申し上げます。

③なお、本状と行き違いにお振り込みがお済みの場合は、悪しからずご容赦くださるようお願い申し上げます。

まずは取り急ぎお願いまで申し上げます。

敬具

2 売掛代金の支払いの督促（※実際には横書きで）

拝啓　貴店益々ご隆盛のこととお慶び申し上げます。平素は格別なお引き立てを賜り深謝致します。

さて、先日ご請求申し上げた5月分売掛代金の件ですが、既にお約束の決済日、6月25日を1ヵ月経過しましたが、お支払いはもとより④ご連絡も頂戴できず、大変困惑しております。

事務処理上支障を来しておりますので、恐れ入りますがご調査の上、至急ご送金くださいますようお願い申し上げます。

なお、本状と行き違いでお振込みいただいておりました場合は、悪しからずご了承ください。

以上、お願いまで申し上げます。

敬具

解説

①丁重なあいさつから始めます。

②何について、いくらの請求かを明記します。

③この手紙が先方に届く前に、先方が振り込みをすます場合もあります。

④払えない事情があるなら連絡ぐらいせよ、という怒りを、冷静に事務的に伝えます。

手紙検定22　自分の様子を伝えるあいさつを、前文にまじえると大変失礼になる種類

仕事の催促

ポイント

●何をいつまでにしてほしいかを明記……何をいつまでを期限として仕上げてほしいかを確実に伝えます。怒りのあまり冷静さを欠くと、何についての催促かが不明確になったり、期限を決め忘れたり、不十分な催促になりがちです。

●契約内容に反している点を示す……契約書がある場合は、契約内容に違反している点を具体的に明示し催促します。

●困っている状況を訴える……仕事の遅延により、どんな被害が生じているか、あるいは生じる可能性があるかを具体的に伝えます。

一般的な例

拝啓　毎々①お世話になっております。

さて、三月二十日納品のお約束をいただいております記念品製作の件、その後いかがなりましたでしょうか。メール、電話など、一切ご連絡がないので大変心配しております。

過日ご送付いただいたスケジュール表によれば、一昨日三月五日には見本品が出来上がることになっておりますが、本日三月七日現在、見本品の前に

解説

①「毎々《まいまい》」は、いつも、という意味。

と、なれなれしい感じとなり、大変失礼な場合があるので、注意しなければなりません。

いただく予定のデザインラフも、届いていません。このような状態で、納品には間に合うのでしょうか。

もしデザインラフを本日ご送付いただいても、当社における検討期間が必要となりますので、修正要求を反映した見本品の完成は、早くても三月十五日となります。

したがって、五日間で二百個の製品を製作することになりますが、そのような厳しい日程では、以前ありましたように、製品に不備が生じる可能性が大きくなると考えられます。

しかし、今後スケジュールを修正し、十分な製作日程を取り納品日が遅れるようなことがあれば、②顧客への配送も遅れ、当社の信用は失墜することとなり、担当者としての責任問題となります。

ともかく、当初のお約束通り不備のない製品を、是が非でも三月二十日までにご納品いただかなければなりません。

③お忙しい中ご無理を申し上げご依頼したこととはいえ、お約束ですので、何卒宜しくご配慮くださるようご懇願申し上げます。

ご誠意ある処置のご説明をお待ちしておりますので、至急ご連絡くださるようお願い致します。

敬具

---

②予想される被害について、具体的に伝え、早急な対応を促します。

③依頼した状況を思い出すなどして、礼を失しないように注意すべきときもあります。

手紙検定22の答え ○ 親しくない相手に、自分の様子を伝えるあいさつをまじえる

返済の督促

ポイント

●**用立てた日付と金額を明記**……何月何日に融資した金何万円を、何月何日までに返済してほしいと明記します。

●**礼儀正しく依頼する**……返済遅延の理由を善意に解釈しながら、ていねいに依頼します。攻撃的に迫ると開き直られる恐れがあります。

●**困っている状況を伝える**……約束だから返済を、というだけでなく、このように困っているからと伝えると、ていねいな印象になります。

一般的な例

1 用立て金返済の督促

拝啓　貴店いよいよご隆昌の御事大慶に存じます。

さて、先日三月四日、ご用立て申し上げました金三十万円、三月二十七日にご返済のお約束を頂戴しましたが、既に四月一日現在に至るも、ご返済いただいておりません。

①月末ご多忙のためのご失念とは存じますが、②経理部より矢の催促を受け、小生困惑し切っております。お手数ですが、四月五日までには必ずご送金賜

解説

①とりあえず善意に解釈するのが通例です。
②困っている状況を具体的に伝え、対応を促します。

りますようお願い申し上げます。

取り急ぎお願いまで。

敬具

2 貸金返済の督促

拝啓　猛暑の候いよいよご隆昌の由お慶び申し上げます。

さて、早速ですが、貴店ご開店に際しましてご融通申し上げた金三百万円、ご契約書によれば本年七月末までにご完済のお約束となっていますが、本日、八月十八日現在、十万円のご返済のみで、利息分にも足りません。いかがなりましたでしょうか。

内情を申し上げれば、不況の折から当社③も銀行各社より多額な融資を受け、資金繰りに大変苦慮致し困惑し切っております。このままでは最悪の事態も招きかねません。

貴店のご事情もお察し申し上げますが、当社のかかる事情ご賢察の上、八④月三十日厳守にて、利息分も含めた金三百十七万八千五百五十三円をご完済くださるようお願い申し上げます。

なお、本状と行き違いにてご送金済みの場合は、何卒悪しからずご容赦くださるようお願い致します。

以上、お願いまで。

敬具

③ここを、「当社」よりもさらにへりくだった印象のある「小社」「弊社」などとする必要はありません。へりくだりすぎると、相手へのプレッシャーが弱まり、すぐに対応してもらえない場合があるからです。

④「早急に」といったあいまいな表現ではなく、返済期限をこのように再度明確に提示します。

手紙検定23　追伸は、改まった手紙には書かないのが本来の礼儀です。改まった手紙

商品への抗議

ポイント

●**納品直後に検品して抗議する**……納品後時間がたってから抗議すると、取り扱い上の損傷と思われかねません。

●**注意後も改まらないときに抗議する**……再三注意しても不良品などがあるときに抗議します。一度のミスで抗議するのは早すぎます。

●**何をどれだけ送ってほしいかを明記**……漠然と善処を依頼するのではなく、不良品や損傷品が何個あり、代替品をいつまでに何個送ってほしいと具体的に依頼します。

一般的な例

1 不良品に対する抗議

前略[1]　早速ですが用件のみお伝えします。

本日貴社より納品いただきましたティーカップ二十客を検品致しましたところ、内十二客に模様のプリントミスがあったり、持ち手の部分にヒビが入っていたりしていて[2]、到底販売することのできない不良品であることが発覚致しました。このような品をお客様にご提供すれば、当店はもとより貴社の信用にもかかわる大事と存じます。

解説

①あえて「拝啓」を用いず、前文を省き、抗議の姿勢をほのめかします。

②不備を具体的に指摘します。

た、そうした不十分な体裁の手紙を出すのは、本来は失礼なことなのです。

ついては、不良品十二客をご返送致しますので、代替品③を明後日八月四日までにご送付くださるようお願い申し上げます。

先月納品いただいたコーヒーカップにも五客の不良品が混入しておりましたので、今後はこのようなことが二度とないよう、くれぐれも宜しくお願い申し上げます。

草々

2 粗悪品に対する抗議

前略　去る十一月十三日に当店着荷のオルゴール五台を販売致しましたところ、内二台につきお客様より音が狂っているとの抗議がありました。「エリーゼのために」と「トルコ行進曲」のものです。早速当店で調べましたが、やはり音が狂っていました。④この件電話で貴社に問い合わせたところ、取り扱いによる音の狂いと決めつけられ、当方甚だ心外に存じます。

元々商品自体に問題があるのは、商品を見れば明らかです。櫛歯の部分に、肉眼でも見ることのできる破損があります。櫛歯はカバーで覆われているので、取り扱いによる破損は決して起こりえません。

該当の二点を返品致しますので、代替商品を十一月二十日までにご送付ください。まずは右用件のみ。

草々

③「代替品」は、代わりの品。

④抗議に至るまでの経緯を説明します。

手紙検定23の答え　○　追伸は、本文を補完する付け足しの要素です。追伸を加え

納期についての抗議

ポイント

●**再三催促した後に抗議する**……電話や手紙やメールなどにより、再三催促した事実を示し、抗議に正当性があることを納得させます。

●**圧力をかけて迅速な対応を迫る**……注文取り消しや損害賠償請求、あるいは今後の取引停止も辞さない構えを示し、圧力をかけたほうがよい場合もあります。

●**最低限の礼儀は守る**……荒っぽい言葉づかいは避け、あくまでも最低限の礼儀は守ることが重要です。

一般的な例

1 注文品未着への抗議

①急啓　②再三再四ご請求申し上げておりますキャンピング用調理器具セット十組、いかがなりましたでしょうか。お約束した期日を十日も過ぎ、あまりに入荷が遅いので、お客様よりご注文を取り消したいとのご抗議を頂戴し、当方大変苦慮しております。

貴社にも記録はあるはずですが、初回のご注文は六月三日に電話にて、六月十五日に納品とのお知らせを、貴社の井沢繁様よりお受けしております。

解説

①「急啓《きゅうけい》」は、取り急ぎ申し上げます、という意味の起語。

②あいさつなしにいきなり本題から入ることにより、抗議の姿勢を鮮明にします。

しい言い方ですが、控えめな姿勢を示すために今でも使われます。○ or ×？〈難易度2〉

その後、六月十八日になるもご連絡が一切なく、同日お電話差し上げたところ、井沢様が不在でしたので、吉岡様にご依頼し、六月二十日必着とのお返事をいただきました。しかし、六月二十日を過ぎても納品はおろか一切音沙汰なく、翌二十一日またご連絡しましたが、井沢様も吉岡様も不在で太田様が出られ、商品請求の伝票が見当たらないとのことでした。

③本状が最後のご請求です。六月三十日までにご送品いただけない場合は、注文を取り消し、契約書に従って違約金を請求させていただきますので、ご了承ください。

敬具

2 代替品未着への抗議

前略　先般四月四日付でご注文致しました商品五点の内二点不良品がありご返送致しましたが、二週間経過した本日も、未だに代替品が着荷しておりません。④その間連日お電話を差し上げておりますが、担当の吉葉様は、調査して善処しますの一点張りで、まったく誠意が感じられません。

同品は、お客様のご贈答品で、五月一日迄にお届けしなければ、当店は大切な顧客を失うことになります。その損害を貴社はどのように補償していただけるのでしょうか。

至急のご連絡とご送品を催促致します。

草々

③約束を守らない場合の対抗手段を明記し、迅速な対応を待ちます。

④抗議に至った経緯を説明し、抗議が正当なものであることを示します。

手紙検定24　「他事ながらご休心ください」「他事ながらご放念ください」は、古めか

権利侵害への抗議

ポイント

●**冷静に事実を述べ抗議の根拠を示す**……権利侵害の状況を、事実に即して説明し、抗議が正当であることを冷静に主張します。

●**相手に悪意がないことを前提にする**……不注意による権利侵害であることを前提にし、友好的な態度で善処を依頼します。初めから悪意を前提にして攻撃的に改善を求めれば、トラブルはいたずらに深みにはまり、解決の糸口が見つけにくくなる場合があります。

●**改善されない場合の対応策を伝える**……確信犯と認められる場合は、対抗手段をほのめかし、善処を迫ります。

一般的な例

①拝啓　貴社ますますご隆昌のこととお慶び申し上げます。

さて、早速ですが、このほど貴社が発売されました抱き枕「アムルム」について、抗議を申し入れます。

「アムルム」は、当社がフランスのシェルブール社と独占販売契約を致し現在全国各地で発売中の抱き枕「アムール」と、商標ならびに形状が酷似しています。

解説

①まずは、丁重なあいさつから始め、友好的な態度を示します。

＝ご安心、「ご放念」＝気にかけないでください、という意味になります。

貴②社製品「アムルム」発売後、当社製品の売上高が激減し、しかも類似品を買わされたとする抗議が当社に多数寄せられるとあっては、このままこの事態を黙認するわけにはまいりません。寝具業界の指導的な立場にあられる貴社が、故意にかかる卑劣な手段を講じられたとは思えませんが、当社専属弁護士も、明らかな権利侵害と判断しております。

ついては③迅速に販売の停止措置を取られますよう、謹んで申し入れます。当社も、当業界の先駆者として敬愛する貴社と表立ってトラブルを起こすことを望みませんので、至急貴社のご誠意あるご対応を賜りたく、お願い申し上げる次第です。

しかし、④万一ご誠意ある迅速なご対応を得られない場合は、販売停止のみならず、その間の当社の損害についても補償要求する所存ですので、あらかじめご了承ください。

まずは取り急ぎご通知まで申し上げます。

敬具

---

②事実を冷静に示し、抗議の根拠とします。

③対処方法を明確に指定します。

④対抗手段をほのめかし、毅然とした態度で臨むことを示しておきます。

Variation

権利侵害への抗議に使えるフレーズ

・当社製品とほぼ同一であることが判明しました。
・実用新案登録済みの諸権利に抵触することは明白です。
・明らかな特許権侵害といわざるを得ません。

・即刻ご調査のうえ、しかるべき措置を速やかに取られますよう、お願い申し上げます。
・貴社のご対応によっては、当社は即刻法的措置をも辞さない構えですので、お含みおきください。

手紙検定24の答え ○ 「他事ながら」＝本来お知らせ不要な私の事ですが、「ご休心」

不良品送付のお詫び

ポイント

●**不良品と認めたら率直に詫びる**……返品を確認し不良品とわかり次第、原則として率直に詫びます。相手の取り扱い方などに疑念が持たれる場合は、詫びるかどうかの判断に迷いますが、不正使用の証拠がなければ詫びる以外にありません。

●**事情説明も必ず加える**……なぜ不良品が混入したかについて調査し、その結果を必ず伝えます。さもないと、商品の信頼性が低下することになります。

●**「拝復」と「敬具」が適当**……先方の抗議に対して即刻通知するのが原則なので、頭語は「拝復」か「復啓」を用い、結語は「敬具」や「敬白」などを用います。「前略・草々」や「冠省・不二」では失礼です。

一般的な例

拝復　①六月二十日付でご送付申し上げた商品の中に、不良品が混入しておりました件、②誠に申し訳ございませんでした。当方でも確認しましたが、脚部の接合部の金具のネジ穴が三ヵ所不足し、そのため強度不足を招き、支柱が破損したことが判明致しました。

今回かような不良品により、多大なご迷惑をお掛けしましたことを、心よ

解説

①案件を正確に特定します。

②案件を特定したあと、すぐにお詫びの気持ちを伝えます。

手の呼称は、努めて文頭に書くのが今でも常識的な礼儀です。○ or × ？〈難易度2〉

りお詫び申し上げます。

代替品をご送付致すべく、早速在庫を調べましたところ、あいにく現在二セットしかございませんでした。

二セットにつきましては本日ご発送し明後日六月二十五日午前に御社着の予定です。残りの三セットにつきましては、入庫が六月二十六日となりますので、御社着は六月二十八日午前となります。悪しからずご了承くださいますようお願い申し上げます。
③不良品混入の原因につきましてはただ今鋭意調査中です。
工場に問い合わせたところでは、検品工程に不備のあった可能性が高いと申しております。

いずれにいたしましても、当方の品質管理体制に問題があったための不始末ですので、深く反省致しております。
④今後は二度とこのようなことがないよう、社を挙げて品質管理体制を今一度徹底的に見直し改善する所存ですので、何卒ご⑤海容くださいますようお願い申し上げます。
取り急ぎお詫びかたがたご報告まで申し上げます。

敬具

---

③不良品混入の事情説明を行います。

④今後、不良品が出ないような努力を約束することも大切です。

⑤「海容《かいよう》」とは、海のように広く大きな心で許すこと。

手紙検定25　手紙では、「私」などの一人称はあえて文末に書き、「あなた」などの相

遅延のお詫び

ポイント

●**遅延した理由を説明する**……遅延を詫びるだけでは不十分です。なぜ遅れたかの事情説明が必要です。ただし、言い訳がましくなると相手の怒りをさらに買うことになるので、十分注意します。

●**支払い日や送品日を明記する**……どのようなていねいな事情説明より、支払い日、あるいは送品日を明記することを、相手は望んでいます。

●**二度と遅延しないことを誓う**……文末では二度と遅延しないと誓い、失いかけた信用を少しでも取り戻すようにします。

一般的な例

1 送金遅延のお詫び

拝復　九月分代金お支払いの件、大変遅れまして、誠に申し訳ございません。また、ご連絡もせずご心配をお掛けしましたことを、深くお詫び申し上げます。今回の遅延は、弊社の取引先が倒産し、売掛金の回収に手間取ったために出来①した事態です。しかし回収の目処が立ち、十月十五日には確実にご送金申し上げますので、何卒ご了承ください。なお、今後は二度とご迷惑

解説

①「出来《しゅったい》」は、物事が起こること。

称をできるだけ文頭に書くようにするのはマナーの一つですが、今の常識ではありません。

をお掛けせぬよう、お支払い体制を整備する所存ですので、今回のことはご容赦くださいますようお願い申し上げます。

まずはお詫びかたがたご報告まで申し上げます。

敬具

2 納期遅延のお詫び

拝復　今回ご注文のパンフレット二千部、本日ご発送申し上げました。② お約束の納期が三日遅れ、多大なご迷惑をお掛けしましたことを、心よりお詫び申し上げます。

六月五日の納期に間に合うよう、確かに発送したのですが、発送係の不手際で他所に配送し、かかる遅延となった次第でございます。

誠にお恥ずかしい限りの不始末で、慚愧に堪えません。③ 今後は二度とこのようなご迷惑をお掛けせぬよう細心の注意を払いますので、何卒ご赦免《しゃめん》くださるよう切に願い上げます。

取り急ぎお詫びならびにご連絡申し上げます。

敬具

②相手の最大関心事を、まず冒頭に出してしまうのも、一つの方法。

③「慚愧《ざんき》に堪《た》えない」は、自分の言動を反省して恥ずかしく思うこと。

Variation

遅延のお詫びに使えるフレーズ

・定めしご不快でご立腹のことと恐縮いたします。
・遅れに遅れ、なんとも面目なく、万死に値します。

・あまりの遅延故、あきれ果てておられることと存じます。
・金輪際かかるご無礼はいたしませんので、今回だけはご海容くださるようご懇願申し上げます。

手紙検定25の答え ✕ 「私」などの一人称をあえて文末に書き、「あなた」などの二人

非礼のお詫び

ポイント

●**全面謝罪が原則**……詫びるからには全面的に詫びる姿勢が大切です。相手の非をわずかでも批判すれば、相手は必ず不快に感じます。ただし、補償問題がからんでいるときは、限定的に詫びたほうがよい場合もあります。

●**二度と非礼をおかさぬと誓う**……二度と非礼をおかさぬと決意すると、さらにていねいなお詫びとなります。

●**手紙は略儀**……お詫びは本来出向いて行うべきものです。手紙で詫びる略儀を失礼に思う感覚も必要です。

一般的な例

謹啓　本日はお忙しい中無理にお時間をいただきながら、お約束の日を間違え、お伺いすることができず、ご無礼の極みと心より深謝申し上げます。①先日お約束をいただいた際、その日から十日後にお会いできることとなったため、その印象が強く、二月十日とメモしてしまいました。

初歩的なミスでお詫びの申し上げようもございません。以後十分注意いたしますので、②大変厚かましく恐縮ですが改めてお時間を頂戴いたしたく、謹んでお願い申し上げる次第です。再度ご予定をお知らせいただければ幸甚です。

頓首

解説

①事情説明はくどくど書かず、簡潔に行います。

②あまり何度も謝らず、率直に再度のアポ取りをしたほうが、うまくいきます。

5章

ビジネスEメール

ビジネスでは、メールにも一定の格式が求められます。
仕事も、相手との人間関係もさらにうまくいく
「できる大人」の表現をご紹介します。

書き方の基本とマナー

（★数字は左ページの見本を参照）

❶件名を書きます。手紙の内容を示す、具体的で明確で簡潔な書き方が基本です。ただし内容を伏せたいときは、あえて「ご連絡」とだけにしたほうがよい場合もあります。

❷添付の内容を示します。

❸宛名も本文も自分の署名も、すべて左端から書き始めます。

❹相手の所属団体と氏名を書きます。部署名も書いて明確にしたほうがよい場合もあります。

❺あいさつを書きます。初めての相手には、「この度はお世話になります」などとすることもあります。

❻本文の一文が長くなるときは、20～25字ぐらいを目途に、区切りのいいところで途中で折り返します。

❼本文の内容が変わるときは、1行空けて書きます。内容が変わらなくても、3～4行を目途に、区切りのいい箇所で1行空けたほうがよい場合もあります。

❽手紙の末文にあたる部分です。メールの内容を改めて手短に伝え、締めくくります。

❾差出人の氏名を書きます。所属団体名と名前です。名前の前に、部署名を入れたほうがよい場合もあります。

こんなビジネスEメールはNG！

- 宛名に間違いがある。
- 誤字脱字や事実関係に誤りがある。
- 一文書一用件の原則が守られていない。
- テーマがはっきりしない。
- 一文が長く文意がつかみにくい。
- 敬語が不十分。敬語は十分だが敬意がない。
- 礼儀が不十分で不快感がある。

ビジネスEメールの構成見本

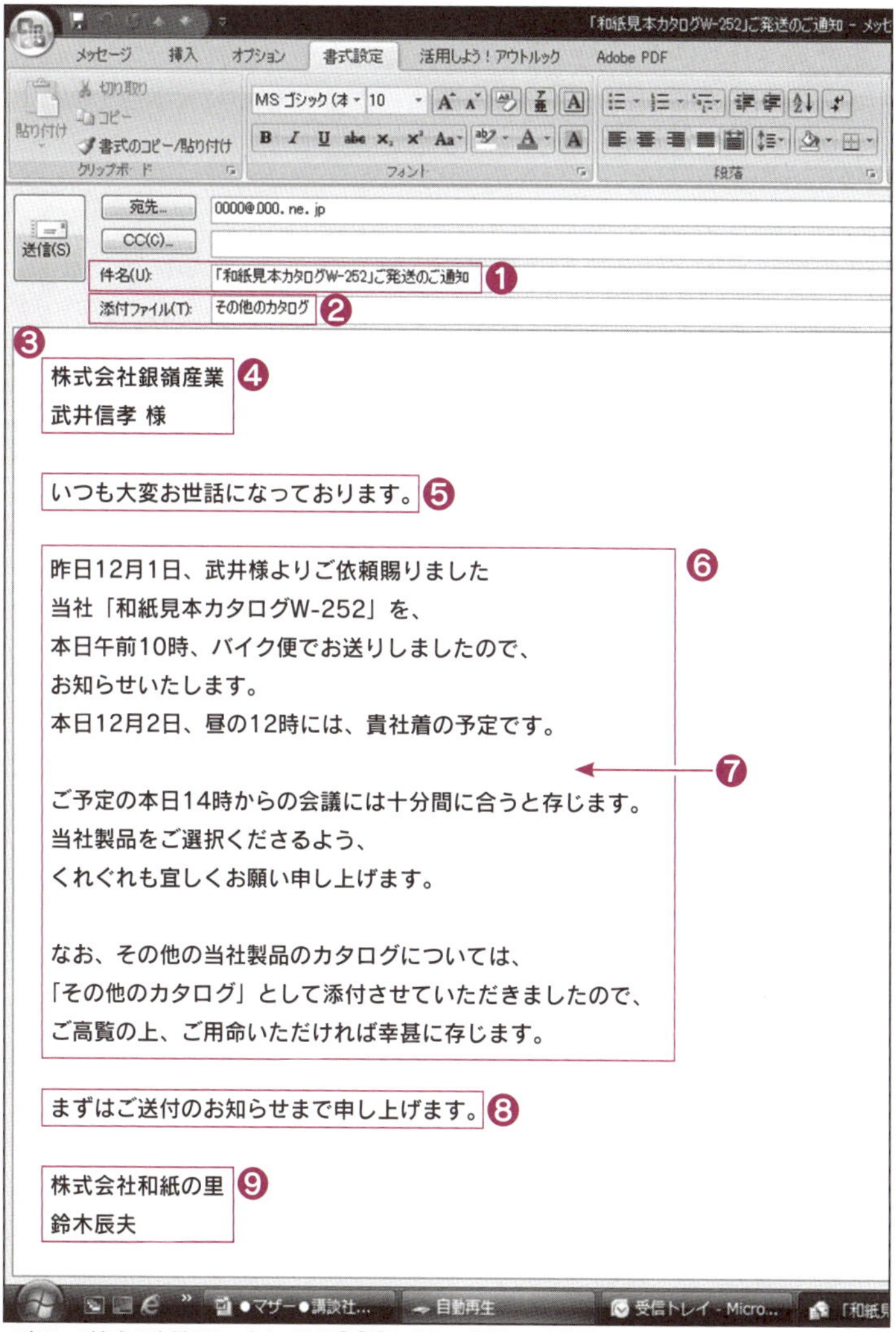

「和紙見本カタログW-252」ご発送のご通知 - メッセ
メッセージ　挿入　オプション　書式設定　活用しよう！アウトルック　Adobe PDF
切り取り
コピー
貼り付け
書式のコピー/貼り付け
クリップボード
MS ゴシック (本　10
フォント
段落
送信(S)
宛先...　0000@000. ne. jp
CC(C)...
件名(U):　「和紙見本カタログW-252」ご発送のご通知　❶
添付ファイル(T):　その他のカタログ　❷
❸
株式会社銀嶺産業
武井信孝 様　❹
いつも大変お世話になっております。❺
昨日12月1日、武井様よりご依頼賜りました
当社「和紙見本カタログW-252」を、
本日午前10時、バイク便でお送りしましたので、
お知らせいたします。
本日12月2日、昼の12時には、貴社着の予定です。
❻
❼
ご予定の本日14時からの会議には十分間に合うと存じます。
当社製品をご選択くださるよう、
くれぐれも宜しくお願い申し上げます。
なお、その他の当社製品のカタログについては、
「その他のカタログ」として添付させていただきましたので、
ご高覧の上、ご用命いただければ幸甚に存じます。
まずはご送付のお知らせまで申し上げます。❽
株式会社和紙の里
鈴木辰夫　❾
●マザー●講談社...
自動再生
受信トレイ - Micro...
「和紙見

＊次ページからの文例では、本文（上の❺❻❽にあたる部分）の文章例として掲載しているため、上の❶❷❹❼❾にあたる要素は省略しています。

ポイント

●**できるだけ早く送る**……面会してもらったら、その日のうちにお礼のメールを送ります。面会をお願いした側が、先にお礼のメールを送るのが基本です。面会を依頼された側から先にメールをもらわないように注意します。すなわち面会をお願いした側は、できるだけ早くお礼のメールを送ることが大切です。

●**面会によるプラス事項を具体的に伝える**……ただ単に会ってくれたことに感謝するだけでなく、会えたことにより、どのような成果があったか、またはありそうかを具体的に伝えると、さらにていねいな印象になります。

一般的な例

1 見込み客への礼状

株式会社西東京自動車の川辺孝義です。
本日はお忙しい中、お時間をおさきくださり、
誠にありがとうございました。
①厚かましくも長時間ご説明申し上げ、
失礼いたしました。
どうかお許しください。
本日佐藤様より数多くのご質問、
ご指摘を頂戴し誠に有り難く、
今後のセールス活動に資するところ大と、
心より感謝申し上げます。
②お気遣いくださいましたお紅茶、
よい香りで大変おいしくいただきました。
ごちそうさまでした。
まずは本日のお礼のみ申し上げます。

は、今はまったくありません。○ or × ？〈難易度2〉

2 新規取引見込み先への礼状

この度はお世話になります。
株式会社小金井精機の星野健一でございます。
本日はご多用中にもかかわりませず、
長時間ご面会くださり感謝至極に存じます。
また、ご用意申し上げた資料に不備がありましたことを、
改めてお詫び申し上げます。
本日、③小社製品の導入をご検討くださるとのお返事を
頂戴できましたことは、望外の幸福と申せます。
ご検討材料がまだ不足していましたら、
ご所望の資料を即日整え、
桑田様のお時間の許す限り
再度ご説明にお伺い致しますので、
どうかお申し付けください。
また、お値引きの件でも早速上と相談し、
ご希望に沿うべく最大限の努力を致しますので、
何卒前向きにご検討くださるよう
重ねてお願い申し上げます。
まずは、本日の④御礼まで申し上げます。

解説

①時間が長引いたときは、お詫びしておくと、ていねいな印象になります。

②仕事には直接関係がなくても、相手の気遣いに感謝すると、好印象となるでしょう。

③口約束を文章にして定着させ、より確かなものとすると、効果的な場合があります。

④改まるべき相手には、ここを、「お礼まで」と簡略に書いてはいけません。

手紙検定26　不祝儀の手紙やはがきに切手を貼るとき、わざわざ逆さにして貼る習慣

ポイント

● **結果のいかんを問わずお礼をする**……紹介してもらった結果がよければ、誰でも自然にお礼がしたくなります。しかし、たとえ結果が悪くても、成果が出なくても、やはりお世話になったことには変わりないので、ていねいなお礼が必要です。

● **具体的に結果や成果を伝える**……結果や成果を伝えるとき、より具体的に伝えると、さらに感謝のこもったメールになります。しかし結果が悪く成果が出なかったときは、漠然とその結果を伝えます。具体的に伝えると、不満の表明と取られかねないからです。

一般的な例

1 業者を紹介してもらったお礼

いつも①大変お世話になっております。
この度は、弊社創業記念行事につき、
優秀なイベント業者である株式会社ミラクル様を
ご紹介くださり、誠にありがとうございました。
お陰様で滞りなく記念行事が行われ、
私ども実行委員はもとより社員一同、
心より感謝しております。
とくに記念式典のプロローグの盛り上げ方は、
従来の業者とはまったく異なり、
②新設されたショールームの壁に、
プロジェクションマッピングで弊社草創期の写真を
映し出すなど、その斬新なショーアップ技術は、
数多くの来賓に大きな感動を与えてくださいました。
もし吉岡様にご紹介いただかなければ、

し、かなり昔に一部で行われた習慣にすぎず、今ではまったくありません。

恐らく平凡な記念式典になったものと思われ、
改めて深甚の感謝を捧げる次第でございます。
今後も何かとご助力③賜りますよう
お願い申し上げます。
④メールなどで大変失礼ですが、
心よりのお礼を申し上げます。

2 アドバイザーを紹介してもらったお礼

先日はお忙しい中格別なご配意を賜り、
誠にありがとうございます。
早速練馬理科大学の野口芳樹教授に
ご連絡申し上げましたところ、
中野様のご紹介であれば喜んでお会いしますと、
ご快諾いただきました。
そして本日ご面会させていただき、
⑤こちらの趣旨をお話し申し上げた結果、
委託研究の件は基本的にご承諾いただけるとの
お返事を頂戴しました。誠に喜ばしい限りです。
中野様のご紹介がなければ、
決してご快諾は得られなかったはずです。
取り急ぎメールで失礼ですが、
ご報告とお礼をお伝えいたします。

解説

①この「大変」があるとないとでは、かなり印象が違います。適切なタイミングで使うのが効果的です。

②具体的に評価すると、より感謝がこもった報告になります。

③「賜り」は、いただく、という意味。

④改まった感謝を伝えたいときは、メールでの略儀を詫びる必要があります。

⑤あまり詳しい情報は、相手によっては必要のない場合があります。そんなときはこのように、ポイントだけを簡潔に伝えます。

手紙検定26の答え ○ 不祝儀の場合、切手を逆さに貼ることがありました。しか

好意に対するお礼

ポイント

- **営業的意図がある好意には事務的に**……他意のない善意には最大限の謝意を表すべきです。しかし、戦略性が強いと思われる好意に対しては、一定の距離感を保つために、あえて、常套句(じょうとうく)で事務的に礼意を示す程度のほうがよい場合もあります。
- **一切不満は述べない**……相手の善意が、余計なお世話やうれしくない好意であっても、一切不満をいわずに感謝するのが原則です。

一般的な例

① 取引相手から供応を受けたお礼

本日は誠にありがとうございました。
結構なお店、結構なお味、結構な時間を
満喫することができました。
何よりも結構なお話を賜り、大変勉強になりました。
今後の当社の事業計画の参考に
させていただきたいと思います。
また帰りには、車までご用意くださり、
至れり尽くせりのご接待に、心より感謝いたします。

Column：感謝の言葉の使い分け

感謝の表現にもいろいろあります。ざっくばらんな言い方なら、「恩に着ます」、ごく普通の言い方としては、「感謝します／ありがとう」、そして、強い感謝を改まって伝えるときには、「深謝いたします／万謝いたします」などがあります。「万謝」は見慣れない古風な語ですが、見慣れないだけにフレッシュで、字面の迫力とあいまって、印象的なメールに仕上げるために効果的な場合があります。

れるのが、当然の礼儀であり常識です。○ or × ？〈難易度２〉

今後も末永いご交誼を賜りますよう、
切に願い上げます。
まずは本日のお礼まで。

2 出張先で世話になったお礼

東京支社の松野義男です。本日無事東京に戻りました。
この度貴地においては、格別のご厚情を賜り、
感謝の申し上げようもございません。
月末のご多忙中にもかかわらず、
ご親切に各所をご案内いただいたお陰様で、
予想を遥かに越える調査結果を得ることができ、
非常に実り多い出張となりました。
②とりわけ予定外の枚方地区の調査も行えたことは、
京阪地区のマーケティングに、
より一層精密なデータをもたらし、
精度の高い販売戦略を立案するために
功を奏するものと思われ、楽しみにしております。
本日別便にて、お礼の寸志をご送付申し上げました。
お受け取りいただければ幸いです。
東京にご出張の折には、ぜひお声をお掛けください。
とりあえずメールなどで不十分ですが、
心からのお礼を申し上げます。

解説

①最低の礼はつくしますが、あまり深く感謝しないほうがよい場合もあります。

②感謝に値する事実を具体的にあげると、よりていねいなお礼のメールになります。

手紙検定27　相手から返信をもらいたいときは、必ず返信用の便箋、封筒、切手を入

ポイント

●**メールで送る失礼を詫びる**……開店祝い、支店開設祝い、工場落成祝いあるいは就任祝いなどの礼状は、原則として手紙で送るのが礼儀です。メールで送らざるをえないときは、失礼を詫びる必要があります。

●**一斉メールではお祝い品のお礼は省く**……一斉メールでお礼するときは、参会のお礼だけを述べ、お祝い品へのお礼は省くほうがよい場合があります。お祝い品を持参しなかった人がいると、失礼になるからです。

一般的な例

1 開店祝いのお礼

①貴社ますますご盛業のことと
心よりお慶び申し上げます。
さて、この度の弊店開店に際しましては、
ご丁重なお祝いのお言葉をお送りくださり、
誠にありがたく、心より御礼申し上げます。
今後店員一同、心血を注いで日々精励し、さらには、
皆様方の力強い励ましに後押しをしていただき、
より多くのお客様に愛される店づくりを

Column

一斉メールと断るのがていねい

お祝いへのお礼は、各人に感謝するのが基本ですが、数が多い場合は、同じ文面を一斉送信することもあります。そんなときは、文頭か文末で一斉送信を詫びると、ていねいな印象となります。

文頭なら、「この度は早速ありがとうございます。一斉送信でお礼申し上げる失礼をお許しください」、文末なら、「まずは、心よりのお礼を申し上げます。以上、一斉送信のご無礼を心より謝します」などとします。

味にもなるので、原則として避けたほうがよいといえるでしょう。

目指していきたいと存じます。
何卒末永くご厚情ならびにご愛顧、
ご②鞭撻を賜りますよう、
謹んでお願い申し上げます。
まずはメールなどで大変失礼ですが、
格別なご厚情に対しまして、
一言御礼まで申し上げます。

2 就任祝いのお礼

③メールで失礼いたします。
時下益々ご清栄《せいえい》のことと、大慶に存じます。
さて、この度は、私の取締役社長就任に際しまして、
早々にご④懇篤なるお祝いのお手紙、
ならびに過分なるお祝いのお品をご恵与くださり、
深く感謝申し上げます。
身に余る大任とはいえ、就任したからには
全身全霊を傾注し、責務を全うする考えです。
今後も尚一層のお力添えならびにご教導を賜りますよう、
くれぐれも宜しくお願い申し上げます。
⑤末筆ながら、横浜新店舗のご繁栄はもとより、
貴社の益々のご発展をご祈念申し上げます。
以上をもちまして、心よりの御礼に代えさせていただきます。

解説

①改まったメールでは、ビジネスの手紙の常套句を使うことがあります。

②「鞭撻《べんたつ》」は、鞭《むち》で打つこと。転じて励ますこと。

③冒頭でメールで送る失礼を詫びておくのもいいでしょう。

④「懇篤《こんとく》」は、心がこもって手厚いこと。

⑤「末筆ながら」は、文末で失礼ですが、という意味。文末で相手に関わることを言うのは、本来失礼です。後回しにしたという感じがあるからです。

手紙検定27の答え × 返信用の便箋、封筒、切手を同封するのは、返信の強要の意

ポイント

●**注文書は法的有効性を持つ**……注文書は、後に残る法的にも有効な、重大な契約書の一種です。それを踏まえて、正確に書くことが、何よりも大切です。

●**書いたら必ず見直す**……注文品の品番に間違いはないか、金額に誤りがないかなど、書いたら必ず見直し、場合によっては同僚に確認してもらうことも大切です。

●**別記・箇条書きでわかりやすく書く**……内容に間違いがなくても、表現がわかりにくく、読み間違いが起こりやすいのは問題です。別記や箇条書きを利用して、誰が読んでも間違える可能性のない表記を心がけます。

●**最低限のていねいさが必要**……過剰なあいさつは不要です。しかし、最低限ていねいに伝え好印象を保ちます。

一般的な例

1 見積書をもとに注文する

いつもお世話になります。
①株式会社トシマ自動車販売営業二課の上田純です。
貴社5月9日付見積書No.5をもとに、
下記の通りご注文いたします。
金額、取引条件については、
貴社販売部部長村井信孝様と打ち合わせ済みです。
ご確認のうえ、ご手配願いたく存じます。

記

1．商品番号・個数	No.0023	15ケース
2．納期	6月18日（火曜日）	
3．納入場所	当社三鷹販売所（整備室）	

以上

に、内袋のある二重の封筒を用いるのが常識です。○ or × ？〈難易度2〉

2 支払い条件付き注文

いつも大変お世話になっております。
ギフトハウス吉野の川本絵梨歌です。
先日は②**貴社商品カタログ20号**をご送付くださり、
ありがとうございました。
早速下記の通り、クリスタルオルゴール4台の
ご注文を検討しております。
ただし、若干お願いがございます。
ご注文代金を、7月から9月まで、
3回に分けて分納させていただきたく存じます。
恐れ入りますが、もしこの条件をご了承いただけない場合は、
ご注文することができません。③**大変身勝手なお願いですが、**
ご理解賜りますようお願い申し上げます。
なお、ご諾否のご返事を、
明日6月3日までにお願いできれば幸いです。
以上、④**ご相談**まで申し上げます。

記

1.	商品名・個数	クリスタルオルゴール　4台
2.	納期	7月10日（金曜日）
3.	納入場所	当社品川倉庫

以上

解説

①所属会社、部署、氏名を冒頭で明記すると、正確な注文伝達に役立ちます。

②何をもとに注文しているかを明記すると、間違いがなくなります。

③高圧的な態度は禁物です。あくまでもていねいに頼みます。

④あえて「ご相談」という言葉を選び、控えめな姿勢を強調すると、好印象の依頼になります。

手紙検定28　お悔やみの手紙は改まった手紙なので、ていねいな気持ちを込めるため

ポイント

●**簡潔で明快な依頼を心がける**……何をどうしたいのか、いつまでにいくつ欲しいのかなど、簡潔で明快な依頼こそが、まず何よりも大切です。まわりくどくなったり、重要な用件が不足しないように注意します。

●**高圧的にならないように**……「発注するかもしれないのだから、早く見積もりを出せ」といわんばかりの高圧的な依頼は、相手のモチベーションを確実に下げ、決してよい仕事につながらないので、十分注意します。

●**ぜひ頼みたいという気持ちを込める**……事務的に相見積もりを取ることもありますが、原則として、相手にお願いしたいという熱意を示すことは重要です。仕事は単にコストの問題だけではない部分があるからです。

一般的な例

1 条件違いによる数パターンの見積もりの依頼

①いつもお世話になります。
株式会社文具玩具、商品開発部の横川良太です。
早速ですが、添付の資料でお示しした、
木製卓上置き時計について、
お見積もりをお願いいたします。
添付資料にも書きましたが、
初回の製造ロットは、1000台を見込んでいます。
材料木材はヒノキを予定しています。
ヒノキのグレードは間伐材まで落としてもいいので、
定価をぜひ下げたいと考えています。
②売価1台3000円以下を目指しています。
詳しい条件設定は添付資料に明記しましたので、

箇は不幸が重なることを連想させるので、忌み嫌われます。

ご③高覧の上、ヒノキのグレードに応じて、
3パターン程度の製造お見積もりを
お願いできれば幸いです。
お忙しいなか誠に申し訳ございませんが、
来週の4月3日（木曜日）までに、
見積書をご送付いただければ幸いです。
何卒よろしくお願いいたします。

2 再見積もりの依頼

お世話になります。
東洋食器株式会社の逸見孝也です。
この度は早々にお見積もりをお送りくださり、
誠にありがとうございます。
④ご配慮に富んだ内容に、深く感謝いたしております。
しかしながら、ご提示の価格では定価をかなり圧迫し、
販売数が望めませんので、
あと10%製造原価を抑える必要がございます。
つきましては、初回ロットを3000台にして、
材質を落とすことも厭《いと》いませんので、
再度お見積もりいただきたく存じます。
⑤ご多忙中恐縮ですが、
以上お願いまで申し上げます。

解説

①簡単でもあいさつは欠かせません。

②目標とする売価を示すことにより、製造原価を出すための目安を与える場合もあります。

③「高覧《こうらん》」は、相手が見ることを敬う語。ご覧になる、という意味。

④相手の努力を評価する姿勢が大切です。

⑤このように控えめに願うことにより、好感度が増し、相手の意欲も高まります。

手紙検定28の答え ✕ お悔やみの手紙は一重の封筒に入れるのが常識です。二重封

ポイント

●**届いたらすぐに届いたと知らせる**……届いた企画書は検討する前に、まず届いたことを知らせ、お礼を言います。早く準備してくれたこと、期限に間に合わせてくれたことなどに、感謝することも必要です。

●**大まかな印象を伝える**……添付により企画書が届いたら、熟読の余裕がないときも、一応開いて中身を大まかにでも確認してから、返事を書きます。添付を開きもせずに返信するのは失礼なだけでなく、万一企画書に根本的な不備があった場合、後でそれを指摘することになると、スケジュールが大幅に遅れてしまうこともあるからです。

●**検討結果は簡潔に伝える**……企画書の検討結果をメールで伝えるときは、簡潔明瞭を心がけます。こみいったことを伝えるためには、メールは基本的に不向きです。詳しい検討結果を添付するか、面談の機会を作り伝えます。

一般的な例

1 回答を後日とする場合

双葉製菓株式会社、営業企画部の隅田佳代です。
この度は大変お世話になります。
①クリスマスのキャンペーン企画、
ありがとうございました。
お忙しい中短期間で仕上げてくださり
心から感謝いたします。
②限られた予算額で、いま旬の芸能人を
お呼びいただけるとのことで、大変楽しみです。
早速部内で企画書を詳しく検討させていただき、
③今週末10月20日の金曜日の朝までには、

ご回答させていただくことにいたします。
とりあえず企画書ご製作のお礼まで申し上げます。

2 検討した結果を返信する場合

お世話になります。
株式会社スーパースター、商品企画部の中光男です。
先日９月30日付でご送付いただきました、
重量センサー付きシューズの企画提案書につきまして、
当部で検討させていただいた結果が出ましたので、
お知らせいたします。
ぜひ、商品化を進めたいと考えます。
重量センサーで感知した体重情報を、
スマホに送信する機能は画期的で、
実現すれば必ず大きな話題を呼び、
④世界市場にも打って出ることのできる、
大ヒット商品になる可能性を秘めた企画といえます。
今後、重量センサーと発信装置を保護する機能を、
どのように整えるかという大きな難関はありますが、
ぜひ商品化につなげたいと思います。
詳しくは、今週中にでもお会いした上で、
お打ち合わせいたしたく存じます。
まずは、ご返事のみ申し上げます。

解説

①まずお礼を述べ、短期間でまとめてくれたことに感謝します。

②一言でもこのように感想があると、ていねいです。

③検討結果の報告期限を明記するのが親切です。

④企画に乗る場合は、このように、意欲的な面を示すことが大切です。

手紙検定29 「賀正」「頌春」は失礼な賀詞ではありませんが、「謹賀新年」「恭賀新春」

ポイント

● **初めての相手には礼儀正しさが何よりも大切**……相手に不快感を与えないことが、アポイントを得るための何よりの大きな力となります。ただし、あまりにていねいすぎると煩わしさが生まれ、かえって失礼になってしまう場合もあるので注意します。

● **自己紹介が欠かせない**……自分が何者であるかということを、手短にわかりやすく伝えます。

● **面会希望の趣旨を簡潔に伝える**……なぜ、何のために会いたいかという理由を、簡潔明瞭に伝えます。

● **恐縮しながら返事の期限を区切る**……返事の期限を区切りたいときは、十分に恐縮しながら期限を指定することが大切です。

一般的な例

初めてお便り申し上げる失礼をお許しください。
株式会社ドリーム設計の日野隆と申します。
当社は、旅行代理店に
旅行に関する各種の企画を提案する業務を、
10年前より行っております。
①最近地上波CMにて紹介されているJTC社の
「外国人向けローカル列車の旅」は、当社が企画し、
最近増加傾向にある外国人旅行者に、
大好評を得ております。
さて、②今回ご連絡させていただきましたのは、
布田獏先生にご依頼したいことがあるためです。
布田先生が雑誌「いちにいさんぽ」で長く連載され
③大人気を博しておられる、

いう意味なので、敬意は含まれていません。「謹賀」「恭賀」には敬意が含まれています。

「東京誰も行かない名所めぐり」をもとにした
ツアーを企画いたしました。
この企画を実現するために、
ぜひ布田先生のお力をお借りしたく、
失礼ながらこのようなメールで
お願い申し上げる次第です。
当方が考えました
「東京誰も行かない名所めぐりツアー」の企画概要は、
一応、添付資料としてご提示させていただきましたが、
あくまでもこれはたたき台にすぎませんので、
あらためて一から布田先生に企画していただければと
考えております。
④つきましては、今月中に一度
お時間をいただくことはできませんでしょうか。
どこへでもご指定の場所にお伺いいたします。
１時間ほどお時間を頂戴できると幸いです。
お忙しい中誠に恐れ入りますが、
この件ご検討賜りますよう、
くれぐれもよろしくお願い申し上げます。
長文をお読みくださり、ありがとうございました。
以上、ご依頼まで申し上げます。

解説

①一般に知られていることがあればあえて紹介し、安心感を与えます。

②まずメールの趣旨を明確にします。

③相手を高く評価する姿勢を示すことが大切です。

④ややうやしくアポイントを取ります。

手紙検定29の答え ○「賀正」は正月を喜び祝う、「頌春」は新春をほめたたえると

キャンセルや変更のお詫び

ポイント

- **キャンセル、変更を詫びる**……まず、何はともあれ、キャンセル、変更する失礼をお詫びします。
- **変更点を明確に伝える**……何をキャンセルするのか、どう変更するのか、しっかり正確に伝えます。
- **キャンセル、変更の理由を簡潔に伝える**……経緯や理由を簡潔に伝え、言い訳がましくならないように注意します。
- **キャンセル、変更による迷惑を想像する**……相手の迷惑を想像する配慮も重要です。
- **今後失礼のないことを約す**……今後は二度とこのようなキャンセル、変更がないことを約束し相手を安心させます。

一般的な例

先日は早速ご来社賜り、
大変貴重なご意見を伺うことができ、
ついては、コンペへのご参加をご快諾いただき、
誠にありがとうございました。
しかしながら、①大変申し訳ございませんが、
先日お話し申し上げたコンペの内容とはかなり異なり、
年末セールに限って販促を担当していただく、

Variation

お詫びの言葉いろいろ
- 謝罪いたします……「謝罪」は、罪を認めて詫びること。
- 深く謝意を表します……「謝意」は、詫びる気持ち。
- 陳謝いたします……「陳謝」は、理由を述べて謝ること。
- 妄言多謝……いい加減なことを言ってしまったことを詫びるという意味。手紙の文末で利用されてきた用語。
- 暴言多罪……乱暴な言葉を並べて相手を傷つけた罪を詫びる用語。

で」の「まで」は、〜だけ、〜のみ、という意味です。○ or × ?〈難易度2〉

部分コンペとなってしまいました。
貴社寄居社長から、部分コンペには不参加という
お話を事前にお伺いしておきながら、
このような計画変更となり、心よりお詫び申し上げます。
②すでに貴社におかれましては、
コンペのご参加計画が進んでおられることと存じ上げ、
お詫びの申し上げようもございませんが、
当社東京本社からの突如の方針変更でしたので、
当方といたしましても、いかんともしがたい状況であり、
③慚愧に堪えません。
④今後は二度とこのようなご迷惑な事態を招かぬよう、
本社との連絡を密にしますので、
引き続きご厚誼、ご高配を賜りますよう、
くれぐれもよろしくお願い申し上げます。
なお、次年度の総合コンペに関しましては、
ぜひ貴社にご参加いただきたく存じ上げます。
正確な情報が固まりましたときには、
貴社にまず先にお知らせ申し上げますので、
改めてご参加をご検討いただければ幸甚に存じます。
メールなどで申し訳ございませんが、
まずはコンペ内容の変更のお知らせと
心よりのお詫びまで申し上げます。

解説

①まず、何がどうなったかを明確に伝えます。

②相手の迷惑を想像して詫びます。

③「慚愧《ざんき》に堪《た》えない」は、自分の言動を反省して、恥ずかしく思うこと。

④迷惑な事態が再発しないよう、その方策を伝え、安心感を与えることが重要です。

手紙検定30　手紙の文末に書く「まずはお礼まで申し上げます」「取り急ぎお願いま

ポイント

●**返事がほしい期日を改めて伝える**……最初に設定した期日が迫っているときはその期日を再度伝えます。期日がすぎているときは、至急などというより、「10日までに必ずご返事ください」と具体的に示します。

●**催促は本来失礼な行為**……相手の怠慢を責めず、急かす失礼を詫びる姿勢が必要です。

●**手紙が届いていないこともある**……招待状や依頼状が届いていない可能性を考慮した文面が必要です。

一般的な例

1 同業者連合会の定例会

①いつも大変お世話になっております。
神奈川県食品小売業連合会事務局の大島洋子です。
早速で恐縮ですが、②5月3日付でご送付申し上げた
「第二回臨時対策会議」へのご招待状、
お手元に届いていませんでしょうか。
5月20日までにご返事をいただきたい旨
付記しましたが、
5月23日現在、まだご返事をいただいておりません。

↖

Column

出席が楽しみと伝えるのが効果的

出欠の返事がなかなか来ないときには、冷静に再度返事が欲しいと伝えますが、相手によっては、出席を楽しみにしている気持ちを、積極的に表したほうが、効果的な場合もあります。

「お忙しいとは存じますが、私はもとより関係者一同、鈴木様のご出席を心より願っておりますので、ぜひとも今月10日までにご返事を賜りますよう、どうか宜しくお願いいたします」

などとします。

今でもよく使われます。「とりあえずお礼のみ」という言い方もします。

誠に申し訳ございませんが、
③万一ご招待状が未着の場合はご請求ください。
もしお手元にありましたら、お手数ですが
28日必着にて、ご返事をいただければ幸いです。
お忙しいとは存じますが、
④会場準備の都合がありますので、
至急ご連絡くださいますようお願い申し上げます。

2 創立記念式典

平素は格別なご愛顧を賜り、誠にありがとうございます。
お陰様で当社も創立10年を迎えることとなり、
来月創立記念式典を開催すべく準備を進めております。
⑤つきましては、御社にもぜひ式典にご参加賜りたく、
先日2月14日付でご招待状をご送付いたしましたが、
ご参加いただけますでしょうか。
お忙しい中誠に恐れ入りますが、
ご諾否のほどを、今週3月3日までに、
ご通知賜りますれば幸甚に存じます。
ご催促する形になり、失礼とは存じますが、
なにぶん準備の都合などございますので、
何卒よろしくお願い申し上げます。
まずはお願いまで、申し上げます。

解説

①時候のあいさつなどは不要です。短いあいさつと自己紹介などで十分です。

②いつ送付した招待状か明記し、特定することが大切です。

③未着の可能性を踏まえるのが礼儀です。

④催促する理由を伝えると、ていねいな印象になります。

⑤催促というより、このように、改めて依頼する気持ちで行動を促したほうが、無難な場合もあります。

手紙検定30の答え ○ 「まで」は、〜だけ、〜のみ、という意味の古風な言い方で、

ポイント

- **お詫びの言葉から始める**……原則としてお詫びの言葉から始めます。ただし、詫びるべき理由のないクレームに対しては、過失を詫びるのではなく、不快な思いをさせたことなど、ぬぐえない事実にだけ恐縮し、詫びます。
- **相手のクレームの正当性を慎重に認める**……過失、不備、不足など、クレームの対象となる事実があるかどうかは、慎重に精査し、その後に認めるべきは認めます。
- **善後策を提案する**……お詫びの具体的な形を、恐縮しながら提案します。
- **再発防止策を示す**……過失、不備、不足などが二度と起こらないようにすると伝え、再発防止を誓います。
- **愛顧を願う**……引き続きのご利用、ご愛顧を願います。

一般的な例

1 接客へのクレームに対して率直に詫びる対応

本日は当社春山製麺吉祥寺店において、
お客様への誠に失礼なご対応がありましたことを
心よりお詫び申し上げます。
①同店店長高橋に早速問い合わせましたところ、
戸川様のおっしゃる通りのご無礼があったことを
確認しました。
今後は二度と今回のようなご無礼がないよう、
店員教育を徹底いたしますので、何卒ご海容くださり、
引き続きご愛顧を賜りますれば幸甚に存じます。

2 商品へのクレームに対して含みを持たせた対応

この度は誠に申し訳ございませんでした。 ↖

メールで届いたクレームへの対応

歳暮をご恵贈申し上げます」などと使います。○ or × ？〈難易度２〉

当社より6月3日付でご送付申し上げました
瀬戸内帆布のカジュアルバッグの
ショルダーストラップ部分の②縫製の不備のご指摘を
いただきましたことを、心よりお詫び申し上げます。
メールで添付していただいたお写真を拝見する限り、
ご指摘の通り、縫製段階での不備といわざるを得ません。
誠にご面倒ではございますが、
同商品を着払いでご返送いただきたく、
謹んでお願い申し上げるしだいです。
当該商品を十分確認し、今後の不良品発生防止策の
資料とさせていただければ幸いです。
なお、お客様のご希望は代金のご返納ということですので、
③所定の手続きの後、一両日中に
お振り込み申し上げたく存じますので、
追って改めて、お口座の番号、ご名義などの情報を、
お伺い申し上げる所存です。
今後は、縫製工程を見直し、検品体制もより充実させ、
二度とこのような不備のご指摘を受けませぬよう、
十分注意いたします。
何卒、今後ともご高配を賜りますよう、
くれぐれも宜しくお願い申し上げます。

解説

①事実を確認したと伝えることで、ていねいな印象が生まれます。

②「不備」を確認するまでは、不備があったことを詫びるのではなく、不備の指摘を受けたことを詫びたほうがよい場合もあります。

③不良品を確認後に返金手続きをしたい場合は、このように伝えたほうがよいケースもあります。「所定の手続き」に確認の意味を含ませ、「お振り込み申し上げたく存じます」に、不良品と確認できれば、振り込むことにやぶさかでないという意向をにじませます。

手紙検定31　「ご恵贈」は、物を贈るときに贈る側が使う、ていねいな言い方で、「お

ポイント

●**趣旨を明確に伝える**……何をいつまでにどうしてほしいのかなど、協力してほしいことの趣旨を、わかりやすく簡潔に伝えます。

●**礼儀正しさも必要**……事務的な協力依頼でも、最低限の礼儀を保つことが大切です。失礼な頼み方では、たとえ社内メールでも、協力を得られません。

●**一斉メールと明記する**……社外に出すときは、一斉メールであることを明記し、一斉メールで送る失礼を、一言詫びるとていねいな印象になり、協力を得やすくなる場合があります。

一般的な例

いつもお世話になっております。
営業部・販促担当の桑木信行です。
このほど10月１日に麻布十番にオープンする、
都市型ショッピングモール
「テン・アザブ・ベストセレクション」の
オープニングセレモニーに、
社員の皆様に①次の要領にて、
ぜひご参加いただきたく
謹んでお願い申し上げます。

○集合場所　麻布十番「テン・アザブ・ベストセレクション」（地図を添付しました）
所在地　東京都港区麻布十番１－×－×
最寄駅　[地下鉄]東京メトロ南北線・都営大江戸線
「麻布十番駅」３番出口より徒歩４分
[JR]山手線・京浜東北線

構なお品をご恵贈賜り」などと使います。

「田町駅」三田口よりタクシーで５分
○集合日時　10月１日　午前９時30分から10時の間
（お好きな時間に）
○服装　普段着でお願いいたします
○解散時間　正午以降（セレモニーのすべてが終了する迄は会場にいてください）
○交通費　支給されます（食事代・休日出勤手当はございません）

同モールに当社の直営店が入ることは、
すでにご承知とは思いますが、
②皆様のご協力をいただき、オープニングを盛り立て、
幸先よいスタートの後押しを行う必要がございます。
同モールと当社直営店の成功を、当社の総力をあげて
応援したいと存じますので、
③休日のところ誠に申し訳ございませんが、
何卒よろしくお願い申し上げます。
なお、当日は社員に限らず、
どなた様のご参加も歓迎しております。
ご家族はもとより、ご親戚、ご友人などを
お誘い合わせの上、ご参加いただければ幸甚に存じます。
まずは以上お願いまで。

解説
①依頼内容は、箇条書きにして、わかりやすく伝えます。
②依頼理由を明記し、参加を促します。
③一種の社命であっても、ていねいに依頼する姿勢が必要です。

手紙検定31の答え　✕「ご恵贈」は、人から物を贈られることを敬って言う語。「結

取引先にイレギュラーな対応を求める

✒ ポイント

- **日頃の協力に感謝する**……いきなり要求するのではなく、まず日頃の協力などに感謝することが大切です。
- **要求内容を恐縮しながら伝える**……イレギュラーな要求内容を、恐縮しながら伝えます。事務的にならないように注意します。
- **対応してもらった場合のメリットを強調する**……メリットがあるときは強調し、協力を促します。
- **無理な要求を詫びる**……たとえ相手にもメリットがあるとしても、契約や約束にない要求をするときは、ていねいに詫びることが大切です。

一般的な例

いつも大変お世話になっております。
①貴誌に当社広告を
継続的に掲載させていただいているお陰で、
当社製品の信頼度も高まり、
順調に販売実績を伸ばし続けています。
平素よりのお力添え、誠にありがとうございます。
さて、恐縮ですが本日はお願いがございます。
先日の関東地方全域を襲った超大型台風により、
大規模停電が発生し、
秋冷の季節に多くの皆様が暖を取れずに
ご苦労されたことが報じられ、
また、今秋今後も、いくつかの超大型台風の
日本列島への襲来が予想されています。
そこで当社では、
以前から開発し製造販売しております、

and、という意味です。○ or ×?〈難易度2〉

高性能固形燃料「あったかキューブ」を、
この時期に増産し、関東各地のみならず全国に
お届けしたいと考えております。
つきましては、同製品の緊急特別キャンペーンを推進すべく、
貴誌においてもご協力賜りますよう、
謹んでお願い申し上げる次第です。
②貴誌の生活面対向ページに、全面広告のスペースを、
11月号に限って、いただくことはできませんでしょうか。
すでに同スペースをご契約の
クライアント様がいらっしゃることは
重々承知しておりますが、
超大型台風の襲来に不安を抱く多くの皆様方のためにも、
ぜひ当社製品をこのタイミングでお知らせしなければ
ならないと考えました。
③貴誌とは長いおつきあいで、これからも末永くご高配を
賜りたく存じますので、
ぜひこの件、前向きにご検討賜りますよう、
くれぐれもよろしくお願い申し上げます。
通常では決して許されない無理なお願いですが、
場合が場合ですので、
柔軟なご対応を期待しております。
以上お願いまで申し上げます。

解説

①日頃のお礼をていねいに述べ、相手の気持ちをやわらげます。

②依頼の趣旨を明確に、恐縮しながら伝えます。

③失礼のない言い方で、相手にほどよいプレッシャーをかけます。

手紙検定32 「お礼かたがたお知らせまで」の「かたがた」は、〜を兼ねて、〜がてら、

ポイント

● **ビジネス臭を消して新製品を紹介する**……型にはまったニュースリリースではなく、親交のある仕事関係者に、通常のあいさつを利用し、できるだけビジネス臭を排した形で新製品をアピールすると、効果的な場合があります。

● **手短に要領よく説明する**……長々と新製品を説明されるのは迷惑です。できるだけ手短に要点だけを紹介します。

● **相手の手間を省く工夫をする**……相手がもしさらに詳しく知りたくなったとき、すぐに情報が得られるようにしておきます。その際、商品名にリンクを張るなど、相手の手間を省く工夫が必要です。

一般的な例

1 年始のあいさつを兼ねたニュースリリース

新年おめでとうございます。
本年もよろしくお願いいたします。
すでに１月も半ばとなり、
また一年がスタートしましたが、
野添様におかれましてはいかがお過ごしでしょうか。
新年早々恐縮ですが、
少々耳よりの情報があり、お伝えいたします。
当社子会社が今春より発売することになりました、
発光ドロップ「①粒のきらめき」を
ぜひご賞味いただきたく、本日ご送付申し上げました。
特殊発光物質を混入させたドロップが、
サプライズを生みます。
夜間、照明のないところでお召し上がりになり、
不思議な体験をどうぞお楽しみください。

け、という意味になります。かたがたは「旁」と書きますが、普通ひらがなで書きます。

そして、ご②吹聴いただければ幸いです。
まずは新年のご挨拶とお知らせまで申し上げます。

2 暑中見舞いを兼ねたニュースリリース

暑中お見舞い申し上げます。
酷暑が続いていますが、いかがお過ごしですか。
当方は夏痩せもなくメタボを維持しておりますので
ご③放念ください。
さて、当社開発部が、
このほど画期的なスキャナーを開発しましたので、
お役に立つかもしれないと思い、お知らせいたします。
ペン型スキャナー「①読めるんデス」は、まさに
ボールペンとしても利用できる携帯用スキャナーで、
ペン先の逆側で文字ラインをなぞると文字情報として
認識され、無線でスマホに情報を飛ばすことができます。
ここまで小型化されたスキャナーは世界初で、
早くもマスコミに注目され始めています。
うっとうしい暑さの中、「読めるんデス」があれば、
仕事もシャカシャカ爽やかにはかどります。
機会がありましたら、ぜひ一度お試しください。
デモ用製品は、すぐにお送りすることができます。
まずは暑中のお見舞いとお知らせまで。

解説

①このような商品名にリンクを張るなどして、ワンクリックで詳しい情報ページに飛べるようにしておくと、相手の関心の高まりを促進できます。

②「吹聴《ふいちょう》」は、多くの人に言い広めること。

③「放念《ほうねん》」は、気にかけないこと。「ご放念ください」は、ご心配には及びません、という意味。

手紙検定32の答え ○ 「お礼かたがたお知らせまで」は、お礼を兼ねてお知らせだ

仕事の依頼を丁重に断る

ポイント

- **まず依頼に感謝する**……不快感を与えないために、まず依頼してもらったことに、心から感謝します。
- **やむを得ず断る姿勢を示す**……本来は受けたいが、やむを得ず断るという姿勢を示すのがふつうです。
- **断る理由を明確に伝える**……説得力のある断る理由を、明確に伝え、理解を得ます。
- **失礼を詫びて今後の取引を願う**……断る失礼を詫びて、これまで通りの今後の取引の継続を願います。

一般的な例

お世話になります。
株式会社東方スポーツ営業部の高橋裕子です。
この度は貴県主催のスポーツフェスタへのご招待、
誠にありがとうございます。
特設ブースによる当社製品の販売の機会を賜り
恐悦至極に存じます。
しかし、誠に遺憾ながら、
同時期に千葉幕張にて商品展示会があり、
人員の確保がままなりません。
誠に申し訳ございませんが、
今回は出店を見送らざるを得ません。
事情ご賢察の上ご海容賜り、
引き続きご厚誼を賜りますよう
くれぐれもよろしくお願い申し上げます。
まずはお礼とお詫びまで申し上げます。

6章

お知らせ

人生の節目の報告や、会合の案内、イベントへのお誘いまで。
気くばりの行き届いた言葉と、書くタイミングをおさえれば
日常のおつきあいがもっとうまくいきます。

書き方の基本とマナー

事実を冷静に正確に伝える

　通知や報告の手紙は、内容を正確に伝えることが、何よりも大切です。そのために、吉凶いずれの通知、報告であっても、感情の起伏をできるだけ抑えて、冷静に伝える必要があります。興奮して書けば、内容の誤りが生じやすくなります。また、あからさまに喜んだり、悲しんだりして伝えるのは、相手に不快感を与え失礼な場合があります。

早ければ早いほどよい

　吉凶いずれの報告でも、事が起こったら速やかに知らせることが大切です。たとえば出産通知が遅れれば、心配していたのになぜ、という不満を持たれることになります。ただし、病気や事故の通知は、遅れても失礼にならない場合がありま す。通知する暇やゆとりがなくなることが、しばしばあるからです。

出席・参加したくなるような魅力的な案内に

　案内の手紙は、会合の情報を正確に伝えることが、何よりも大切です。そのために、事務的で無味乾燥な文面になりがちです。しかし、より多くの人を集めるためには、その会合の魅力を伝えることも重要です。どんなすばらしい人々が出席するのか、飲食の内容が充実しているかなど、参加意欲を刺激するような内容も必要です。

盛り込む内容に漏れがないように注意する

　案内状に盛り込む要素は、だいたい次の通りです。
①会合の開催告知　②日時・場所、住所・電話番号、地図、ホームページアドレス、メールアドレス、交通機関の紹介、駐車場の有無　③費用…必要なら金額を明示、支払い方法も示す　④服装…平服か礼服か（指定の必要ない場合もある）　⑤出欠の連絡方法…返事の期限も明記する

基本構成

個人に出す通知

❶前文

頭語・時候

（注意：場合によって頭語や時候を省略することもある）

❷主文

1. 事実・用件・情報などの報告
2. 厚情・支援・激励などに対する感謝
3. 現在の状況・心境などの報告
4. 今後の支援・厚情などを願う

❸末文

結びの言葉・結語

不特定多数に出す案内

❶前文

頭語・時候

❷主文

1. その会合の開催を伝えたり、招待する旨を伝える
2. その会合の趣旨説明
3. その会合の魅力を伝える
4. 出席や参加を求める

❸末文

結びの言葉・結語

❹別記

日時、場所、費用、服装、出欠の連絡方法などを、別記する

6 出産の報告

ポイント

●**盛り込む内容**……母体と新生児の健康状態／出生の日時／性別／体重など。母体と新生児の健康状態や体重などは、差し障りがあるときは、伝えない場合もあります。

●**感謝も伝える**……用件だけでなく、無事な出産を願ってくれた相手に、「おかげさま」の一言を伝えます。

●**新生児の様子を伝える**……夫婦のどちら似か、泣き声は大きいかなどを伝えると、一層ていねいな印象になります。

●**喜びは控えめがちょうどよい**……あまり親しくない人に、はしゃいで通知するのは失礼です。控えめな表現のほうが、相手の祝意《しゅくい》を引き出しやすいのです。

●**早く出すのが効果的**……早いほど感謝の深さや喜びの大きさが伝わりやすくなります。

気軽な例

メール OK

今朝三時半、武蔵野記念病院で、父親になりました。
妻美奈が無事男児を出産。体重三千二百六十グラム。母子ともに元気です。
いろいろ心配してくださり、ありがとう。

Column
委細は後便に譲るのが便利

手紙の用語には便利なものがいろいろありますが、「委細後便《いさいこうびん》」もその一つです。詳しいことは、後の手紙に書きますという意味で、出産直後の取り込み中などに、手紙を手短に切り上げたいときに使うとよいでしょう。「以上本日はこれまでとさせていただきます。委細後便」などとします。

そのバリエーションに、「委細は面語に譲る」もあります。「詳しいことはお会いした際に」という意味です。

のが、古くからの常識で今も変わりありません。○ or × ？〈難易度2〉

顔つきは、私と妻のよい部分だけを受け継いだような稀《まれ》に見る美男子です、などと最初の親バカ①を言わせてください。

取り急ぎお知らせまで。

草々

改まった例

拝啓　かねてご心配いただいておりました妻留美香が、昨夜半にわかに産気づき、安産にて女児を授かりました②。妻も至って健全です。

初産《ういざん》でしたので一抹《いちまつ》の不安を抱いておりましたが、文字通りの案ずるより産むがやすしでした。

器量はこの両親の子ですから、生まれたとたんに絶世の美女、というわけにはまいりませんが、丸々といかにも健康そうに太り、病室一大きな泣き声③なので、遠くにいてその姿が見えずとも、我が子であることが判別できるほどです。とにかく健康に生まれてくれたことが、これほどありがたいとは思いませんでした。

この至福の出来事は、ひとえに児玉様ご夫妻の格別なご配意のたまものと、心より深謝申し上げます。

委細④は後便⑤に譲り、取り急ぎお知らせのみ申し上げます。

敬具

解説

①親バカを自覚すれば、さわやかなユーモアになります。

②それほど親しくない相手には、詳しい体重まで知らせなくてもよいことがあります。

③このように、具体的に新生児の様子を描写すると、よりていねいな印象になります。

④「委細」は、詳しいこと。

⑤「後便」は、次の通知。

手紙検定33　「拝啓」「謹啓」「恭啓」などの頭語は、文頭から１字下げて書き始める

６

入学・合格通知

ポイント

- **改まった手紙では浮かれすぎに注意**……浮かれすぎると、あまり親しくない相手には共感が得られません。事実を冷静に伝えるだけにするのが無難です。
- **運よく入れたとする謙虚さを**……実力で難関を突破したなどとは決していわず、運よく入れたとするほうが好感が得られます。
- **「おかげさま」の気持ちが祝意を誘う**……たとえ具体的にお世話になっていなくても、感謝の気持ちが必要です。感謝が祝意の誘い水となります。具体的にお世話になった人にはその内容を書き並べ、心からのお礼を述べます。

気軽な例

かなり慌ててはがきを書き始めたので、乱筆は悪しからず。

合格しました。

今日、杉並経済大学の合格発表があり、１９２５番を、無事、見事、晴れて、お陰様で、掲示板に発見。歓喜の涙、雪辱《せつじょく》の涙が、胸の底からこみあげ、不覚にも目元を熱くしてしまいました。

さあ、遊びまくるぞ！　とも思いますが、まあ本分は忘れずに頑張ります。

解説

が古くからの常識。ただし、現代では文頭１字下げにする場合もあります。

簡単ですが、まずはご報告まで。

不備

改まった例

①桜花満開の候、後藤先生ならびにご家族の皆様にはいよいよご清祥《せいしょう》のこととお喜び申し上げます。

さて、このたび次男球児が、お陰様で私立鷺ノ宮小学校入学を迎えましたので、謹んでお知らせいたします。

同小学校は競争率が高く、とても球児の学力では合格はかなわないと思っておりましたが、試験はよい意味で水ものでございました。合格の奇跡が現実のものとなりました。

幼い頃は病弱で一週間と空けずに貴院にお世話になり、②後藤先生にはお薬と称して飴玉などいただき、本人大喜びをするなど、大変お世話になりましたが、意外にも強運の星の下に生まれたようです。

球児が晴れの日を迎えることができましたのも、後藤先生のご厚情あればこそと、心よりの御礼を申し上げます。

今後とも格別なご厚情を賜りますれば幸甚に存じます。

まずはお知らせかたがた、略儀御礼まで申し上げます。

かしこ

---

①改まった手紙では、時候のあいさつから始めるのが自然で礼儀にかなったものになるでしょう。

②お世話になった様子を、このように一言具体的に述べると、感謝の念がより強く表現できます。

手紙検定33の答え ✕ 「拝啓」「謹啓」「恭啓」などの頭語は文頭から書き始めるの

6 卒業・就職の報告

ポイント

●**喜びを素直に示し感謝する**……うれしい胸中を素直に表現しますが、必ず感謝の気持ちを伝えることが大切です。

●**感謝はできるだけ具体的に**……「感謝します」などといった漠然とした言葉だけではなく、相手にしてもらったことを具体的に述べると、さらに謝意が強まります。

●**抱負をはつらつと明るく語る**……今後の進路や、社会人になってからの夢など、抱負をのびやかにはつらつと語り、希望にあふれる文面にするのがよいでしょう。

気軽な例

メールOK

拝啓　心配をかけていた就職の件、ようやく内定が出たので、取り急ぎお知らせします。

株式会社星山リゾート開発から、①今日内定通知がようやく届きました。

今年は就職事情が極めてよくない年となり、就職留年必至《ひっし》と覚悟していただけに、喜びもひとしおです。

とにかく就職さえできればどこでもいいと投げやりになり、手当たり次第に会社訪問をしていた僕に、「初志貫徹《しょしかんてつ》」と一言諭してくれた君のお陰と、

解説

①内定したその日に報告の手紙を出すと、喜びと感謝がより強く伝わります。

す。もちろん「左遷でお気の毒です」などと慰めてはいけません。○ or ×？〈難易度2〉

心から感謝しています。

中堅の会社ですが、俺が日本一にしてみせる、という気持ちで頑張るつもりです。

とりあえず報告とお礼まで。

敬具

改まった例

謹啓　春色《しゅんしょく》すでに十二分の好季節の到来となりましたが、先生にはますますご健勝のこととお慶び申し上げます。

さて、私この度無事三田工業大学を卒業することができましたので、謹んでご報告いたします。大学入学に際しては、親身なご指導を賜りました。無事卒業を迎えられたことは、ひとえに先生のご高配の賜と、心よりの感謝を申し上げる次第でございます。

今後の進路は、叔父の経営する小さな②設計事務所に就職することに決まりました。やがて一級建築士の免許も取り、斬新でエコな、時代をリードするような木造住宅の設計ができたらと、大それた夢を描いております。

改めて御礼に参上したく存じますが、とりあえず書中《しょちゅう》にて、ご報告かたがた御礼まで申し上げます。

謹言

②たとえそこそこ大きくても、「小さな」と謙遜すると、品格の高い印象となります。

手紙検定34　栄転に見せかけた左遷もあるので、転勤祝いの表現には十分注意しま

6 転勤・転職の通知

ポイント

●**儀礼的な文面が一般的**……親しい人に出すときも、印刷した儀礼的な文面にします。

●**句読点を入れなくてもよい**……儀礼的な手紙は句読点を省き、分かち書きにする場合があります。

●**転勤後の役職、転職後の社名を記す**……主文の最初に転勤、転職した旨を述べ、転勤後の役職、転職後の社名、仕事の内容を簡潔に紹介します。

●**転勤、転職前のお世話に感謝**……これまでの交誼、厚情、お世話に感謝し、今後の指導や厚誼を願い出ます。

●**今後の抱負を漠然と語る**……儀礼的な通知なので、抱負を具体的に書く必要はありません。

●**親しい相手には自筆コメントを**……印刷は冷たい印象なので、親しい相手には、一言自筆を加え、温かみを添えます。ただし、改まるべき相手には原則として加えません。

改まった例

1 転勤通知

暑中お見舞い申し上げます①
皆様方には益々ご清祥のこととお慶び申し上げます
さて私こと②

解説

①このように、季節の見舞いを兼ねて送ることも、しばしばあります。
②「私こと」は、私は、と

らかな栄転以外は、栄転という言葉を不用意に使わないようにします。

この度《たび》　東京本店営業部勤務を命ぜられ四月一日付で着任致しました
高松支店在勤中は公私ともに一方ならぬ③御高配御指導に与《あずか》り厚く御礼申し上げます
何卒今後とも相変りませず御指導と御厚誼を賜りますよう御願い申し上げます
右略儀ながら書中をもって御礼かたがた御挨拶申し上げます　敬具
平成二十七年四月④

2 転職通知

拝啓　残暑の候ますますご清栄《せいえい》のこととお喜び申し上げます。⑤
さて、私、このたび日暮里開発株式会社を退職し、　株式会社朝霞エージェンシーに勤務致すことになりました。

日暮里開発株式会社在勤中は、公私いずれにおきましても、格別なご芳情ご支援、ご教導などを賜り、誠にありがとうございました。心よりお礼申し上げます。

やや遠隔の地となりますが、なにとぞ今後ともご指導賜りますようお願い申し上げます。

まずは略儀ながら書中にてお礼かたがたご挨拶申し上げます。　敬具

いう意味。「私」をあえて行末に置き、へりくだります（必ずしもそうする必要はありませんが）。
③「一方《ひとかた》ならぬ」は、普通ではない、という意味。
④転勤通知では、日にちまで入れないのが一般的です。
⑤最近は、句読点を入れた転職や転勤の通知も一般的になってきました。

手紙検定34の答え　○　栄転か左遷かは、非常に微妙な場合が少なくありません。明

6 定年退職のあいさつ

ポイント

●**礼儀正しく丁重に**……儀礼を重んじる手紙なので、「前略」「冠省」などではなく、必ず「拝啓」「謹啓」などで始めます。

●**在勤中の思い出を淡々と語る**……思い出をしんみりと語る度合いが強すぎると、相手の共感が得られません。淡々と語るのが効果的です。

●**感謝の気持ちは精一杯に表す**……定年を大過《たいか》なく迎えられたのは、相手の支援、指導、厚情などのおかげだとし、心から感謝する姿勢が大切です。

●**退職後の抱負を明るく語る**……再就職が決まらない、今後何をやればよいかわからないなど、哀れっぽい話は禁物。希望あふれる様子を伝え安心させるのが礼儀です。

改まった例

粛啓《しゅくけい》　春陽《しゅんよう》天地に満ちる好季節の到来となり、益々ご活躍のことと心よりお慶び申し上げます。

さて、このたび私儀①、先月三月末日をもって、無事定年退職を迎えましたので、ここに謹んでご挨拶申し上げます。

在勤中は公私にわたり、格別のご厚誼、ご厚情、ならびにご鞭撻を賜り、

解説

①「私《わたく し》儀《ぎ》」は、「わたくしは」の改まった言い方。

誠にありがとうございました。

株式会社書泉堂に入社以来早三十余年、この長きにわたり、非力非才の私が、大過なく職責《しょくせき》を全《まっと》うできましたのは、②ひとえに皆様のご支援の賜と、厚く御礼申し上げます。

長くも短く、短くも長い歳月が夢のように流れ、振り返れば数知れぬ出来事が思い出されます。六本木支店開設までの悪戦苦闘、東証第二部上場前夜の社内の活気、あるいは毎日通った新宿の駅やその周辺のたたずまいが、今彷彿と蘇《よみがえ》り、③懐旧の念を禁じえません。

しかし時は既に満ちました。後に続く鋭気あふれる若い世代に道を譲り、老兵はただ黙して消え去ることといたします。

退職後は、しばらくは長年苦労をかけた妻に孝行をすべく、二人で海外を遊び歩く予定です。とはいえ隠居の予定はなく、幸い知人の会社に招かれていますので、同社での再出発も選択肢の一つと考えております。いずれにせよ第二の人生に果敢に挑む所存です。

今後も変わらぬご交誼、ご支援のほど、くれぐれも宜しくお願い申し上げます。

右略儀ながら寸書にて、退職のご挨拶まで申し述べます。

頓首

---

②「ひとえに」は、もっぱら、という意味。

③「懐旧《かいきゅう》の念」は、昔を懐かしむ気持ち。このような常套句を使ったほうが、妙に湿っぽくならない、という効果があります。

手紙検定35　句読点のない儀礼的な手紙は、すでにかなり時代遅れなので、避けたほ

6

転居通知

ポイント

●**季節のあいさつを兼ねて送る**……転居後すぐに出さず、暑中見舞い、年賀状などを兼ねて送ってもよいでしょう。

●**内容は簡潔に**……転居したこと、転居先の住所と電話番号、メールアドレスなどのほか、これまでの感謝、今後の交誼の申し出などを、簡潔に盛り込みます。

●**印刷にして一筆添える**……相手が多い場合は印刷にします。そして、気軽な相手には一筆添えます。改まるべき相手に自筆を添えるのは失礼になる場合があります。

●**儀礼的にするなら句読点は省く**……句読点を入れても失礼にはなりません。

●**日付は「吉日」にする**……儀礼的な転居通知では、後付けの日付を「平成二十七年六月吉日」などとするのが普通です。

気軽な例

メール OK

暑中お見舞い申し上げます

この度下記に転居しました。貴地在住中はいろいろとお世話になりました。

①西武新宿線東村山駅より徒歩三分の便利なところで、緑もいっぱいで、今

Column

北原白秋の爽快な転居通知

転居通知はさわやかさが大切。白秋の次の通知は参考になります。

「啓　馬込の緑ケ丘からこの初夏の世田ケ谷に転居いたしました。実は砧《きぬた》村の成城学園へ通う小さい子たちの為《ため》に引き移った訣なのですが転居はとりもなおさず家庭的旅行で少くとも新鮮な換気法です。このあたり多摩川もほど近く、雄大な木立と畑と雑草の原が多く、随処にまだ田園の野趣が溢れて見えます。……お知らせまで、草々」

読点をつけない場合があります。改まった筆字の手紙の名残です。

はいろいろな花が町のそこここに咲き乱れています。ぜひおでかけください。
皆様の御健康、御多幸を心よりお祈り申し上げます。
敬具

改まった例

1 シンプルな例

拝啓　初冬の候皆様にはご健勝のこととお慶び申し上げます
このたび私共は岡山より左記[2]に転居いたしました
こちら方面にお越しの節はぜひお立ち寄りください
末筆ながら皆様の御健康をお祈り申し上げます
敬具

2 年賀状を兼ねた例

謹賀新年　皆様にはお変わりなくお過ごしのことと存じます
さて　昨秋住みなれた武蔵野を離れ左記へ移転致しましたので 遅ればせながらお知らせ申し上げます
西東京市在住中のご交誼　ご厚情に深謝するとともに　今後も変わらぬご芳情を賜りますよう　くれぐれも宜しくお願い申し上げます
お近くにお越しの際はぜひお立寄りくださいませ[3]
拝具

解説

①具体的な環境を紹介すると、ていねいで温かい印象になります。

②「左記」には、郵便番号、住所、電話・FAX番号、メールアドレスなどをまとめて書きます。

③「ませ」は丁寧語「ます」の命令形。女性言葉ではありません。

手紙検定35の答え ✕ 結婚式の招待状や転職通知など儀礼的な手紙では、今でも句

6 クラス会・同窓会の案内

ポイント

- **無味乾燥を避け温かな文面に**……事務的な文面になりがちです。旧交を温める会なので、それにふさわしい温かな文面を目指します。
- **印刷による案内には自筆を添える**……印刷文字はどうしても冷たいので、一言でよいから自筆のコメントを添えることにより、参加意欲を高められる場合があります。
- **出席予定者を知らせて顔ぶれで誘う**……誰が出席するかが一番の関心事となります。事前にわかっている場合は、魅力的な出席者の顔ぶれを紹介します。
- **一、二ヵ月前には届くように**……仲間内の小人数のクラス会なら一ヵ月前〜二週間前まで、大がかりな同窓会なら二ヵ月前〜一ヵ月前までに届くようにします。

気軽な例〈クラス会の案内〉

メール OK

拝啓　いよいよ春爛漫《らんまん》、お元気でご活躍のことと思います。
さて、しばらく途絶えていたクラス会を、久しぶりに開くことになりました。いつも楽しい授業で私たちを笑わせてくれた吉田先生もご出席の予定ですので、ぜひお集まりください。先生を囲んで、懐かしいあの日々のこと、そして近況などを、楽しく語り合い、大いに盛り上がりたいと思います。　敬具

解説

す。決して感情的になってはいけません。○ or × ？〈難易度2〉

日時　五月二十三日（土曜日）　午後三時より
場所　渋谷道玄坂キャッスル
　　　住所　東京都渋谷区南西道玄坂一－一四××
　　　電話　〇三－九×××－一×××
①会費　一万円（当日受付にて徴収させていただきます）
＊なお、出欠のご返事は準備の都合上五月一日までにお知らせいただけると幸いです。

改まった例〈同窓会の案内〉

拝啓　春暖の候、益々ご清祥のこととお慶び申し上げます。

さて、本年も恒例により、母校練馬第六高等学校の同窓会を左記の次第により開催することとなりましたので、ご案内申し上げます。

本同窓会は、同窓生並びに恩師各位のご支援により、回を重ねて記念すべき第二十回を迎えることとなりました。本年は特に第一期卒業生を始め、多くの級友そして恩師がご参集くださる予定ですので、どうか皆様には②奮ってお運びいただきたくお願い申し上げます。懐かしい大泉の学《まな》び舎《や》で、心ゆくまで旧交をあたため、会を盛り上げたいと存じます。

まずは右同窓会のお知らせまでご案内申し上げます。

敬具

①出欠の返事の催促文は、本文よりやや小さい文字を使います。

②「奮《ふる》って」は、すすんでという意味。この部分を「万障《ばんしょう》お繰り合わせの上ご参加いただきたく～」などとする場合がありますが、その言い方は失礼と感じる人もいるので注意します。「万障お繰り合わせ」は、すべての用事に優先して、という意味なので、出席を強要する言葉ということになるからです。「お繰り合わせの上」であれば、失礼になりません。

手紙検定36　催促の手紙は、再度の依頼のつもりで、ていねいに行うことが大切で

6 忘年会・新年会の案内

ポイント

- **大《たい》義《ぎ》名《めい》分《ぶん》を掲げる**……忘年会は、「慰《い》労《ろう》」「親睦」「憂さ晴らし」などの大義名分を掲げます。仲間内の気軽な忘年会でも、年末らしい理由を掲げます。新年会は、新年の繁盛、多幸などの祈願を目的として集まります。
- **新年にふさわしいさわやかな文面に**……新年会の案内は、清新な雰囲気が漂《ただよ》う文面を心がけます。
- **くつろいだ会であることを強調する**……気軽に参加できる雰囲気を印象づけたほうがよい場合もあります。
- **食事の種類や酒の銘柄などを明記する**……それらを聞いただけで出席したくなる人もいるでしょう。
- **出席者数は熱意に比例する**……事務的な案内では不十分です。熱意の強さで人は集まります。
- **改まった会なら一ヵ月前に出す**……気楽な会でも二週間前には届くようにします。

気軽な例〈忘年会の案内〉

メールOK

拝啓　いよいよ年の瀬、お忙しいとは思いますが、今年も例によって、例の場所で、例の仲間が集まり、忘年会を開きますから、①すべての大事小事を調整して、必ず出席してください。

一年の憂さ晴らしには、これが一番。

解説

①仲間内だから使える、ちょっとふざけた表現です。

心が生まれず、求める結果が得られなくなることもあります。

大いに飲み、大いに歌い、大いに愚痴をこぼしましょう。

なお、今年は不肖《ふしょう》わたくし、幹事の涙ぐましい努力により、サプライズゲストの飛び入り参加もあります。

ご返事は十二月五日までに、ご一報ください。

まずは忘年会のご案内まで。

敬具

改まった例〈新年会の案内〉

謹啓　年末厳寒《げんかん》の候、いよいよご隆昌の由②大賀《たいが》に存じます。

さて、気の早い話で恐縮ですが、嵐山会新年会のお知らせを申し上げます。日程等要領は、同封別紙の通りです。

当会は皆様のご支援により、本年も隆盛のうちに年の瀬を迎えることとなりましたが、来る年も倍旧③の発展を遂げるよう皆様と共に祈りたいと存じます。

なお当日は、当会名誉顧問西麻布大学教授沖田聡先生にもご臨席いただき、ご挨拶を賜る予定です。アジア経済の活発な動きについての有益なお話も拝聴できると存じますので、どうか皆様こぞって④ご参加くださるようお願い申し上げます。

右、新年会のご案内まで申し上げます。

謹言

②「由」は、〜とのこと。

③「倍旧」は、旧の二倍、つまり以前よりもっと、という意味。

④「こぞって」は、一人残らずことごとく、という意味。

手紙検定36の答え　○　催促を感情的に行ってしまうと、相手も感情的になり、反省

6

歓迎会・送別会の案内

ポイント

●**出席を促す趣旨説明が必要**……歓迎会、送別会、いずれの場合も、出席を促すには、会の趣旨を鮮明にする必要があります。歓迎会なら、たとえば、「初顔合わせ」「会員相互の親睦」のためなどとし、送別会なら、「功績の称賛」「惜別」「感謝」「今後の活躍の祈念」などが、開催趣旨となります。

●**はつらつとした雰囲気や温かみを添える**……歓迎会の案内は、はつらつとした雰囲気を醸《かも》し出し、受け入れ側の温かみを表現することが大切です。

●**大切な人だったと強調する**……送別会の参加を促すには、その人がいかに大切な人だったかを強調するのが効果的です。

気軽な例〈サークルの新人歓迎会の案内〉

メールOK

拝啓　すごしやすい季節となり、皆さんますます仕事や遊びにご活躍のことと思います。

今年も本サークルにはたくさんの新人の皆さんが入会し、フレッシュな雰囲気に満ちあふれています。①新人の皆さんの中には、経験者あり未経験者ありと、キャリアは異なりますが、先輩諸氏に教えられたり、意見交換をした

解説

①このような文章は、とくに必要なわけではありませんが、親しみやすい案内にするには効果的です。

い表現で、好感が持てます。○ or × ？〈難易度２〉

りと、すでに和やかなコミュニケーションが生まれ、とても喜ばしいことと思います。しかし現在、活動参加日がまちまちなために、全員の顔合わせがまだ行われていません。

そこで今回、②会員全員の初顔合わせと新人の皆さんの紹介、あるいは今年度初めての親睦会を兼ね、③左記の要領で新人歓迎会を開きたいと思いますので、皆さんどうか奮ってご参加ください。この機会に、新人の皆さんを、心から歓迎したいと思います。

まずは新人歓迎会のご案内まで。

敬具

改まった例〈PTA役員の送別会〉

④拝啓　秋涼のみぎり、ますますご清祥のこととお慶び申し上げます。
さて、この程PTA役員桑原里美様が、ご主人様の御栄転によりパリに転居されることとなりました。

ついては、三年余の長きにわたり役員としてご活躍くださった桑原様に感謝し、惜別の念を表すために、③左記の次第で送別の会を催したいと存じます。

何かとご多忙のこととは存じますが、多数様のご出席が得られますよう、ご案内かたがた謹んでお願い申し上げます。

敬具

②このように、会の趣旨をある程度明確にすることが大切です。

③「左記」には、開催の日時、場所、連絡先、参加費、出欠の返事の期限などを、箇条書きで書きます。

④女性が書く場合でも、このような公的な手紙の場合、「拝啓・敬具」「謹啓・謹言」などとします。「かしこ」は使いません。

手紙検定37　「ゴルフをおやりになられるそうですね」は、相手に敬意を払った正し

6

受賞・受章パーティーの案内

ポイント

●**本人ではなく発起人の名で出す**……案内状は、本人ではなく発起人の名前で出すのが一般的です。

●**功績や栄誉をたたえる**……発起人は、受賞・受章者の功績や栄誉をたたえ、パーティーの意義深さをアピールすることが大切です。発起人は受賞者の近親者や友人など親しい人がなりますが、受賞の栄誉は公的な色彩が強いので、たとえ親しい人が書く場合でも遠慮や謙遜の必要はありません。

気軽な例〈友人の子供の受賞パーティーの案内〉

メール OK

暑い日が続いていますが、お元気でお過ごしですか。

さて、すでにご存じとは思いますが、私たちの仲間の日下信子さんのお子さん孝太君が、今年の全国児童発明工夫展で見事に最優秀賞を受賞しました。受賞作品は、「洗濯物たたみ機」です。お洗濯物をたたむのが大嫌いな信子さんの苦労を、少しでも楽にしてあげたいという、親孝行な気持ちから生まれた作品だそうです。母は発明の母、といったところでしょうか。

Variation

恩師の叙勲祝賀会案内状のフレーズ

●永年にわたり学校教育の発展及び教育行政にご尽力されたご功績により

●今春の叙勲《じょくん》において栄えある瑞宝双光章の受章の栄誉に浴され

●温厚篤実なうえに包容力を兼ね備え、教え子、教員、保護者の方々からも厚い信頼を得て

●先生を敬愛する私ども一同は、ここに多年にわたるご薫陶に深謝するとともに、先生の一層のご健康とご活躍を祈念するために、左記の要領により祝賀会を開催いたし

をなさるそうですね」が正しい敬語表現です。

①ついては、孝太君の才能をたたえ、日下さんご家族の喜びを祝福するために、パーティーを開くことになりましたので、ご案内致します。
パーティーは左記の要領で行います。お忙しいとは思いますが、孝太君とご家族に、おめでとうの一言を贈ろうではありませんか。

皆さんのおいでを心からお待ちしています。

改まった例〈勲章受章パーティーの案内〉

謹啓　軽暑の候、いよいよご清栄の段大慶に存じます。
さて、すでに②ご高聞に達していることとは存じますが、今回の春の叙勲において、母校○○県立御園高等学校同窓の同県知事、松山清太郎氏が、勲七等青色桐葉章《せいしょくとうようしょう》を受章されました。知事ご在任五期にわたる永年のご功労が高く評価された結果であり、私ども御園高同窓生一同の誇りとすべき③欣快事と申すことができます。
①つきましては、同窓生有志により、受章記念祝賀会を別紙の要領で行いいたく存じますので、ご案内申し上げます。ご多忙中とは存じますが、お一人でも多くの方々のご参集を得、盛大な祝宴を張り、同氏の栄誉を讃えたく存じます。何卒宜しくご賛同のほどお願い申し上げます。
頓首

解説

①「ついては」「つきましては」は、そういうわけで、それゆえ、という意味。

②「ご高聞《こうぶん》に達して」は、お聞きになって、という意味。

③「欣快事《きんかいじ》」は、とても喜ばしく、気持ちのよい出来事。

手紙検定37の答え　✕「おやりになられる」は、不自然で過剰な敬語です。「ゴルフ

6 長寿祝いのパーティーへの招待

ポイント

●**還暦は本人が主催するときもある**……長寿の祝いは周りが祝うものです。しかし、還暦に関しては本人が主催者となる習慣もあり、その際は自ら招待状を書くことになります。

●**長寿を厚情のおかげと感謝する**……長寿の祝いは、関係者への感謝も兼ねるので、招待状では感謝の気持ちも表すことが大切です。

●**改まった祝いなら封書にしたい**……身内への招待状であれば、はがきでも十分ですが、礼をつくしたものにしたければ封書でしたためます。

気軽な例〈本人が主催するとき〉

メール OK

拝啓　朝夕の寒さが身にしみる今日この頃ですが、お元気にお過ごしのことと思います。

さて、来月の三日、私もいよいよ還暦を迎えることになり、家内始め倅《せがれ》や孫たちが、祝宴を行おうと騒いでいます。

年寄り扱いするなと一喝したいところですが、私がこの年まで元気でいられるのは家族のお陰であり、また仕事が続けられるのは、①皆さんのご援助や

解説

①このように感謝の気持ちを必ず表すようにします。

書き出せば十分です。○ or × ？〈難易度？〉

ご激励のお陰でありますから、そのお礼も含めた祝宴を開くことは、大変意義あることだと考えました。

ついては、遠い所を申し訳ありませんが、同日午後五時にこちらまでお越しくださいますようお願い致します。大したものはございませんが、手料理で皆様をおもてなしさせていただきます。家族皆で心よりお待ちしております。

とりあえずご案内まで。

敬具

改まった例〈孫が主催するとき〉

拝啓　盛夏の候いよいよ御《ご》安《あん》泰《たい》慶《けい》賀《が》に存じ上げます。

　さて、祖父米田一郎こと、お陰様で本年米寿に達します。

　つきましては、心ばかりの祝宴を張り、皆様の永年のご懇情に感謝の微衷②を表したく存じます。

　来る九月七日午後三時より、粗酒粗餐③を用意し、小宴の開催を予定しておりますので、お暑い中、また遠路甚《はなは》だ恐縮ではございますが、何卒お繰り合わせの上、御奥様ご同伴にて、拙《せっ》宅《たく》までご来臨④くださいますよう、謹んでお願い申し上げます。

　まずは右ご招待のみ申し上げます。

敬具

②「微《び》衷《ちゅう》」は、自分の真心、気持ちの謙譲語。
③「粗《そ》酒《しゅ》粗《そ》餐《さん》」は、お酒と料理をへりくだっていう語。
④「来《らい》臨《りん》」は、人がある場所に来ることを敬っていう語。

手紙検定38　初めての相手に手紙を書くときは、「はじめまして」と、明るく元気に

6 PTA学級懇談会の案内

ポイント

●**日頃の理解、協力に感謝**……時候などの前文の中で、日頃のPTA学級活動への理解や協力を感謝する一文があると、とてもていねいな印象となります。

●**学級状況の報告**……懇談会の開催を知らせるだけでなく、学級状況の報告も兼ねると、保護者の理解や協力を、さらに得やすくなる場合があります。

●**開催趣旨の説明**……なにゆえに学級懇談会を開くのか、その趣旨を明確に伝えたり、具体的な議題があれば、事前に知らせたりしておきます。

●**出席を願う**……開催を知らせるだけでなく、多くの出席を願う姿勢を示すことが大切です。出欠の返事の方法や期限を伝えることも忘れてはなりません。

一般的な例

拝啓　春陽の候益々ご清適①のこととお慶び申し上げます。

②日頃は当学級活動にご理解ご協力を賜り、誠にありがとうございます。おかげさまで児童たちは一人一人、勉強はもとよりクラスメートとの交流、あるいは学校活動におきまして、充実した毎日を送っております。

さて、本日は新学期を迎えて初めての学級懇談会開催のお知らせをいたし

解説

①「清適《せいてき》」は、健康で無事なこと。

②このように、日頃の理解や協力に感謝します。

失礼をお許しください」と、ていねいに書くべき場合もあります。

ます。開催日時と議題は左記の通りです。
五年生となり、いよいよ最終学年に近づき、小学校生活の総まとめの時期となってまいりました。ついては、③保護者の皆様方とともに、児童たちのよりよい教育環境を整えるために、懇親の機会を持ち、コミュニケーションを密にしたいと存じます。また、今回議題として上げました、「スマートフォンの利用方法について」など、スマホやパソコンなどによってもたらされている、児童たちを取り巻く生活環境の激変について、保護者の皆様方と考えてみたいと思いますので、お忙しい中誠に恐縮ですが、より多くのご参加を賜りますよう宜しくお願い申し上げます。

敬具

記④

開催日時　四月三十日（金曜日）　午後三時三十分〜五時
場　所　五年三組教室
議　題　・「スマートフォンの利用方法について」
　　　　・各種クラス委員の選出
＊なお、出欠のご返事は、この用紙の端を点線から切り取り、四月二十日までに、担任にご提出をお願いいたします。
＊ご出席される方は、恐れ入りますがスリッパをご持参ください。

以上

③このように、開催趣旨を明確に伝えます。

④日時などは別記して、明確に伝えます。

手紙検定38の答え ✕「はじめまして」だけでは不十分で、「突然お便り申し上げる

6 PTA主催親子イベントへの案内

✎ ポイント

- **軽薄な印象にならないように注意する**……たとえ楽しい親子イベントへの案内であっても、あまり軽薄な印象にならないようにすることが大切です。「拝啓、敬具」などの堅苦しい形式はいりませんが、時候や前文のあいさつを充実させるなどして、いろいろな考えを持つ保護者に、違和感のない表現を心がけることが大切です。
- **開催趣旨を明記する**……餅つき大会やドッジボール大会など、単純に楽しむだけのイベントであっても、それがどのような意義を持つかということを、明確に伝えます。
- **開催内容は別記して明確化する**……開催日時、場所などについては別記して、間違えのないように伝えます。
- **出欠の返事の提出を願う**……案内状の端に出欠票をつけ、切り取って返事用に提出することを願います。提出期限を区切るときは、ていねいに依頼することが大切です。

一般的な例

PTA親子餅つき大会のご案内

師走の候、ますますご健勝のこととお喜び申し上げます。日頃はPTA学級活動にご理解、ご協力をいただき、誠にありがとうございます。

さて、前回の懇談会で決まりました「餅つき大会」について、下記の通り

≫ 解説

①前文のあいさつは、きちんとていねいに行います。

書くのは、本来とても失礼なことです。○ or ×？〈難易度3〉

開催することになりましたので、お知らせいたします。
②この催しにより、親子間の交流や保護者同士の親睦をさらに深め、活気に満ちた、健やかな学級運営の基礎を築きたいと考えます。年頭のお忙しい中恐縮ですが、多くの皆様のご参加をいただきたく、謹んでご案内申し上げます。
なお、ご出欠につきましては、お手数ですが左記にご記入いただき、点線で切り取り、担任までご提出くださるようお願いいたします。

記

日　時　平成二十八年一月二十二日（金）　午後一時〜午後四時頃
場　所　桜ヶ丘小学校校庭
※当日は、学級活動費からお菓子・ジュースを購入して子どもたちに配ります。

キリトリ

「餅つき大会」の出欠のご確認
※出欠席に○をつけ、出席される方全員のお名前をご記入ください。
・出席します　　氏　名（　　　　）
　　　　　　　　　　　（　　　　）
・欠席します　　児童氏名（　　　　）
＊③恐れ入りますが、準備の都合がありますので、一月十五日（金）までにご提出ください。

---

②趣旨を明確に伝えます。

③「恐れ入りますが」の一言があるとなしでは、かなり印象が違ってきます。

6

講演会への誘い

ポイント

● **講師のプロフィールとテーマを紹介**……講師の経歴、講演テーマは必ず紹介します。プログラムを同封するのもよいでしょう。

● **講演の魅力を伝える**……相手の興味をそそるように、講演の魅力を十分に伝えることが大切です。

● **誘う側がまず興味を持つ**……誘う側の興味の大きさが、誘う力の原動力になります。

● **チケット代を明記する**……チケット代は誘う側が持つのが本来の礼儀です。もし相手に負担を求めるなら、あらかじめ手紙でその旨を伝え、詫びておきます。

気軽な例

メールOK

お久しぶりです。ご機嫌いかがでしょうか。

お尋ねしますが、来月の最初の日曜日、お暇ですか。

もし何も予定がなかったら、新宿のレジェンドホテルに、和田俊也氏の講演を聞きに行きませんか。

和田氏は、去年の建築学会新人賞を受賞した若い建築家で、斬新なデザインの渋谷センタータワービルを設計したことでも有名です。また、テレビの

解説

敬意をこめて書き始めれば、「拝啓」を使わなくても失礼ではありません。

クイズ番組のレギュラー解答者としても人気上昇中で、ウイットに富んだ受け答えの冴《さ》えは、プロ以上の面白さと評判です。

今回の講演テーマは、「柔らかな頭脳・柔らかな建築」です。
①建築にかかわらず、柔軟な発想がいかに大切かを説きながら、建築の面白さを論じようという試みらしく、和田氏ならではのユニークな建築論が聞けるものと、私も大いに楽しみにしています。
②入場料は三千円。貴兄の分まで持てずすみませんが、興味があったら一緒に行ってみませんか。
取り急ぎお誘いまで。

改まった例

拝啓　灯火《とうか》親しむべき季節となり、貴方様におかれましては、いよいよご活躍のことと存じます。

さて、早速で恐縮ですが、お知らせ申し上げます。

わたくしの③知友の経済学者簑島良平氏が、三月十五日午後六時より、心斎橋府民会館にて講演を行います。

簑島氏は横浜経営大学で国際経済学の講義を持つかたわら、新聞テレビ等

①なぜ楽しみなのか、このように理由を簡潔に伝えます。

②誘っておきながら費用を持てない失礼を詫びます。

③「知友《ちゆう》」は、互いによく知り合った友人のこと。

手紙検定39の答え　✕「謹んでお便り申し上げます」などと、つつしみ深く十分な

で、④画期的な地域経済振興策を打ち出し、今マスコミで大いに注目されている人物です。

今回の講演テーマは「地方が誘導する日本の活路」で、日本経済の発展のためには、日本各地の主要都市の活性化を、これまでにない速度と勢いで、促進する必要があるというのがその論点です。

自然災害などに対するリスクマネージメントの視点からも、首都機能の分散化が叫ばれる中、簑島氏の持論は、今後ますます各分野の耳目《じもく》を集めるものと確信する次第です。

特定の政治勢力に加担する御用学者が多い中、簑島氏は学究的誇りを貫く数少ないアナリストの一人で、今回の講演では定めて興味深く、有意義な見解を聞くことができるものと、わたくしも大いに期待しております。

つきましては、⑤ご多用中不躾《ぶしつけ》とは存じますが、貴方様におかれましても、是非講演にお運びくださいますよう、心よりお願い申し上げます。

まずは以上講演会のご案内まで申し上げます。

敬具

---

④このように、幾分センセーショナルに講演者の活躍を強調するのが、相手の興味を引くためには効果的です。

⑤目上に対しては、誘いはこのように依頼の形をとらなければならないことがあります。

7章 結婚

人生の一大慶事に、間違いがないよう、
使っていい言葉、使ってはいけない言葉をきちんと知って、
慶びや感謝の言葉を届けましょう。

書き方の基本とマナー

招待状は形式を重視する

挙式や披露宴は改まった儀式なので、頭語・時候のあいさつなどをきちんと書き、礼儀を重んじた形式的な手紙とするのが基本です。ただし、結婚披露宴の二次会として、友達同士のパーティーを開くときは、あまり形式にこだわらず、親しみやすい招待状にするのがよいでしょう。

氏名・時間・場所などの間違いに十分注意

挙式・披露宴の招待状などでは、結婚する二人、その両親の氏名、挙式日、披露宴の開催時間などは、絶対に間違えてはいけません。何度もチェックしてから印刷し、印刷後も必ず確認します。また、開催場所や時間、参加費などの情報は、本文中に入れずに別記して、わかりやすくすることが大切です。

親しい相手に対してもていねいに

披露宴やパーティーの司会やスピーチを依頼するときは、十分ていねいにお願いすることが大切です。比較的親しい人に対しても、節度を欠いてなれなれしく頼むと、不快感を与えることになり、引き受けてもらえない場合もあるので、十分注意します。

忌《い》み言葉は避ける

結婚はおめでたいことなので、縁起の悪い忌み言葉は、できるだけ避けます。忌み言葉とは、次の通りです。

「病／死／閉じる／壊れる／潰《つぶ》れる」（以上は不吉なため）、「別れる／去る／出る／離れる／帰る／滅びる／終わる／切れる／戻る／冷える／飽きる」（以上は離婚を連想させるため）、「重ね重ね／再び／次々／二度三度／返す返す／またまた／くれぐれも」（以上は再婚を連想させるため）

基本構成

招待状

❶前文
- 頭語・時候

→

❷主文
1. 結婚・挙式の報告
2. 今後の指導・支援を願う
3. 挙式・披露宴・パーティーへの出席を願う（詳細は別記する）

→

❸末文
- 結びの言葉・結語

→

❹別記
- ・日時
- ・場所
- ・服装について
- ・参加費（会費制の場合）

などを明記する

依頼状

❶前文
- 頭語・時候

→

❷主文
1. 依頼内容を知らせる
2. 依頼理由
3. 依頼の言葉

→

❸末文
- 結びの言葉・結語

挙式・披露宴への招待状

ポイント

● 自分たちの言葉で書くのが理想……招待状は式場が用意するものを利用するのが一般的となっていますが、本来は自分たちの言葉で文案を整えるのが理想です。

● 差出人名は二つのケースがある……挙式・披露宴の招待状は、結婚する二人の名前で出す場合と、両家の親の名前で出す場合があります。列席者に占める親戚の割合が多いときは、両家の親の連名で、友人、同僚関係が多いときは、結婚する二人の連名で出すのが一般的です。連名の順序は、いずれも原則として男性側が先です。

一般的な例

1 本人たちの連名で出すとき

　謹啓　初秋の候益々ご清栄の御事とお慶び申し上げます
　このたび私たち二人は結婚式を挙げることになりました　つきましては幾久しくご懇情をいただきたくご披露かたがたささやかな宴をご用意いたしましたので　ご多用のところ誠に恐れ入りますが何卒ご出席くださいますよう

Column

結婚の招待状には句読点は不要

　挙式・披露宴の招待状の文章には、句読点をつけないことがしばしばあります。ただし、句読点を置くべき箇所は一字空け、いわゆる分かち書きにする場合もあります。
　これは昔ながらの儀礼文特有の表記法です。句読点は相手の読みやすさを手伝うもので、手伝う行為は敬意になじまないというところから来ていま
す。しかしそれなら分かち書きも不要となるわけですが、ともあれそういう習慣があります。

ご案内申し上げます　敬白

日　時　十一月八日（日曜日）　午後二時

場　所　ニューパレス御殿山

平成二十七年九月吉日①

秋山　太郎①

双葉　啓子①

なお恐縮ですが十月十日頃迄にご都合をお知らせいただければ②幸甚に存じます

2 親の連名で出すとき

謹啓　清涼の候いよいよ御清栄の段大慶に存じ上げます

この度　佐藤治雄ご夫妻のご媒酌により　和田俊太次男俊介と室田圭吾長女菜実の婚約整い結婚式を挙行することとなりました　つきましては披露かたがたお近づきを願い上げたく小宴を催しますので　御多用中誠に恐縮とは存じますが御光来の栄を賜りますよう謹んで御案内申し上げます　謹言

日　時　十一月二十二日（日曜日）　披露宴午後一時半開宴

場　所　吉祥ホテル十五階白鶴の間

平成二十七年九月吉日

和田　俊太

室田　圭吾

なおお手数ですがご都合の程十月二十日迄にお知らせ願えれば幸いに存じます

解説

①「吉日」とするのが通例です。自分たちは行末に置いて、へりくだります。

②ここを、「折り返しご返事をいただければ」とする例もありますが、「返」は忌み言葉なのでできるだけ避けます。

手紙検定40　「ご厚情に心より深謝いたします」の「深謝」は強く感謝することです。

会費制披露パーティーへの招待状

ポイント

●**親しみやすく節度ある案内にする**……儀礼的な披露宴とは異なり、同世代や親しい仲間が集まって行う披露パーティーであることを明記し、気楽な面を強調します。ただし、度を過ぎてくだけすぎると、品格のない招待状になるので、十分注意し、節度を保った内容を心がけます。

●**パーティーの魅力を伝えて誘う**……どのようなパーティーになるのか、その魅力を伝えます。食事がおいしい、参加者が楽しい、ビンゴゲームなどの趣向があるなど、パーティーの楽しい特徴を伝えて誘います。

●**会費制であることを明記する**……会費制であることを、恐縮しながら明記します。プレゼントの気遣いを遠慮する場合も明記します。

気軽な例

メール OK

徹と愛華はとうとう結婚してしまいました。このゴールに立てたのは、①みなさんの友情と愛情のおかげです。心からの感謝をささげるために、パーティーを企画しました。本当はそうしたくないのですが、今はそうしかできないので②会費制にさせていただきます。ごめんなさい。知り合いのシェフが腕によりをかけた③美味しい創作料理で、みなさんのほ

解説

①「おかげさま」の気持ちをしっかり伝えることが大切です。
②会費制であることを恐縮しながら明記します。
③パーティーの楽しさを

つの意味があり、「この度のご非礼を深謝申し上げます」は、強く詫びる意味になります。

っぺたを落とします。ビンゴ大会では空前絶後の③豪華賞品を用意。続いてのカラオケ大会では、プロも裸足で逃げ出すほどの③美声自慢が数多《あまた》登場します。
記念すべきその日を、みなさんのお力で盛り立てていただければ幸せです。
二人でお待ち申し上げています。④ぜひいらしてください。

改まった例

拝啓　すっかり春めいて、気持ちのよい季節が巡ってきました。あなた様には、お元気でご活躍のことと思います。①おかげさまで私たち二人にも春が来ます。来月四月三日、二人は赤坂日枝神社で挙式し、夫婦となります。

つきましては、気心の知れたみなさまに、会費制のパーティーの形でお集まりいただき、ごあいさつをいたしたいと考えております。

会場となりますロイヤルホテル・バー「煌」は、当日貸切となり、知り合いのフルーティストが、心地よいクラシック音楽の生演奏を披露してくれます。

おいしいお酒とともに、落ち着いた雰囲気の音楽でおくつろぎいただくこともできると思いますので、ぜひご参加くださいますようお願いいたします。

まずは結婚披露パーティーのご招待まで申し上げます。

④敬具

具体的に示します。

④この後に、日時、場所、参加費、返事の締め切りなどを、次のように別記します。

●日時　四月二十五日（土曜日）午後三時より
●場所　銀座ロイヤルホテル・バー「煌」
東京都中央区銀座一-×-×
TEL　〇三-三三三××-××××
東京メトロ有楽町線銀座一丁目駅8番出口より徒歩三分（注：地図もつけるようにしましょう）
●会費　八千円（その他お祝い金やお祝いのお品は、ご遠慮申し上げます）

手紙検定40の答え　○「深謝」には、強く感謝することと、強く詫びることの、二

幹事が出す二次会への招待状

ポイント

●**気楽な会であることを強調**……新郎側、新婦側、見知らぬ同士の参加者であっても、気遣いのいらない、気楽な集まりであることを強調し、参加を促します。

●**祝福という大義名分を示す**……新婚の二人の祝福のため、という大きな目的があることを示し、参加意欲を高めることもあります。

●**会費制の場合は明記**……二次会は会費制が一般的ですが、会費制の場合は明記するほうが親切です。

●**出会いの場を強調することも**……二次会での男女の出会いを強調し、参加意欲をあおることもあります。ただし、あまり度を越して、下品な誘いにならないように注意します。

気軽な例

メール OK

①待ちに待ったおめでたい出来事が、いよいよ間近となりました。

佐藤一人さんと小暮李未さんのご結婚、披露宴は、私たち同僚にとっても、今年最高に盛り上がる、イベントとなることでしょう。そこで、その余韻が覚めないうちに、二次会へと突入し、二人が幸福な未来に向かって勢いよく発進できるように、さらに弾みをつけたいと思いますが、いかがでしょうか。

解説

①単なる二次会開催の通知ではなく、結婚そのものの雰囲気を盛り上げる姿勢が必要です。

末に持ってくるのは、非常識の極みといえます。○ or × ？〈難易度2〉

賛成していただける方は、披露宴終了後、ニューレインボーホテルのレストラン、「メリーゴーランド」にお集まりください。②開始時刻は七時以降で、いつおいでになっても、退室されても、大丈夫です。お気軽にご参加ください。二人を祝福する機会とともに、③新たな出会いの機会も、もしかしたら待っているかもしれません。会費は一人五千円です。おいでを楽しみにお待ちしております。

幹事　田中義人

改まった例

すごしやすい季節が来て、ますますお健やかにお過ごしのことと思います。

さて、西山孝則さんと藤堂理沙子さんの今回のご結婚に際しまして、披露宴の後に、自由参加の形で、二次会を下記の通り開催することになりましたので、お知らせいたします。かしこまったスピーチの続く肩のこる集まりではありませんから、どうぞお気軽にご参加ください。

④披露宴の両家ご親戚の前では、聞くことのできなかった新郎新婦の秘話も、恐らくたくさん聞くことができると思います。

時間はたっぷり三時間とっていますので、ごゆっくりおくつろぎください。

多くの皆様のお集まりを、お待ち申し上げております。

幹事　井沢伸輔

---

②このように具体的に、ストレスの少ない集まりであることを強調して誘うのが効果的です。

③気軽な招待であれば、このように、男女の出会いを期待させる言葉があってもよいでしょう。

④楽しい会になりそうだと期待させるような言葉をおりまぜます。

手紙検定41　季節のあいさつは、手紙の冒頭に書くのが常識で、季節のあいさつを文

招待状への返信の書き方

ポイント

●**返信用はがきに書く場合**……往復はがき、もしくは返信用のはがきが招待状に同封されているときは、所定の欄にていねいに記入します。そして、「お名前」「ご住所」などは、「~~お~~名前」「~~ご~~住所」などと、「お」や「ご」を二重線で消します。また、宛名がすでに印刷され、「○○○○行」となっている場合は、やはり二重線で「~~行~~」とし、そのすぐ脇に「様」を書き入れます。

●**出席、欠席どちらでもお祝いの言葉を**……出欠を知らせるだけでは、いかにもそっけなく失礼です。必ずお祝いの言葉を入れ、披露宴やパーティーへの出席を楽しみにしたり、欠席することを詫びたり残念に思ったりする気持ちを伝えます。

一般的な例〈往復はがき・同封はがきによる返信〉

①ご結婚おめでとうございます。
喜んで （出席） させていただきます
~~欠席~~
~~ご~~住所　〒○○ ○○○○○○
~~ご~~氏名　○○　○○
メッセージ
美しい花嫁姿を拝見させていただきます。当日が楽しみです。

①ご結婚おめでとうございます。
~~出席~~
残念ですが （欠席） させていただきます
~~御~~住所　〒○○ ○○○○○○
②~~御芳~~名　○○　○○
当日はあいにく札幌出張でうかがえません。改めてお祝いに上がります。盛会をお祈り申し上げております。

解説

①出欠に○をするだけでなく、このように一言添えると、ていねいな印象になります。
②欠席するときには、その理由を伝えます。理由は、失礼のないものを選

ばあります。「まだ寒さが続きます。くれぐれもご自愛専一に」などと。

改まった例

1 出席する場合

拝復　このたびは誠におめでとうございます。心よりお祝い申し上げます。
このような欣快事③に、数ならぬ私までもご招待くださり、恐縮に存じます。
もちろん是非出席させて頂き、親しく④お祝いを申し上げたいと存じます。
それでは当日を心待ちにさせていただきます。
まずはご返事まで申し上げます。
敬具

2 欠席する場合

拝復　ごていねいな結婚披露パーティーへのお誘いをいただき、ありがとうございます。しかしながら誠に残念なことに、当日は先約があり、どうしても伺うことができません。後日ご新居にお祝いに伺いたく存じます。すばらしいご結婚のパーティーになることを、心よりご祈念⑤申し上げます。
敬具

びます。

③「欣快事《きんかいじ》」は、とても喜ばしく、気持ちのよい出来事。

④「親しく」は、直接、という意味。

⑤「祈念《きねん》」は、神仏に祈り念じること。

Column

欠席理由を言いたくないときの書き方

欠席理由は具体的なほどよいのですが、あえてあいまいにしたほうがスマートなときは、こんな言い方を用います。「当日はよんどころなき差支えあり、出席仕りかね候」。これは夏目漱石の欠席通知。「よんどころなき（＝やむをえない）理由により」などという言い方は、今でも使います。

手紙検定41の答え ✕ 季節のあいさつを前文で行わず、文末に添えることもしばし

披露宴の司会の依頼

ポイント

●**依頼する理由を伝える**……披露宴の司会を友人や知人に依頼する際は、その理由を明らかにします。「なごやかな雰囲気にしてもらいたいから」「個性豊かな司会で会場を盛り上げてほしいから」などと。

●**親しい相手でも丁重に依頼する**……披露宴の司会は大任の一つです。依頼される側には大変重荷です。そこを踏まえ、丁重にお願いする必要があります。

●**気楽にさせる言葉を添える**……式場が用意した司会台本があるとか、ミスしてもまったくかまわないとか、気楽にさせる言葉を添えたほうがよい場合もあります。

気軽な例

①先日は婚約を祝ってくださり、どうもありがとう。あんなに大げさに祝福してもらうと、もう完全に年貢の納めどきと実感せざるをえません。ともかく感謝します。

さて、今日はお願いがあり、仰々《ぎょうぎょう》しく手紙を書きました。披露宴の司会を、なんとかお願いできませんか。プロに頼む手ももちろんありますが、まったく見ず知らずの人にそれらしく司会をされてしまうのは、何か抵抗があります。

解説

①いきなり依頼から入るのは不躾《ぶしつけ》です。このように、あいさつから始めます。

が、手紙の作法の常識です。○ or × ？〈難易度2〉

君なら抜群の話術を持っているし、僕らを一番祝福してくれる友達の一人だから、安心してお任せすることができます。

面倒なお願いご迷惑とは思いますが、どうかお引き受けください。一生に一度のお願い、ではなく、今後もいろいろ頼むつもりですが、心から恩に着ますからご承諾ください。どうか宜しくお願いいたします。

改まった例

拝啓　春暖の候、ますますご清栄のことと存じます。

さて、突然ですが、私この度結婚することになりました。挙式は六月二十五日を予定しております。相手は大学時代のサークルの後輩です。

つきましては、大変ご厄介なお願いで恐縮ですが、披露宴の司会をお願いできれば幸甚に存じます。以前から結婚する際には、ぜひ山中様の美声と淀みない話術による司会をお頼みしたいと思っておりました。山中様であればプロ並みの手際のよさで披露宴を盛り上げてくださるに違いありません。

御多用中誠にご迷惑とは存じますが、この件ご承引くださるよう謹んでお願い申し上げます。後日改めてお電話にてご意向を伺いたく存じます。

まずは書中にてお願いまで申し上げます。

敬具

②頼む理由を具体的に伝えると、説得力が生まれます。

③事務的に依頼するのは失礼です。このように恐縮しながらていねいに頼みます。

④相手に返信の手間をかけさせないようにする配慮も大切です。

手紙検定42　便箋が1枚で終わってしまったときは、必ず白紙の便箋を1枚加えるの

披露宴のスピーチの依頼

ポイント

●**目上には封書で依頼する**……親しい友人への気軽なスピーチの依頼は、電話や披露宴の招待状に依頼文を同封して行います。しかし、目上には、電話やはがきやメールでは、失礼になる場合があります。封書で改まって依頼するのが本来の礼儀です。

●**話すテーマを指定してもよい**……スピーチを行う人の間で話題が重複しないよう、あらかじめ話題を限定して依頼することもあります。

気軽な例

メールOK

先日は前祝いをしてくださって、ありがとうございます。とても楽しいひとときでした。

さて、折り入ってお願いがあります。披露宴で友人代表のスピーチをしてもらえませんか。①あなた以外に適任の方がいません。私の過去を知る一人として、実は少々不安もあるのですが、きっと②会場の性質と責任ある立場をわきまえた楽しい話で会場を盛り上げてくださると信じています。

時間は三分を目安に、小学校時代の思い出を何か話していただければ嬉し

解説

①このように頼りにされると、断りにくいものです。

②差し障りのある話をしてしまいそうな相手には、このように事前に少

たが、今は1枚で十分です。白紙の1枚を添えると、不審に思われかねません。

く思います。ぜひ宜しくお願いいたします。

そのうち電話をさせてもらいますので、そのとき返事をください。

改まった例

拝啓　盛夏の候、益々ご活躍のこととお慶び申し上げます。

当方はすでに村井先生にご報告申し上げております、今秋の結婚式の準備等で、慌ただしい毎日を過ごしております。

さて、その挙式にまつわるご依頼事が、一つございます。

披露宴当日、ぜひ村井先生に、ご主賓としてのスピーチを賜りたく存じますが、いかがなものでしょうか。①先生をおいてほかに、最初のスピーチにふさわしい方は、いらっしゃいません。
③お話のテーマはお任せ致します。とくにお話しいただくテーマがなければ、こちらの勝手な希望としては、ゼミ合宿で私が先生に叱られたエピソードをお話しいただければ幸いです。時間は五分以内であれば、何分でも結構です。
近日メールを差し上げますので、ご意向のほど、ご返事いただきたく存じます。

謹んで右お願いまで申し上げます。

敬具

し釘を刺しておきます。

③テーマを指定するときには、このように、遠慮しながらていねいに行います。強制にならないように注意します。

手紙検定42の答え　✕　昔は1枚白紙を添えて2枚にすることが礼儀とされていまし

結婚祝いに添える手紙

✎ ポイント

● **まず結婚を祝福する**……結婚祝いの送付通知だけでは失礼です。手紙の最初で、改めて結婚を祝福する言葉を伝える必要があります。

● **欠席を改めて詫びる**……挙式・披露宴に出席できず、後でお祝いを贈るときは、欠席したことを改めて詫びます。

● **贈り物の意味や使い方を伝える**……その贈り物を、どのようなつもりで選んだかを伝えます。また、どのように使用したり利用したりするのがいいかを伝えると、よりていねいな印象になります。

気軽な例〈挙式を行わないカップルの場合〉

①ご結婚おめでとうございます。まるで自分のことのように、ウキウキしながらこの手紙を書いています。

ある人がある人に出会い、結婚にまで進む確率は、どのぐらいなものでしょうか。単純に考えれば、同世代周辺の異性は数百万人いるはずですから、数百万分の一の奇跡ということになります。

Column
漱石と太宰の結婚祝い

夏目漱石は気楽な言葉で、結婚を祝いました。「愈々(いよいよ)御慶事があるそうだ。甚だ結構である。然も浮名の立った女とは大に羨しい次第だ」。「浮名の立った」とは、噂になったという意味。一方、太宰治は、厳粛に祝いました。「拝啓　けさはうれしいおたよりいただきました。おめでとうございます。今日までのおふたりの精神的の御苦闘も、これから神様のごほうびに依り、充分に報いられることを、信じます。」

め、「草々」で終わる場合もあります。◯ or × ?〈難易度2〉

その奇跡にふさわしいお祝いをと思い、オーデマピゲ風掛け時計をお送りします。②きっと新居のマンションの白い壁に合うと思います。

幸福な奇跡の時間を着実に刻んでください。

まずはこの手紙と掛け時計に、心からのお祝いの気持ちを託します。

改まった例 〈挙式に出席できなかった場合〉

謹啓　秋も深まり錦に染まる葉が色鮮やかです。ヨーロッパへのハネムーンはいかがでしたでしょうか。

さて、ご婚礼の際には折角のご招待にもかかわらず、③出席叶わず誠にご無礼申し上げました。当方も先日札幌での仕事をすませ、今週は自宅で休暇中です。

この度のご結婚を、改めてお祝い申し上げます。

お祝いの印として、妻と一緒に選んだスプーンセットをお送りいたします。スープ用、カレーライス用、アイスクリーム用、紅茶用などなど、種類がいろいろありますので、便利に使っていただけるのではないかと思いました。④ショーウインドウの中で、銀色に濡れて清潔に輝いていたスプーンセットは、美しいお二人の新婚のご家庭に、ふさわしいと感じたしだいです。

まずはご結婚のお祝いまで申し上げます。

敬白

解説

①まず結婚を心から祝福します。
②このように、自分でイメージした、お祝い品の利用法を伝えるのがていねいです。
③改めて欠席を詫びます。
④そのお祝い品を選んだ理由があると、よりていねいな印象となります。

手紙検定43　催促や抗議の手紙も、礼儀を十分大切にしますが、あえて「前略」で始

祝電

ポイント

●**結婚を祝し将来の幸福を願う**……祝電の内容の基本は、結婚のお祝いと二人の末永い幸福を願うことです。子供の誕生を願うのは、避けるのが無難です。

●**ざっくばらんになりすぎないように**……電報は披露宴会場で読み上げられる可能性もあるので、あまりふざけた内容や、暴露的なきわどい内容はふさわしくありません。

●**忌み言葉にも注意**……「病／死」などの不吉な言葉、「別れる／離れる」などの離婚を連想させる言葉、「重ね重ね／再び」などの再婚を連想させる言葉などの忌み言葉は、避けるようにします。

●**手短に表現する**……長く書くこともできますが、祝電はインパクトのある短い言葉で伝えるのが効果的です。

気軽な例

1 友人・知人として

ご結婚おめでとうございます。新生活のスタート①をお祝いし、お二人のこれからのお幸せを心からお祈りいたします。

2 職場の同僚として

解説

①「スタート」を「門出《かどで》」とするのは避けます。「出る」は離婚を連想させる忌み言葉だからです。

るために、あえて粗略に「前略・草々」とすることもあります。

桑原俊さん、大野琴音さん、ご結婚おめでとうございます。私たちの職場から、お似合いのカップルが誕生し、幸福なこの日を迎えたことは、私たちにとっても最高の喜びです。いつまでもお幸せに。

改まった例

1 友人・知人として

華燭の御盛典②を心より祝し、お二人の未来に幸多からんことをお祈り申し上げます。本日はおめでとうございました。

2 職場の同僚として

芳野幸一様、津川弥生様、本日は誠におめでとうございます。営業部全員の祝意をこの祝電にこめて、衷心より③ご慶祝申し上げます。幾久しく④お幸せであられますようお祈り申し上げます。

3 先輩・上司・恩師として

久米亮様、木田杏様、ご両家の皆々様、本日の好《よ》き日をお迎えになられ、ご同慶の至りに存じます。ご両家のなお一層の弥栄をご祈念申し上げます。

---

②「華燭《かしょく》の御盛典《ごせいてん》」は、結婚式のこと。

③「衷心より」は、心から、という意味を、改まっていう語。

④「幾久しく」は、いつまでも続くさま。

手紙検定43の答え ○ 「拝啓・敬具」「謹啓・頓首」などを用いず、不快感を表現す

結婚祝いへのお礼

ポイント

● **印刷で出す場合と手書きで出す場合**……結婚祝いへのお礼は、一般的にはまとめて印刷で出します。数十人、場合によっては百人を超える相手に、手書きで出すことはなかなかできません。しかし、主だった人には、手書きでていねいに書くことも必要な場合があります。

● **列席、スピーチに感謝しお祝い品に恐縮する**……個別に送る礼状においては、挙式や披露宴への出席やスピーチなどに対して、改めて感謝の意を示し、さらにお祝い金やお祝い品に恐縮し、心からのお礼をいいます。

● **役に立っている様子を伝える**……個別に送る礼状では、お祝い品をいただいたときには、どのように役に立っているかを具体的に伝えると、より一層感謝がこもります。

● **落ち着いてから送る**……お礼は通例、早ければ早いほど効果的ですが、結婚祝いへのお礼は、その限りではありません。挙式後、数週間たった後、落ち着いてからで十分です。

一般的な例〈印刷で出す場合〉

拝啓　初夏の候となり、皆様におかれましては、ますますご清祥のこととお①慶び申し上げます。

この度の私たちの結婚に際しましては、格別なお気遣いを賜り、恐縮至極

解説

①「慶ぶ」は「喜ぶ」より、改まった印象になります。

に存じ上げ、心より御礼申し上げます。

お陰様で新たな生活が始まり、楽しい毎日をすごしております。

今後も末永くお力添えを賜りますよう、何卒[②]よろしくお願い申し上げます。

まずは書中にて深謝申し上げます。

敬具

改まった例〈個別に手書きで出す場合〉

謹啓　初冬のみぎり、益々ご清栄のことと慶祝[③]の至りに存じます。

さて、先日の挙式、披露宴に際しましては、わざわざ遠路お運びいただき、過分なおほめのスピーチまで頂戴し、誠にありがとうございます。また、さらには、結構なお祝いのお品まで賜り、感謝の申し上げようもございません。

ピンクのランプシェードが美しいスタンドは、早速寝室にて利用させていただいております。就寝前の読書のひとときが安らかに守られ、至福の時を得られます。

お忙しいこととは存じますが、是非一度新居にお越しください。下手な手料理で恐縮ですが、夕食をご一緒できますれば幸甚に存じます。

引き続き、ご支援、お叱りを賜りますようお願い申し上げます。

まずは、お祝いのお礼まで申し上げます。

頓首[④]

②「何卒」は、どうか、という意味。

③「慶祝」は、喜び祝うこと。

④「頓首」は、頭を床につけるほど、深く敬意を示すこと。「謹言」などと同様の改まった結語。

手紙検定44　必ずイベントやパーティーなどに来てほしいときは、「万障お繰り合わ

祝電へのお礼

ポイント

●**お祝い品とともに祝電へのお礼も忘れずに**……ともすれば忘れがちなのが祝電へのお礼です。結婚通知や、結婚にともなう転居通知の余白、あるいはお祝いのお返しのときなどに、祝電に対するお礼の言葉を書くようにするとよいでしょう。ただし、目上や上位者に対しては、改めて祝電への礼状を、封書で書いたほうがよい場合もあります。

●**祝電の内容をあげてお礼をするとていねい**……いただいた電文の一節をあげてお礼をすると、さらにていねいな印象になります。

気軽な例〈転居通知を兼ねた礼状〉

メールOK

ご無沙汰しています。お元気ですか。

お陰様で結婚して一か月が無事にすぎようとしています。

遅くなりましたが新住所をお知らせします。

挙式当日は楽しい電報を送ってくださり、ありがとう。司会の方が「①独身会の最古参のご卒業を祝します」と読み上げたとき、会場にどっと笑いがわきあがりました。それまで結構静かだったので、とても助かりました。

解説

①祝電の内容を改めて引用して感謝すると、とてもていねいな印象となります。

障り、すべての予定に優先するように、と強要する言葉だからです。

披露宴に来てもらえず残念でしたが、あなたの電報を聞き、あなたがそばにいてくれるようで、とても心強い気持ちになりました。②新居にはぜひ遊びに来てください。楽しみに待っています。

とりあえず住所のお知らせと祝電のお礼まで③。

かしこ

改まった例

謹啓　早春の候いよいよご隆昌④のことと、慶賀の至りと存じます。

さて、この程の私どもの挙式に際しましては、ごていねいなご祝電を賜り、感謝至極に存じます。

「①僕の前に道はない僕の後ろに道はできる」。頂戴した高村光太郎の言葉を二人の胸に刻み、仕事にそして新家庭の建設に精励する所存ですので、今後も倍旧のお力添え、ご教導、そしてご鞭撻を賜りますよう、心よりお願い申し上げます。

なお、新婚旅行で訪れたハワイで求めたいくつかの品を、本日別便でお送り致しましたので、お納めいただきたく存じます。

時節柄お風邪など召さぬよう、ご自愛専一にお過ごしください。

略儀ながら御礼まで③申し上げます。

敬白

---

②新居への招待の言葉を入れると、よりていねいで親密な感じのする手紙になります。

③「まで」は、～だけ、～のみ、という意味。

④「隆昌《りゅうしょう》」は、非常に栄えること。

手紙検定44の答え ✕「万障お繰り合わせ」は無礼です。なぜなら、すべての差し

二次会幹事・写真やビデオ撮影へのお礼

ポイント

●**具体的な理由を示しながら感謝する**……漠然とお礼の言葉を並べるだけでは、形ばかりの礼状となり、十分な感謝が伝わりません。何がどうだったから感謝に値すると、できるだけ具体的な理由を示しながら伝えることが大切です。

●**反響の大きさを強調する**……幹事をしてもらったり、写真やビデオを撮ってもらった結果、自分たち二人だけが感謝したり、喜んでいるのではなく、両親や親戚や参加者も大いに喜んだり、感心したりしているということを伝えると、さらに感謝がこもります。

一般的な例

1 二次会幹事へのお礼

拝啓 ①ありがとうございました。先日の二次会は、お陰様で大いに盛り上がり、私たち二人はもとより、出席してくださった皆さん、そして、突然参加してきた私たちの両親まで、誰もが楽しめるすばらしい二次会となりました。②素敵なお店選び、ビンゴゲームの楽しい景品選び、そして、出席者を飽きさせない見事なMC、さらにはカラオケ大会でのファンキーなDJ風の曲の

解説

①このように、時候などのあいさつを省き、いきなりお礼の言葉から入ってもかまいません。率直な謝意が伝わりやすくなります。

紹介などなど、何から何までご配慮くださり、そして③八面六臂の活躍をしてくださり、いくらお礼しても足りないほどです。

お忙しい中恐れ入りますが、ぜひお時間のあるとき、新居においでいただきたく存じます。下手な手料理で恐縮ですが、お礼の印にお腹いっぱい食べていただきたいと思います。

まずは先日のお力添えのお礼まで申し上げます。

敬具

2 写真やビデオ撮影へのお礼

謹啓　秋涼の候いかがおすごしでしょうか。

先日は私どもの結婚式に際しまして、写真とビデオの撮影をしてくださり、誠にありがとうございました。④また、写真とビデオを編集して、DVDに焼いてくださるという、思いもしなかった大変嬉しいお気遣いまで賜り、望外の幸福とはこのことでございます。心より厚くお礼申し上げる次第です。

一枚一枚の写真、ワンカットワンカットの映像、すべて生き生きとしたすばらしいものばかりで、佐藤様にお願いして本当によかったと、⑤私ども二人のみならず、両親ならびに親戚一同、何度も感謝の言葉が口をついて出ます。

十分なお礼もできずに申し訳ございませんが、寸書にて心よりのお礼を申し上げます。ありがとうございました。

謹言

②このように、具体的に感謝します。
③「八面六臂《はちめんろっぴ》」は、多才で一人で何人分もの活躍をすること。
④してもらったことに、いちいちお礼を言うのがていねいです。
⑤自分たち二人以外の周囲の人たちも喜んでいると伝えます。

手紙検定45　「大した怪我でなく不幸中の幸いでした」の「不幸中の幸い」は、被災

結婚通知

ポイント

●**結婚通知に必要な事項**……挙式・披露宴の日時、場所、媒酌人氏名（いる場合）、新居の住所、電話番号、メールアドレスなど。

●**出す範囲は年賀状を出す範囲と一緒**……挙式・披露宴の列席者にも出します。外部の仕事関係者には、出さない場合も。

●**自筆の一文を添える**……親しい相手には、印刷だけではそっけない印象になることがあります。ただし、改まるべき相手には、自筆を書き加えることが、失礼になる場合もあります。

一般的な例

拝啓　秋晴れの候ご清適のこととお慶び申し上げます。

　さて、私ども、十月十日の吉日に原宿公園ホテルにおいて挙式し、左記に転居し新居を得ましたので、謹んでご案内①申し上げます。

　今後もより一層のご厚情を賜りますようお願い申し上げます。

　なお、お近くにお越しの際は、是非お立ち寄りください。心よりお待ち申

Column

結婚通知に自筆は必要か

　印刷して出す結婚通知に、「ぜひご夫婦で遊びにいらしてください」などと、手書きで書き添えられていると、印刷だけのそっけない通知よりもうれしいものです。

　ただし、改まるべき相手には、追伸のある手紙が失礼になるように、添え書きのある結婚通知が、失礼になる場合もあります。追伸や添え書きは、一種の整わない手紙です。整わない手紙は、改まるべき相手には失礼になります。


者や病人の側が使う言葉で、「大火でしたが怪我もなく、不幸中の幸いでした」などと。

し上げております。
右、ご挨拶かたがたお知らせまで申し上げます。
敬具
平成二十七年十月吉日②
〒一八一 - 〇〇××　東京都三鷹市西連雀二丁目××番地
電話　〇四二二 - 六八 - ××××
上島　竜太
奈菜
（旧姓③工藤）
④新婚旅行はニュージーランドで、トレッキングを楽しんできました。

★季節のあいさつを兼ねた結婚通知

暑中お見舞い申し上げます。

私ども本年五月吉日、品川グランドセンチュリーホテルにて、笠井信義ご夫妻にご媒酌の労をおとりいただき結婚致しました。何分未熟な二人ですので、今後とも格別のお力添えを賜りますようお願い申し上げます。なお、結婚に伴い左記の住所に移転致しましたので、お近くにおいでの際は、是非ご来訪ください。まずは暑中のお見舞いかたがたご案内まで申し上げます。

敬具

解説

①この「案内」は、人を案内するという意味ではなく、物事の詳細や事情を知らせることです。
②日にちを書かず、「吉日」とします。
③旧姓は必ず入れます。
④親しい相手には、自筆でメッセージを添えます。

手紙検定45の答え　✕「不幸中の幸い」は、見舞う側が使ってはいけません。被災

新婚旅行先から親への旅信

ポイント

● **感謝の言葉を忘れずに**……旅の様子を伝える中で、必ず親への感謝の言葉を入れるのがいいでしょう。
● **楽しいエピソードをまじえる**……旅の無事を伝えるのが旅信の最大の目的ですが、それだけでは味気ないものになってしまいます。楽しいエピソードをまじえ、喜びあふれる文面にするのが、何よりの感謝の印となります。
● **絵はがきは表面半分に書ける**……絵はがきは、絵や写真の面に文字が書けます。また、絵や写真の面に書きたくないときは、国内郵便でも国際郵便でも、絵はがきの宛先、宛名を書く面の半分に文章が書けます。

気軽な例〈自分の両親に〉

新婚旅行三日目です。お父さん、お母さん、そして肇、ご機嫌はいかがですか。私はもちろんご機嫌です。

今日はスイス、レマン湖の湖畔です。この絵はがきに写っている湖です。①私たちのホテルの部屋からは、糸巻杉の木立の向こうに静かな湖水が見え、その背景は、北アルプスでも南アルプスでもない、本物のアルプスです。

お父さん、お母さん、今私はとても幸せです。そして感謝の気持ちでいっ

≫ 解説

①このように風物を具体的に伝えると、ていねいで興味深い印象となります。

どと書くと大変喜ばれます。○ or × ?〈難易度２〉

ぱいです。ありがとう。明日はローザンヌの有名なブドウ畑に行く予定です。旅行はあと一週間続きます。あっ、太郎さんが戻って来ました。ごめんなさい、この続きは、またゆっくり書きます。

かしこ

改まった例〈相手の親に〉

同じ日本の五月ですが、こちらはもう真夏の暑さです。お父様、お母様、②
謹んでお知らせいたします。

昨日鹿児島港から、高速艇「トッピー」で種子島に渡りました。この絵はがきの写真の船で、トッピーとはトビウオのことです。かわいらしい種子島の言葉です。すぐに芳樹さんが楽しみにしていたロケット基地に向かい見学しました。芳樹さんは人工衛星やロケットのエンジンの展示物に夢中でしたが、わたくしは、ロケット基地近くの美しい海岸線に見とれていました。青い絵の具を溶かしたような紺碧《こんぺき》の海と、長くまっすぐに続く白い海岸線は、わたくしがこれまで見た海岸線の中で、いちばんきれいで、心洗われる思いがしました。

長く美しく続く海岸線のように、結婚生活の幸福が、いつまでも続くようにと祈りました。お父様、お母様、これからもどうぞ宜しくお願い申し上げます。

まずは旅の一コマをお伝えいたします。

かしこ

②正しくは、「お義父様、お義母様」と書きますが、あえて、「お父様、お母様」と書き、親愛や決意を伝えると効果的な場合があります。

手紙検定46　定年退職のお祝いには、「大過なく職責を果たされ敬服の至りです」な

婚約解消や離婚の報告

ポイント

●**感情的にならず淡々と伝える**……婚約解消や離婚となった事実を、感情的にならないで、冷静に淡々と伝えることが大切です。

●**理由は明確にしなくてもよい**……たとえ婚約解消や離婚の理由が明確な場合であっても、あえて具体的に伝えず、「性格の不一致」「すれ違い」などと、あいまいな理由にしたほうがよい場合もあります。

●**感謝とお詫びをていねいに伝える**……婚約や結婚に至るまでに受けたお世話や気遣いに感謝し、期待にそえなかったことを心から詫びます。

●**今後の厚誼、支援などを願う**……今後も引き続き、厚誼、支援、鞭撻などを賜りたいと願うのがていねいです。

一般的な例〈婚約解消の報告〉

拝啓　その後いかがお過ごしでしょうか。

本日は、大変お恥ずかしいご報告があり、本状をお送りいたします。

実は、先週五月四日に、正式に婚約を解消いたしました。①先方も納得の上で、尾を引く問題は一切ございません。

矢口様には、多々お世話をいただき、また、ご親切にも、式場探しのお手

解説

①相手が納得していないとか、慰謝料を請求されているとか、そうした尾を引く問題がない場合は

う言葉です。祝う側が使えば、大変失礼になります。

伝いまでしていただきましたのに、このような結果となり、大変申し訳ございません。心よりお詫びを申し上げます。

②解消理由は、私の親の介護問題でした。次男の私が親をみる理由が、先方には全く理解できないということでしたので、致し方なく解消を決意しました。

不躾で恐縮ですが、取り急ぎご報告まで申し上げます。

敬具

一般的な例〈離婚の報告〉

謹啓　この度、かねてご心配をおかけしておりました妻瑠梨子との夫婦問題の決着がつきましたので、謹んでご報告申し上げます。

③長年にわたり、私ども夫婦を支えてくださった逸見先生には大変申し訳ございませんが、先月十一月末をもちまして、正式に離婚いたしました。

理由はいろいろ考えられますが、結局は性格の不一致といったところが、一番妥当なところだと存じます。

今後は二人別々な道を歩み、それぞれの幸福を目指す決意でございます。

④かようにふつつかなわたくしではございますが、今後も引き続き、ご指導、ご鞭撻を賜りますよう、くれぐれもよろしくお願い申し上げます。

まずは寸書にて、離婚のご報告まで申し上げます。

敬白

それを明記し、相手を安心させます。

②このように、解消理由を具体的に示す場合もあります。ただし、相手をことさらに責めるような言い方は避けます。

③このように、一言詫びるのがていねいです。

④「かように」は、このようにという意味。改まった手紙に使われます。

手紙検定46の答え　✕「大過なく職責を果たす」は、定年退職を迎えた人自身が使

改まった例〈仲人に離婚を報告する〉

粛啓　すでにお聞き及びとは存じますが、誠に遺憾①ながら離婚という不本意な結果を招くこととなりました。加藤様には多大なご迷惑をお掛けし、お詫びの申し上げようもございません。

加藤様はもとより、多くの皆様にご祝福を頂戴しながら、かかる②結果となりましたことは、私ども二人に同等の責任があることと認識しております。すなわち、どちらに否があるというわけではなく、あえて申し上げるなら月並みな表現となり恐縮ですが、価値観の違い③ということが、五年間の結婚生活におきまして、お互いに明らかになったということでございます。

いずれにせよ離婚は動かせない決定となり、最良の選択だったと双方確信する次第です。

見合いから結婚に至るまで、加藤様には格別のご厚情を賜りながら、最悪の結果となり誠に慚愧に堪えません④が、何卒悪しからず⑤ご諒察⑥賜りますよう、謹んでお願い申し上げます。

後日改めて拝趨の上、お詫び申し上げたく存じますが、取り急ぎ略儀ながら書面にて、ご報告かたがた深謝申し上げます。

頓首

解説

①「遺憾」は、残念なこと。

②「かかる」は、かくある、このような、という意味。改まった手紙に用いられる。

③このように、あいまいな理由でもかまいません。実際、明確な理由などわからない場合が少なくありません。

④「慚愧に堪えない」は、自分の言動を反省して、恥ずかしく思うこと。

⑤「何卒悪しからず」は、どうか悪く思わないように、という意味。

⑥「諒察《りょうさつ》」は、相手の立場や事情をくみ取ること。

8章

葬儀・お悔やみ

葬儀・法事の通知、弔電など、
伝えるべきこと、守るべき形式をご紹介します。
訃報をメールで知った場合の対応も覚えておきましょう。

書き方の基本とマナー

死亡・葬儀の通知は事実だけを正確に伝える

死亡・葬儀の通知は原則として、極めて形式的に、逝去《せいきょ》したこと、葬儀、告別式の日程などを、感情をまじえずに正確に伝えます。頭語や結語を省くのが習わしで、時候その他の前文のあいさつも省き、いきなり主文から書き始めます。密葬やその他の事情により葬儀後に死亡通知を出すときは、一週間以内に出します。

通夜会葬・弔問の礼状は告別式後に手渡す

元々は葬儀後数日のうちに郵送していましたが、今は告別式の後に手渡すのが一般的です（通夜に会葬礼状を渡す例も）。この礼状を葬儀後に郵送する場合も手渡す場合も、はがきに黒や薄墨の縁取りをしたものを、やはり黒や薄墨で縁取りした封筒に入れます。文面は古式に習い、句読点を打たないことにより、敬意を払います。

お悔やみは遺族を慰めることに専念する

悲しみのあまり感情的になりすぎて、遺族の悲痛をあおることは絶対に避けます。お悔やみは遺族を慰めるために書くものであることを十分自覚します。頭語、時候、結語は省略するのが原則で、はがきで出すのは言語道断。白い便箋に書き、一重の封筒に入れます。二重封筒を嫌うのは、悲しみが重なることを連想させるからです。

法事に招く手紙は一般的な手紙の形式で書く

法事に招く手紙は、「拝啓・敬具」を書き、一般的な手紙の形にします。三回忌など、歳月がある程度過ぎたら、時候のあいさつも入れるようにします。死亡七日めから七日ごとに法要を営み、四十九日で忌明《きあ》けとなります。そして、死亡の翌年の命日が一周忌で、以後は三回忌（死後二年め）、七回忌（死後六年め）に法要を営みます。

基本構成

死亡通知

- ❶前文（✖）
  - すべて省略
- ❷主文
  1. 誰がいつ亡くなったか
  2. 生前の交誼・厚情への感謝
  3. 葬儀・告別式の通知と仏式、神式などの形式の通知
  4. 別記（葬儀・告別式の日時など）＋供物を辞退するときはその旨を文末に書き添える
- ❸末文（✖）
  - すべて省略

通夜会葬・弔問の礼状

- ❶前文（✖）
  - すべて省略
- ❷主文
  1. 会葬・弔問、厚志などに感謝
  2. 出向いてお礼できないことを詫び、あらためてお礼を述べる（注意：親しい相手に個別に書くときは、遺族としての心情をまじえたり、今後の交誼を願ったりする）
- ❸末文
  - 結びの言葉・結語

お悔やみ

- ❶前文（✖）
  - すべて省略
- ❷主文
  1. 逝去に対する驚き・悲しみの表明
  2. 遺族の悲しみをいたわりお悔やみを伝える
  3. 弔問できないことを詫びる
  4. 厚志の同封・別送を通知する
- ❸末文
  - 結びの言葉は書き、結語は省略

法事に招く

- ❶前文
  - 頭語のみ、時候は省く 一周忌以降は時候を添える
- ❷主文
  1. 法事に招待したい旨を伝える
  2. 法事に食事を用意している旨を伝える
  3. 出欠の返事をもらいたいときは、その旨を伝える
- ❸末文
  - 結びの言葉・結語

一般に向けた死亡通知

ポイント

●日程に余裕があるならはがきで通知……現在は逝去や葬儀の知らせは電話やＦＡＸやメールなどで行うのが一般的ですが、密葬後に本葬や社葬を行うときなど日程に余裕がある場合は、文面を印刷してはがきで通知します。

●黒枠のはがきを用いる……はがきは、黒く縁取りしたものを用い、そのまま送る場合と、はがきと同じ大きさの封筒に入れて送る場合とがあります。当然、封筒に入れて送るほうが、ていねいで改まった印象になります。

●文面に書くべき要素……誰がいつ逝去したか／生前の交誼、厚情などへの感謝／葬儀、告別式の日取り／葬儀の方法（仏式《ぶっしき》、神式《しんしき》など）／供物《くもつ》の辞退（辞退したいときは明記する）。これらを、感情はまじえず伝えるのが通例です。具体的な死亡原因などは入れないのが普通です。

●頭語、時候、結語は一切不要……「拝啓・敬具」などの頭語・結語、そして時候のあいさつなどの前文は一切書かず、冒頭から主文に入ります。

一般的な例

1 葬儀前の通知

祖母〇〇〇〇儀① かねて病気療養中のところ薬石効なく②
〇月〇日午前〇時〇分逝去いたしました

解説

①「儀《ぎ》」は、主題であることを示す語。「～こと」「～に関しては」という意味

ました、という意味です。〇 or × ？〈難易度３〉

ここに生前のご交誼③に深謝し　謹んでご通知申し上げます
追って葬儀告別式は　左記の通り自宅にて仏式で営みたく存じます

記

○月○日
葬　儀　午前十時より十一時まで
告別式　午前十一時より十二時まで

なお甚《はなは》だ勝手ながら御供物は故人の遺志によりご辞退申し上げます

平成○年○月○日

東京都○○区○○町○丁目○番地
喪主④　○○○○
外　親戚一同

2 密葬の場合

父○○○○儀①　かねて入院加療中のところ看護の甲斐なく
○月○日午後○時○分　永眠いたしました
ここに生前のご厚誼ならびにご厚情⑤に深謝し　謹んでご通知申し上げます
なお葬儀は故人の遺志にしたがい　○月○日に近親者のみにて相済ませました

（※住所・発信人名の書き方は1の例を参照）

です。
②「薬石効《やくせきこう》なく」は、薬や治療の効果がないこと。
③「交誼」は、親しく仲良くしてもらうこと。
④家族の連名で出すことも、喪主一人の氏名で出すことも、どちらの場合もあります。
⑤「厚情」は、思いやりのある心。

手紙検定47　女性が使う結語、「かしこ」の語源は、「畏《かしこ》まる」です。謹んで申し上げ

親しい人へ向けた死亡通知

ポイント

●**封書で知らせることもある**……親しい人へは電話やメールで知らせるのが普通ですが、封書を用いて改まった気持ちを伝えることもあります。

●**死亡原因や臨終の様子にも触れる**……一般に向ける通知では、死亡原因には触れませんが、親しい人へは死に至るまでの状況を伝えるのがていねいとされています。

●**前文、頭語、結語は省略**……たとえ相手が目上や上位者でも、前文や頭語・結語は一切省略し、冒頭から主文に入るのが一般的です。

一般的な例

メール OK

1 葬儀前の通知

老母〇〇儀、久しく病気入院中のところ養生かなわず、今朝午前〇時逝去いたしましたので、取り急ぎご報知申し上げます。

生前は多年ご懇親《こんしん》を賜り、かつ病中も数度お見舞いくださり、誠にありがとう存じます。①老母はいつも、全快後は御礼を兼ねてお伺いせねばと申して

Column

漱石が書いた愛猫の死亡通知

ペットもまた大切な家族です。漱石は、『吾輩は猫である』のモデルとなった猫の死亡を、親しい人々にこう伝えました。

「辱知《じょくち》猫義久《ひさし》く病気の処《ところ》療養不相叶《あいかなわず》昨夜何時《いつ》の間にか裏の物置のヘッツイの上にて逝去致候《せいきょいたしそうろう》埋葬の義《ぎ》は車屋《くるまや》をたのみ箱詰にて裏の庭先にて執行仕候《とりおこないつかまつりそうろう》。但《ただ》し主人『三四郎』執筆中につき御会葬《ごかいそう》には及び不申候《もうさずそうろう》 以上」

「辱知」とは、皆様ご存じのという意味です。

用い、近世からは女性専用となりました。

おりましたが、一昨日より容体急変し、医師の治療にもかかわらず、今朝眠るようにして瞑目②いたしました。

なお、近親者にて通夜をすませました後、葬儀は〇月〇日〇時より、自宅にて仏式で執り行います。

とりあえず右ご通知まで申し上げます。

2 葬儀後の通知

老父〇〇こと、長らく病気療養中のところ、去る〇月〇日〇時〇分、老衰により九十歳の天寿を全うしました。

昨年軽い脳梗塞《のうこうそく》により倒れた後、手足が不自由で寝たきりとなったものの、精神は至って健全で、好きなテレビを曾孫《ひまご》と見ては大きな声で笑うほどでしたが、今冬風邪をこじらせ、不帰の客③となりました。

〇〇〇様には、折にふれて老父にご懇篤④なるご高配を賜り、誠にありがとう存じます。改めて感謝申し上げます。

本来早速ご挨拶申し上げるべきではございましたが、何分《なにぶん》遠隔の地故《ゆえ》、葬儀のご通知は遠慮させていただきました。ご了承ください。

略儀ながら書中を以てご報告まで申し上げます。

解説

①逝去までの様子を伝えると一層ていねいな印象になります。
②「瞑目《めいもく》」は、目を閉じること。安らかに死ぬこと。
③「不帰《ふき》の客《きゃく》」は帰らぬ人となること。死ぬこと。
④「懇篤《こんとく》」は、心がこもって手厚いこと。

手紙検定47の答え 〇 「かしこ」の語源は「畏まる」です。平安時代には男女共に

一般的な会葬礼状

ポイント

●**年始にかかるときは松の内を避ける**……会葬礼状は告別式後に手渡すのが通例ですが、郵送する場合もあります。その際年始にかかりそうなときは、松の内（一月一～七日、地方によっては十五日まで）に届くのを避けます。

●**供物供花《くげ》のお礼に注意する**……死亡通知で供物供花を辞退したのに、会葬礼状で供物供花にお礼をするのは矛盾しています。矛盾がないよう、十分注意します。

●**香典、供物を持参しない人には**……香典、供物、供花を持参しない人もいるので、「ご厚志《こうし》を賜り」とするのが無難です。

一般的な例

1 印刷して告別式後に渡す礼状

①故〇〇〇〇儀葬儀に際しましては御多用中にも拘《かかわ》らず遠路御会葬下され且《かつ》御《ご》
鄭重《ていちょう》なる御厚志を賜り誠に有り難く厚く御礼申し上げます
早速②拝趨の上御礼申し上ぐべき③筈《はず》の④処《ところ》略儀⑤乍《なが》ら書中を以《もっ》て謹んで御挨拶申し
上げます
平成〇年〇月〇日

解説

①このように、句読点をつけず、句読点を入れるべき箇所を一字空きにすることもしないのが、会葬礼状の一般的な形式です。極めて古風で儀礼的な書き方をします。

○○県○○市○町○丁目○番地
喪主　○○○
外　親戚一同

2 後日郵送する礼状

過日⑥亡父○○○○告別式に際してはご多忙中にもかかわらず遠路はるばるご焼香くださり⑦ 又過分なる御厚情を辱《かたじけな》くし　深謝申し上げます
早速御礼に参上致しご挨拶申し上ぐべきではございますが取り急ぎ書中にて御礼申し上げます
平成○年○月○日
○○県○○市○町○丁目○番地
○○○

3 新聞紙上に掲載する会葬礼状

亡父○○○○葬儀の折は、⑧雨中《うちゅう》にもかかわらずわざわざご会葬賜り、ご懇情深く感謝申し上げます。混雑中につきご尊名の伺《うかが》い漏《も》れもあろうかと存じますので、略儀乍ら紙上にて厚く御礼申し上げます。

②「拝趨《はいすう》」は、相手の所へ行くことの謙譲表現。
③④⑤はそれぞれ現代ではひらがなで書くのが普通ですが、会葬礼状では、あえてこのように漢字にして、厳粛な雰囲気を醸し出すのが一般的です。
⑥一字空きにせず行頭から書き起こす形式も、古風な形式ですが、会葬礼状では一般的です。
⑦このように、句読点部分を一字空きにして、読みやすくする場合もあります。
⑧このように、句読点を入れる場合もあります。

手紙検定48 『徒然草』の吉田兼好は、時候を書かずに注意されたことがあります。

親しい人への弔問の礼状

ポイント

●**常套句《じょうとうく》ではなく心のこもった礼状を**……親しい人へは、形式的、儀礼的な会葬礼状ではなく、自分の言葉で感謝を伝えるようにしたいものです。

●**弔電やお悔やみ状にも礼状を**……弔問《ちょうもん》者だけでなく、弔電やお悔やみ状をいただいた方にも礼状を出します。

●**前文、頭語、結語は省略**……私的な弔問礼状であっても、儀礼的な会葬礼状同様に、前文、頭語、結語は省略するのが通例となっています。

一般的な例

1 特に親しい人へ

メールOK

亡父葬儀に際しては、お心のこもったご弔詞《ちょうし》ならびに過分《かぶん》なるご厚志を賜り、誠にありがとう存じます。

遠く郷里から○○様がいらしてくださったことにより、故人もさぞかし喜んでいることと思われます。

①外では厳しい仕事の鬼として知られていた人ですが、内では優しい父としてよく家族を愛し、文字通りの大黒柱でしたので、亡くなってからの心許な

解説

①寂しさや悲痛をこのようにていねいに伝えるようにします。

手に風流を解さない人、無粋だと、ひどく叱られました。

い寂しさは、たとえようもございません。母は未だに終日涙が止まることはなく、常に過労気味だった父の健康を守れなかったことを悔やんでおります。

しかし父の気性は、あのように激しく仕事に取り組み、あのように厳しく生きる以外に、自分自身を許さなかったのですから、母がどのように健康を気遣ったところで、結果はそれほど違わなかったと思います。

父は立派に生きたと思います。私たち家族の誇りです。

②今後も変わらぬご交誼を賜りますれば幸いに存じます。

まずは書中にて御礼申し上げます。

2 親しい知人へ

亡夫〇〇葬儀の際は、炎暑にもかかわらず、遠路わざわざご会葬にお運びくださり、誠にありがとうございました。

③生前は〇〇と親しくしてくださり、感謝の申し上げようもございません。〇〇が職場にて大過なく職責を果たせますのは、貴方様のお陰と、いつも申しておりました。本人に成り代わり深甚の感謝を捧げたく存じます。

いずれ忌が明けましてから、改めて伺い御礼を申し上げる心づもりでございます。

まずはお手紙にて厚く御礼申し上げる次第です。

---

②とくに故人と親交の深かった人に対しては、今後の交誼を願い出るようにします。

③このように生前お世話になったことを伝え、感謝をこめるのもよいでしょう。

手紙検定48の答え 〇 吉田兼好は雪の降る朝に雪のことにふれずに手紙を書き、相

一般的な香典返しのあいさつ

ポイント

●**香典返しの額**……一般に「半返し」か、主人の逝去なら「三分の一返し」などといわれています。実際には、二、三種類の値段の品を用意し、いただいた金額に応じて贈ります。

●**必要な内容**……文面には次の内容を盛り込みます。①会葬、供物、香典のお礼　②法要をすませたという報告　③香典返しを贈る知らせ

一般的な例

1 七七日忌①に送るあいさつ

粛啓　先般母○○永眠の際は、御丁重なる御弔詞ならびに御供物を賜り、御懇情誠にありがたく御礼申し上げます。

本日、清風院○○○○大姉②七七日忌の法要を相営みました。つきましては供養のおしるしまでに、心ばかりのお品をお送り申し上げました。何卒ご受納くださいますようお願い申し上げます。

まずは略儀ながら寸稿《すんこう》を以て御挨拶申し上げます。

敬白

解説

①「七七日忌《なななぬかき》」は、四十九日の法要のこと。

②仏式で葬儀を行った際は、このように戒名を入れます。戒名とは、仏式で僧侶が死者につける名前です。

2 五七日忌③に送るあいさつ

謹啓　父〇〇〇〇死去の際は御懇篤なる御弔詞ならびに御鄭重なる御供物を賜り御芳志《ほうし》有り難く深謝申し上げます。ついては、

春光院〇〇〇居士

五七日忌に際し、いささか供養の印までに粗品を拝呈④いたしましたので、御受納ください。

まずは書中を以て御礼かたがた御挨拶申し上げます。　頓首

3 香典を福祉施設に寄付した場合

謹啓　夫〇〇死去の節は御鄭重なる御弔詞ならびに御香資⑤を賜りまして、御厚情誠にありがとうございました。

本日満忌日⑥を迎えるにあたり、甚だ失礼とは存じますが、供養のため〇〇老人ホームに応分の寄付をさせていただき、御香典返しの慣例に代えることといたしました。

略儀ながら書面をもって、謹んでご報告するとともに、厚く御礼申し上げる次第です。　敬白

③「五七日忌《いつなのかき》」は、死後三十五日めに行う法要。

④「拝呈《はいてい》」は、物を贈ることをへりくだっていう語。

⑤「香資《こうし》」とは、霊前にお供えする金銭のこと。「香典」と同じ。

⑥「満忌日《まんきにち》」とは、忌が明ける日のこと。喪が明ける日のこと。

手紙検定49　ホオジロは実に筆まめな鳥です。いつも、「一筆啓上つかまつり候」と

親しい人への香典返しのあいさつ

ポイント

● **内容は一般的なものと同じ**……親しい人に対しても、会葬、供物、香典のお礼／法要をすませたという報告／香典返しを贈る知らせ、などを書きます。

● **季節のあいさつをまじえてもよい**……一般的な香典返しには、頭語、結語は書きますが、時候その他の前文のあいさつは省きます。しかし、親しい人へは、頭語、時候、結語をまじえ、親しみをこめた手紙にする場合があります。相手との距離感を踏まえて書くことが大切です。

一般的な例

1 手短なあいさつ

メール OK

拝啓　①向寒のみぎり、お変わりなくお過ごしのこととお喜び申し上げます。

さて、②先般老父死去の節は、ご丁重なるご③弔慰を賜りまして、格別なるご厚志に御礼の申し上げようもございません。本日満忌日を迎えましたので、心ばかりのお礼のお品、只今ご送付申し上げました。ご受納くださいませ。

早速拝趨の上、親しくご挨拶申し上げるべきではございますが、取りあえず書中にてお礼を申し上げます。

敬具

解説

①このように、時候をまじえて親しみをこめます。
②「先般《せんぱん》」は、さきごろ、このあいだ、という意味。
③「弔慰《ちょうい》」は、死者をとむらい、遺族を慰めること。

「一筆啓上つかまつり候」です。

2 女性からのあいさつ

長雨が上がり急にこの暑さとなりましたが、ご一家の皆様におかれましては、いかがお過ごしでいらっしゃいますでしょうか。すでにいずれかの避暑地にお出かけかと思いながら、お伺い申し上げます。

さて、亡夫〇〇〇〇院〇〇居士逝去の折は、ご丁重なるご弔問に接し、また立派な御花輪を頂戴いたしまして厚く御礼申し上げます。

早いもので、来る八月〇日に四十九日を迎えますが、暑さの折ゆえに繰り上げて、一昨日〇日、築地〇〇寺にて、ごく近しい者だけで法要を営みました。

亡夫は皆様のお陰によりまして、無学非才ながらも、天寿において職責を全うするとともに、素晴らしい先輩、友人、知人にも恵まれました。

とりわけ〇〇様には、格別なご高配、ご友情を賜り、〇〇の大きな心の支えとなっていただいたことは、今更申し上げるまでもございません。本人に成り代わり、改めて深謝申し上げる次第です。

本日御香典のお返しとして、ほんの心ばかりのお品をご送付申し上げました。なにとぞお納めくださるようお願い申し上げます。

暑さがなお加わることと思いますので、ご自愛専一にお過ごしください。
④ふつつかながらお手紙にてお礼まで申し上げます。

④「ふつつか」は、行き届かず、大ざっぱな様子。自分の行為を謙遜する語。

手紙検定49の答え ○ ホオジロが筆まめかどうかは不明ですが、鳴き声は確かに

親を亡くした人へのお悔やみ

ポイント

●**頭語、時候、結語は省く**……頭語、結語や前文のあいさつはすべて省き、主文から入るのが一般的な習わしです。

●**「年齢に不足がない」は禁句**……高齢者の逝去に対して、年齢に不足がないといったニュアンスを伝える人がいますが、それは絶対禁物です。「年齢に不足がない」「天寿を全う」は、遺族側が諦めるために使う表現です。

●**弔問に行ってもお悔やみを送るとき**……弔問に行っても、大勢の人が来ていて直接お悔やみを言えない場合があります。そんなときは、改めて手紙でお悔やみを送ります。

一般的な例

御尊父様にはかねてご病気のところ、昨日突然にご逝去とのご訃音①に接し、驚き入っております。

ご病気と伺い、陰ながら案じておりましたが、各種要職を務められ、壮者②をしのぐほどにことのほかご丈夫にあらせられましたので、日ならずしてご快癒《かいゆ》と信じ、お見舞いさえ申し上げずにおりました。しかし、計《はか》り難《がた》きは人の命でございます。

解説

①「訃音《ふいん》」は、訃報。人の死の知らせ。

②「壮者《そうしゃ》」は、若くて働きざかりの人をさす。壮年の人。

を表しています。女性特有の手紙の用語の一つです。○ or × ？〈難易度２〉

貴兄はもとよりご家族の皆様のご愁傷③さぞかしと拝察《はいさつ》いたし、心よりお悔やみ申し上げます。

早速参上しお悔やみ申し上ぐべきところ、出張が入り、略儀ながら書中を以てご弔詞まで申し上げます。

別封ほんの心ばかりではございますが、ご霊前にお供えくださるようお願い申し上げます。

★返信例

④ただ今、わざわざご丁寧なご弔詞に添え、過分のご香典までいただき、ご芳情に深く感謝申し上げます。普段元気な父でしたので、看病の暇なき突然の他界で、一同未だに信じられぬ思いです。

⑤日頃の無事に安心し切り、何一つ孝行できなかったことが、今更胸の切られるような心の痛みとして残ります。しかしかくなる上は父に代わり、遺された母を支え、父へのせめてもの孝行としたいと存じます。

ご出張からお戻りの節は、ぜひ一度拙宅へお出かけください。折に触れて貴方様のご活躍の様子を尋ねていた父ですから、さぞかし喜ぶと存じます。

まずは書中にてご挨拶のみ申し上げます。

---

③「愁傷」とは、嘆き悲しむこと。

④お悔やみの礼状も、前文を省き、弔詞と香典に対する感謝の言葉から入ります。

⑤このように現在の心境を語ったりしますが、これ以上悲痛な思いを伝えることは避けます。相手の心への負担は、最小限にとどめる姿勢が必要です。

手紙検定50 「あらあらかしこ」の「あらあら」は、「アラアラッ！」と驚いた気持ち

伴侶を亡くした人へのお悔やみ

ポイント

●**悲痛は想像以上に大きい**……伴侶の死は、人生最大の悲痛のうちの一つです。落胆、悲嘆を、心から慰めます。

●**お悔やみの忌み言葉**……不幸の繰り返しを連想させる重ね言葉や繰り返し語は、できるだけ避けます。

「返す返す／重ね重ね／重々／しばしば／いよいよ／くれぐれも／はたまた／再び／再度／再々／皆々様／重ねて／たびたび／追って／なお／なおまた／しみじみ／ますます／いよいよ」などが忌み言葉となります。

一般的な例

①御令閨様ご逝去のご②訃報に接し、驚き入るほかございません。

かわいい盛りのお子様方を遺し、③うら若い身で御鬼籍に入られた御奥様のお心残りはもとより、御遺児を抱かれ御霊前を祭られる貴方様のご心中を拝察するだに、お慰めの言葉に窮《きゅう》します。

無常の風は所嫌《ところきら》わずとは申しますが、あまりにもむごい仕打ちに、ひたすら④悲嘆にくれるばかりです。

しかし御愁傷のあまりに貴方様まで心病むことは、御令閨様の願いではあ

解説

①「御令閨様」は、相手の妻の尊称です。夫が亡くなった場合は、「御主人様」とします。人によっては「主人」という言葉を嫌う場合もあるので、その際は、亡くなった方の名前を書くなどします。

現したわけではなく、漢字では「粗々」と書きます。「草々」「不一」と同じ意味です。

りますまい。

どうか御身ご自愛の上、一日も早く悲痛の底から立ち上がっていただきたいと存じます。

別封ほんのお印までに差し上げましたご香料、御霊前にお供えくださるようお願い申し上げます。

まずはお悔やみまで申し上げます。

★返信例

お懇ろ⑤なるご弔詞ならびにご供物を賜り、亡き妻もさぞ喜んでいることと、厚く御礼申し上げます。

さほどでもない病気でしたし、日頃人並み以上に丈夫でしたので、よもやと思いましたが、予想に反して無念この上ない結果を招き、当惑し悲嘆の底に沈む思いでございます。心臓麻痺による最期でしたので、苦痛が短かったことが、せめてもの慰めに存じます。

これも天命かと今となっては諦めるよりほかなく、今後は遺された息子たちの養育に専念し、万全を尽くすことで亡き霊を慰めたく存じます。

まずは御礼のみ申し上げます。

②「訃報」は、死亡を告げる知らせ。悲報。
③相手の心中を察することは必要ですが、これ以上悲惨な様子を想像し、言葉にするのは禁物です。相手の悲しみをさらに大きくすることになってしまうからです。
④「悲嘆」は、悲しみ嘆くこと。
⑤「懇《ねんご》ろ」は、心のこもっているさま。

手紙検定50の答え ✕「あらあらかしこ」は、「アラアラッ！」と驚いた気持ちを表

子供を亡くした人へのお悔やみ

ポイント

●**子を亡くした親へは言葉がない**……子を亡くした親には、慰めの言葉がないと思うのが、正しい心の在り方だといえるでしょう。それを前提にして、慰めの言葉を探します。常套句を連ねて形だけ慰めることは、厳《げん》に戒《いまし》めなければなりません。

●**子供の思い出をくどくどと書かない**……元気だった頃の子供の思い出をくどくどと書く人がいますが、それはますます両親を辛くさせるだけなので、絶対に避けます。

一般的な例

御令嬢○○様ご死去の悲しいお知らせをいただき、お慰めの言葉を失うばかりでございます。誠に御愁傷の極みと拝察いたします。

小生も妻もあまりにも悲痛な出来事に、未だに事実と認められず、ひたすら茫然《ぼうぜん》とするのみです。どれほどお力落としかをお察しすることもできません。御奥様のご悲嘆も想像を絶します。

このようなときにお二人を、わずかでもお慰めできればと寸書を認《したた》めましたが、無力を知るばかりでございます。

解説

対に書かないのが、一般的な習わしとなっています。○ or × ？〈難易度2〉

しかし、これだけは申し上げることができます。黄泉①に召された○○様は、ご両親に苦しみを与えることを、御本意とはせぬものと存じます。

別封御香典、御仏前にお供えくだされば本懐《ほんかい》に存じます。

海山を隔てる遠路故、寸書にてお悔やみ申し上げます。

★返信例

ご真情こもるご弔詞とご香典を賜り、なんともお礼の申し上げようもございません。

一人子を無情の風に誘われ、妻ともどもすっかり落胆しております。

老少不定②とは承知しておりますが、その故事の知識は、この悲嘆を止める力にはなりません。

深く悲しみにくれる妻を慰め得るのは、小生以外にございませんので、強く気持ちを持とうとするものの、ともすれば心崩れ妻と共にいつまでも涙が止まりません。

どのような悲しみも時が慰めてくれると申しますが、今はその言葉さえ理解しません。

不十分なご礼状になりましたことをどうかお許しください。

①「黄泉《よみ》」は、あの世。

②「老少不定《ろうしょうふじょう》」とは、人の寿命は予想しがたいもので、年齢にはかかわりがないということ。

手紙検定51　お悔やみの手紙には、「拝啓」などの頭語や「敬具」などの結語を、絶

一般的な法事に招く

ポイント

●**普通の手紙の形式でよい**……頭語、前文、結語などを省かず、普通の手紙の形式で書きます。ただし時候のあいさつを入れず、簡潔な文面にしても失礼にはなりません。

●**「万障《ばんしょう》お繰り合わせのうえ」は失礼**……法事に招く手紙の中に、「万障お繰り合わせのうえ御参会賜りますようお願い申し上げます」などと書いたものもありますが、これは失礼に感じる人もいるので、「万障」は書かず、「お繰り合わせのうえ」とするのが無難です。「万障」が入ると、どのような都合があろうと優先して出席するようにという強制的な意味にも受け取れるからです。

一般的な例

1 七七日忌に招く

拝啓　①来る○月○日、亡父の七七日忌の法要を○○寺（○○市○○町○番地）にて相営みますので、ご多用中誠に恐れ入りますが、ご来会《らいかい》賜りますよう御案内申し上げます。同日は午前十時までに○○寺へご来臨《らいりん》賜り、読経《どきょう》墓所参拝の後、○○町の山海亭にて粗餐②を差し上げたく存じます。まずは右ご案内まで申し上げます。

敬具

解説

①このように、頭語のみで、冒頭から用件に入っても失礼にはなりません。

②「粗餐《そさん》」は、粗末な食事のこと。他人に出す食事をへりくだっていう言い

の「合掌」という結語を使う場合もありますし、「拝啓・敬具」を使う場合もあります。

2 一周忌に招く

拝啓　暑さ厳しき折、皆様にはお障《さわ》りもなくますますご健勝のこととお喜び申し上げます。③

さて、来る八月〇日は亡母の一周忌に当たりますので、同日午後三時から〇〇寺の本坊において、心ばかりの法要を営みたいと存じます。炎暑の中恐縮ですが、ご参会の上ご焼香くだされば故人もさぞ満足のことと存じます。なお法要後別院において粗餐をご用意しておりますので、ご出席の有無をご一報賜りますれば幸いに存じます。まずはご案内のみ申し上げます。　敬具

3 三回忌に招く

拝啓　秋も深まり木枯らしの身に染みる季節となりましたが、皆様にはお健やかにお過ごしのことと存じます。

さて、母が逝き、早くも二年の歳月が流れ、来る十一月〇日が三回忌となります。つきましては、当日午後三時より〇〇寺にて心ばかりの仏事を営み、亡母が生前御交誼を受けましたかたがたに粗菓④などを差し上げ、たむけ⑤といたしたく存じます。お繰り合わせの上お運びいただければ、定めて⑥母も喜ぶものと存じます。まずは一筆御案内まで申し上げます。　敬具

---

③時候のあいさつをこのように入れると、落ち着いた雰囲気が加わり、ていねいな印象になります。

④「粗菓《そか》」は、粗末な菓子のこと。他人に出す菓子をへりくだっていう言い方。

⑤「たむけ」は、死者のために物を施すこと。

⑥「定めて」は、きっと、たぶん、という意味。

手紙検定51の答え　✕　必ずしも「絶対」とはいえません。手を合わせるという意味

弔電

ポイント

●**弔電の宛先・宛名**……弔電は普通、個人葬の場合は、通夜・告別式が行われる場所、すなわち故人宅や斎場などの喪主宛てに、葬儀の開始時間までに送ります。

●**差出人名は肩書などを明記する**……差出人名は氏名だけでなく、会社、団体名やグループ名、住所などを加えておくと、先方がすぐに個人を特定でき、親切です。

●**奇をてらった文面を避け儀礼的に**……厳《げん》粛《しゅく》な場に届くので、親しい間柄でも、儀礼的で差し障りのない文面を目指します。

●**故人がキリスト教徒のときの注意**……「お悔やみ／冥福《めいふく》／成仏／供養／弔う／仏／僧」などといった仏教用語は避けます。

一般的な例

1 個人で送る場合

○○○○様の突然のご訃報を伺い、お慰めの言葉もございません。
ご本人様の無念とご遺族のお嘆きは①いかばかりかとお察し申し上げます。
お心を強くお持ち頂くことが○○○○様への何よりのご供養かと信じます。

Column

敬称一覧

祖父／御祖父様・おじい様
祖母／御祖母様・おばあ様
父／御尊父《そんぷ》様・お父様
母／御母堂《ぼどう》様・お母様
義父／御岳父《がくふ》様
義母／御岳母《がくぼ》様
兄／御令兄《れいけい》様
姉／御令姉《れいし》様
弟／御令弟《れいてい》様
妹／御令妹《れいまい》様
夫／御主人様
妻／御奥様・御令室様・御令閨《れいけい》様
息子／御令息様・御子息様
娘／御令嬢様・御息女様

○○○○様のご冥福②をお祈り申し上げます。
神奈川県横浜市○○○　塚本良一

2 会社を代表して送る場合

○○○○様の悲しいお知らせに接し、一同驚愕《きょうがく》し茫然《ぼうぜん》とするほかございません。
温厚にして高潔なお人柄が、多くの方々に愛され、慕われました。

ご遺族の皆様方のご悲嘆は、お察しするに余りあります。

ご遺族の皆様方にはさぞかしお力落としのこととは存じますが、どうかお気持ちを強く持たれますようお祈り申し上げる次第です。

株式会社新北海食品　人事部一同

3 故人がキリスト教徒の場合

このほど、神様の御心のうちに、○○○○様が天に召されたというお知らせを承りました。
ご遺族の皆様方にはさぞかし深くお悲しみとは存じますが、神様の御愛に満ちたお慰めとお支えがありますように、心よりお祈り申し上げます。
東京都練馬区○○○
ニューサンライズ株式会社　代表取締役　蓑田春吉

解説

①「いかばかり」は、どれだけ、という意味。
②「冥福」は、冥土＝あの世の幸福。

手紙検定52　お悔やみの手紙に追伸をつけると、よりていねいな印象になるので、で

訃報を後から知った場合のお悔やみ

ポイント

●**訃報を知ってすぐに書いていることを示す**……遅ればせのお悔やみであっても、逝去や密葬を知ってすぐに書いていることを示すのが、何よりの礼儀です。

●**言い訳がましくならないように**……葬儀に参列できなかったりお悔やみが遅れた理由を、くどくど説明するのは避けます。遅れた事情を簡潔に知らせ、素直に詫びます。

●**メールで送る失礼を詫びる**……相手が訃報をメールで知らせてくれた場合は、メールでお悔やみを書いても失礼にならない場合があります。むしろ仰々しい手紙より、ありがたがられる場合さえあります。ただし、メールで送るときは「メールでお悔やみを申し上げる失礼をお許しください」などと、一言詫びることが大切です。

一般的な例

メールOK

①本日の月例会で山辺さんからお父上の急逝を知らされ大変驚いております。
遅ればせながら謹んでお悔やみを申し上げます。

先日お父上のことを伺った際、定年後もますますお元気とのことで、おうらやましい限りと申し上げたばかりでしたのに。残念で仕方ありません。

お父上にはいつか貴家でお会いした際、お気軽に励ましをいただくなど、大

解説

①後で知って出す場合も、お悔やみの一種ですから、頭語、時候、結語は省くのが一般的です。

かけてくることを忌み嫌うためです。これは守るべき習慣です。

変あたたかなお人柄に接し、わたくし自身もお慕い申し上げておりました。

お父上もお母上も、定年後の悠々自適《ゆうゆうじてき》なご生活の中で、最愛のご子息である○○様のご活躍を見守り続けることが、何よりのお幸せでしたでしょうに、ご同情にたえません。お父上のご冥福をお祈りするばかりでございます。

本日心ばかりのものをご送付申し上げました。御霊前にお供えいただきますようお願いいたします。

改まった例

メール OK

ただ今メールにて、貴店渉外部の○○○○様が、白馬岳登山中に遭難し帰らぬ人となりましたことを初めて知り、痛哭②にたえません。

すでに密葬③がすまされ、ご弔問の機会なく、本メールにて失礼ながらお悔やみを申し上げる次第です。

○○○○様とは、三年ほど前お仕事をご一緒させていただき、公私隔《へだ》てなく大変お世話になりました。満ち溢《あふ》れるご温情により、仕事のいろはのご教《きょう》導《どう》を賜り、大変感謝いたしております。ご家族様はもとより優秀なお方を失われた貴部のご落胆、ご悲嘆を思うと、お慰めの言葉を失います。

取り急ぎ本メールにて哀悼④の微衷⑤をお伝えいたします。

---

②「痛哭《つうこく》」は、大いに嘆き悲しむこと。

③「密葬」は、内内で行う葬儀。

④「哀悼《あいとう》」は、人の死を悲しみいたむこと。

⑤「微衷《びちゅう》」は、自分のまごころをへりくだっていう語。

手紙検定52の答え ○ お悔やみの手紙に追伸をつけるのはタブーです。不幸が追い

香典のお礼のメールへの返信例

ポイント

●**メールで手短に儀礼的にまとめる**……香典のお礼をメールでいただいたときには、メールで応答してもかまいません。むしろメールのほうが喜ばれる場合もあります。ただし、厳粛な気持ちをこめながら、手短に儀礼的にまとめることが大切です。

●**忌明け後も悲しみをいたわる**……四十九日の忌明け後にいただく文面には、比較的明るさや力強さが感じられることがありますが、先方はまだ悲しみのさなかにいます。十分いたわりの気持ちをもって書くことが必要です。

●**香典返しの気遣いに感謝する**……香典返しの通知としてメールをいただいたときには、香典返しの品についての感謝も忘れずに書きます。

一般的な例

メールOK

①ごていねいなご挨拶をいただき、恐縮のほかありません。

早くも満忌日を迎えられ、ご法要を営まれたとのこと、なによりと存じます。月日はあわただしく過ぎるものの、○○様を失われたご悲嘆は、一向に過ぎ去ることのないものと思います。どうかお気持ちをしっかりと持たれ、○○様の大切な忘れ形見のために、一日も早く元気を取り戻されるよう、心

解説

①たとえメールでも、このように、改まった言葉づかいが必要です。

開祖最澄の手紙に答えた書状の書き出しです。○ or × ？〈難易度3〉

より願っております。何②もお役に立つことはできませんが、何かありましたら、ぜひご連絡ください。

また、本日お香典のお礼のお気遣いをお送りいただいたとのこと、誠に申し訳ございません。ありがたく拝受いたします。

まずは感謝のご挨拶を申し上げます。

改まった例

メールOK

本日はまた格別なご挨拶ならびにご厚志を賜り、恐③縮至極に存じます。

その節は、お通夜、ご葬儀に伺うこと叶わず、誠に申し訳なく存じます。
○○様にもご家族の皆様方にも、拝趨の上親しくご挨拶申し上げたく存じましたが、伺えず大変失礼をいたしましたことを、改めてお詫び申し上げます。
ご子息様は多少はお元気を取り戻されましたでしょうか。思春期の繊細な感受性には受け止め難い出来事と拝察します。実は幼少時、同様な体験をしたことのある私といたしましては、ご子息様のお悲しみが、痛いほどよくわかり、お気の毒に存じます。

何か私でお力添えできることがございましたら、ぜひお申し越しください。

取り急ぎメールで失礼ですが、お礼まで申し上げます。

②儀礼的な挨拶の一種ですが、このような状況では、あたたかみのある言葉として必要です。

③「恐縮《きょうしゅく》至極《しごく》」は、恐縮の極み、最高に恐縮するということ。

手紙検定53 「風信雲書《ふうしんうんしょ》自《じ》天翔臨《てんしょうりん》」は、平安初期の僧、真言宗の開祖空海が天台宗の

僧侶・神父・牧師への礼状

ポイント

●**僧侶、神父、牧師の尽力に感謝する**……通夜（カトリックでは通夜の祈り、プロテスタントでは前夜式《ぜんやしき》）や葬儀に際しての僧侶、神父、牧師の尽力に感謝します。

●**葬儀の意義づけを踏まえたお礼を**……宗教、宗派によって、葬儀の意義づけは多様です。したがって、僧侶、神父、牧師などにお礼を述べるには、その意義づけを正しく理解する必要があります。たとえば、キリスト教では死は不幸な出来事ではないという考えなので、お悔やみを述べることはなく、死者が天に召される安寧《あんねい》を得るための儀式を司るのが、カトリックでは神父、プロテスタントでは牧師ということになります。各宗教、宗派における葬儀の意義づけを踏まえたうえで、礼状を書きます。したがって、ここで紹介する例文は、あくまでも一例にすぎません。ご参考程度にご使用ください。

一般的な例

1 僧侶への礼状

謹啓　①先日は亡き母○○の通夜ならびに葬儀に際しまして、ご繁忙中にもかかわらず、遠路わざわざご来臨賜り、誠にありがとうございました。

亡き母は、五年の長きにわたり病床にあり、苦しい日々を過ごしておりま

解説

①時候のあいさつは不要です。いきなり感謝の言葉から始めます。

状が、天から舞い降りてきました」という意味です。

したが、いつも明るく私ども家族に接し、不平不満をもらすことが一切ありませんでした。私ども家族が誇りとする母親でございました。

そのような母親でしたので、葬儀の際は、ぜひ名刹②の名僧にお力添えいただき、よりよい式にしたいと願っていましたところ、願いが叶い、一同この上なく満足しております。厳粛にして心温まる読経のお声に、母の御霊もさぞかし慰められたことと思います。

まずは略儀ながら寸書にてお礼まで申し上げます。

敬白

2 神父への礼状

この度の祖父〇〇の葬儀におきましては、格別なお力添えを賜り、感謝この上なく、心よりお礼を申し上げます。祖父〇〇は、与えられた地上での歩みを終えまして、八十八歳にて主によって御許へと召されることになりました。

企業の代表として社員の皆様一人一人と辛苦を共にした半生で、身も心もさぞかし酷使したことと思いますが、神父様のお力添えによりまして、主の安寧③の地における新たな平安を永遠に得ることとなりました。

ここに改めて神父様の慈愛に満ちたお力添えにより、祖父の生前の罪は許され、天に召されたことを感謝申し上げる次第です。

お手紙で失礼ですが、家族を代表して謹んで深謝申し上げます。

②「名刹《めいさつ》」は、名高い寺。由緒ある寺。

③「安寧」は、平穏無事なこと。

 手紙検定53の答え ○「風信雲書《ふうしんうんしょ》自《じ》天翔臨《てんしょうりん》」は、「風のようなお便り、雲のような書

弔辞への礼状

ポイント

●**急な求めに応じてくれた厚意に感謝する**……まず、相手の都合もかまわずに、弔辞の準備をしていただいたこと、葬儀で読み上げてもらったことに、心から感謝します。

●**満足した部分を具体的に伝える**……故人、遺族、関係者が満足できた弔辞の部分を、具体的に示して伝えると、さらに感謝のこもった礼状になります。

●**批判めいたことは一切言わない**……不満な点があったとしても、それについては触れないのが礼儀です。

●**今後の交誼を願う**……弔辞への感謝だけでなく、今後もおつきあいを望むと、よりていねいな印象になります。

一般的な例

拝啓　この度は夫〇〇〇〇の逝去に際し、急なご依頼にもかかわらず、弔辞をお引き受けくださり、誠にありがとうございました。[①]学生時代のクラブ活動のご回想により、夫の溌剌とした若き日の懐かしい思い出が蘇り、私自身あたたかくすがしい感動に包まれました。夫もあちらで、いつもの照れ笑いを浮かべながら、感謝しているに違いありません。この先も末永くご交誼を賜りますようお願い申し上げ、感謝のご挨拶とさせていただきます。　敬具

解説

①このように、弔辞の具体的な箇所を挙げ、感謝するのがよいでしょう。

9章

困ったとき

催促、抗議、お詫び、お見舞いといった、表現に気を遣うシチュエーションでも、自信をもって使える書き方の文例を紹介します。

書き方の基本とマナー

催促も抗議も善処を求めるために書く

催促は、再度のお願いのつもりで書きます。そして抗議は、冷静に改善を求める姿勢が大切です。催促も抗議も、相手の非を責めるだけでは、改善につながりません。できるだけ冷静に事実関係を示し、窮状を伝えるなどして、相手の良心に訴えかけ、誠意を引き出すことを目的にしなければなりません。

お詫びは早く出し、言い訳しない

お詫びは早ければ早いほど効果的です。抗議を受けるまえに詫びるのが理想です。そして、法律的な補償問題が発生しない限り、全面謝罪が基本です。部分謝罪は相手をさらに怒らせます。そして、お詫びすべき事態になった経緯を、簡潔に説明することも大切です。ただし、言い訳がましくならないように注意します。

依頼は範囲を限定していねいに

依頼範囲を明確に限定してお願いすることにより、相手は安心感を得て、承諾しやすくなります。範囲が漠然とした依頼に不用意に応じて、大変な目にあうことがあるからです。また、依頼せざるを得ない困っている様子を、具体的に伝えることも大切です。そして、たとえ親しい相手であっても、ていねいに依頼する姿勢がないと断られます。

お見舞いすべき事実を知ったらすぐに注意深く書く

入院や災禍《さいか》を知ったらすぐに書きます。早いほど誠意が強く伝わります。ただし、傷心、苦悩のさなかにある人には、形ばかりのお見舞いは絶対に避けます。心から同情する気持ちがなければ、決して相手を慰めることができません。なお、人に知られたくない情報が含まれることが多いので、はがきでのお見舞いは原則として避けます。

基本構成

催促・抗議

❶前文		頭語は置くが、時候は省く場合が多い
❷主文	1	催促・抗議の概要
	2	苦情、苦痛、被害の状況報告
	3	善処を望む
	4	改善されない場合の対応を通告
❸末文		結びの言葉・結語

お詫び

❶前文		頭語は置くが、時候・あいさつを省略することもある
❷主文	1	お詫びすべき事態となったことを伝える
	2	なぜお詫びすべき事態となったか、その理由を伝える
	3	お詫びし、許しをこう
❸末文		結びの言葉・結語

依頼

❶前文		頭語・時候
❷主文	1	依頼の前提＝窮状の訴え
	2	依頼内容を伝える
	3	迷惑をかけないこと、または最小限の迷惑・手間ひまの要求にとどめることを誓う
❸末文		結びの言葉・結語

お見舞い

❶前文		頭語のみ、時候は省く
❷主文	1	病気・事故を知った驚きや同情
	2	病状・経過への心配と見舞い
	3	退院・回復・復旧を願う
	4	お見舞い品に関して
	5	支援・協力などの申し出、または手伝えないお詫び
❸末文		結びの言葉・結語

依頼事の催促

ポイント

● **ていねいすぎるほどていねいに**……世話を受ける身が催促するのは、本来失礼なことです。その立場を踏まえて、ていねいに依頼しないと、相手を非常に不快にさせ、依頼に応えてもらえなくなることもあります。

● **相手の怠慢を決して責めない**……相手の不誠実や怠慢が腹立たしくても、決して不満をいってはいけません。

● **しつこく催促するのは禁物**……手短にさわやかに、再度依頼することが大切です。

一般的な例

メールOK

1 借金を依頼してあるとき

拝啓　大変お世話になります。催促がましく大変申し訳ありませんが、①先日お願いした件、もしお忘れでしたら、どうか宜しくお願い致します。②あなたの他に頼る所がありません。大変ご迷惑とは重々承知しておりますが、今月を過ぎれば自宅が差し押えとなりますので、ご配慮いただきたく改めてご懇願致します。

敬具

解説

①ここを、「先日お願いした百万円をお借りする件」としてはしつこくなります。ただし、明確に金額を再度伝えたほうがよい場合もあります。ケースバイケースです。

②頼る所があっても、ないと強調します。

2 人の紹介を依頼してあるとき

な非常識は絶対に避けなければなりません。○ or × ? 〈難易度3〉

度々失礼ですが、③お手紙を差し上げます。

お忙しいのに、すみません。料理研究家の浅木先生をご紹介いただけるということで、ご紹介状をお待ちしておりますが、一月十日現在、まだ当方に届きません。④講演会は来月十三日ですので、もし浅木先生にお願いできないとなれば、他の先生に依頼しなければなりません。大変勝手で申し訳ありませんが、一両日中にご紹介状をお願いしたく、改めてお願い申し上げます。もし貴女がお忙しく、そのような暇がないということであれば、その旨お伝えいただければ幸いです。まずはお願いまで。

敬具

改まった例

人の紹介を依頼してあるとき

再啓　先日ご依頼申し上げました、南北銀行頭取井出春樹様をご紹介いただく件、いかがなりましたでしょうか。ご無礼を重々承知致しながら、⑤謹んでご確認させていただきます。

今回の小社のプロジェクトを成功させるには、是非とも南北銀行のご支援が不可欠です。一日も早く井出頭取にご面会の機会を得たく、貴方様のお口添えを改めてお願い申し上げる次第です。宜しくお願い致します。

敬具

---

③日を置かずに再度発信するときは、それ自体しつこく失礼になるので、最初に詫びておきます。

④差し迫った事情を具体的に説明して、同情を得ます。

⑤このようにあえて事務的な表現を用いることで、催促のしつこさを薄めます。

手紙検定54　「拝啓」で始めて「草々」で締めくくる手紙はありえません。そのよう

返却・返済の催促

ポイント

●**感情をむきだしにせず冷静に**……違約は腹が立ちます。しかし感情を抑えて冷静に通知しないと、その後の関係がむずかしくなってしまいます。

●**困惑、不満を具体的に伝える**……どのように困惑しているのか、なぜ不満なのか、その具体的な理由をあげて伝えると、説得力が増します。

●**ユーモアをまじえるのも効果的**……生真面目に約束履行を求めると、事を荒立てることがあります。ユーモアをまじえ、相手をクスリと笑わせることにより、催促を成功させることができる場合もあります。

一般的な例

メールOK

1 貸した物の返却を催促する

しばらくご連絡をいただいていませんが、お元気ですか。①こちらは、家族皆順番にカゼを引き、まいっています。今は私の番です。

さて、過日お貸しした礼服、すでにご用済みと思いますので、お戻しいただけませんか。来月早々に知り合いの結婚式があります。どうか宜しくお願いいたします。末筆ながらカゼにはご注意を。

解説

①冒頭から催促すると、不躾で失礼だと思うときには、このように前文を入れます。

と詫びるために、文末を「草々」で締めくくる場合もあります。

とりあえずお願いまで。

草々

2 貸金返済の催促

前略　先日ご用立てしましたお金のことですが、お戻しいただく期限がかなり過ぎていますので、お知らせいたします。

実はこちらも無理をして捻出《ねんしゅつ》したお金で、しかも先頃子供の大病で急な出費もあり、困っております。そちらもお困りのこととと思いますが、こちらもそのような事情ですので、どうかお察しください。

右取り急ぎお願いまで。

不備

改まった例〈貸金返済の催促〉

拝啓　その後ご機嫌いかがですか。久しくご無沙汰致し、失礼しております。

さて、先日ご用立て申し上げたお金の件、ご返済のお約束の日が過ぎ、今度は私どもが少々困窮しております。と申しますのは、ご用立てした金子《きんす》は親戚より借りたもので、やはり期限を区切られているためでございます。

今月中に返済しないと大変気まずくなりますので、かかる事情を何卒ご賢察くださるよう、謹んでお願い申し上げます。

敬具

---

②「お返しいただく」とするより、やや穏やかな表現になります。

③こちらの苦況を具体的に伝えるのが効果的です。

④失礼なのは相手ですが、あえてへりくだり、巧妙に皮肉をまじえるのも、ときには効果的です。

⑤「賢察《けんさつ》」は、相手の推察を敬って言う語。

手紙検定54の答え　✕　手紙の冒頭、「拝啓」で改まり、結局ふつつかな文になった

未返却・未返済に抗議する

ポイント

●**催促に応じないときは抗議する**……相手が意識的に催促に応じないとわかったとき、抗議という手段に訴えます。度忘れしているときに抗議すれば、人間関係にキズがついてしまうので、十分注意します。

●**困っている様子を具体的に示す**……未返却、未返済により、どう困っているかを、できるだけ具体的に説明するのが効果的です。ときには困り具合を、少々大げさに表現してもよいでしょう。

一般的な例

メール OK

①昨年暮れにお貸ししたテントなどのキャンピング用品一式、すぐに返してください。

再三手紙で催促したにもかかわらず、しかもすぐに返却すると調子のよいことを言っておきながら、どうしてあなたは何度もウソをつくのでしょうか。

電話をすると私の声を聞いてから切るようですが、何故そんなに逃げ隠れするのですか。とにかく至急返却してください。②今月末には家族でキャンプの予定があるので、非常に困っています。

解説

①抗議の手紙には前文は一切不要です。

②なぜ困っているかを、このように具体的に説明します。

あなたを信頼してお貸しした私が間抜けでした。もし一週間以内に返してもらえないときは、③しかるべき所に訴え出るつもりです。

改まった例

前略　先般御用立てしましたお金六十万円、現在二十万円ご返済いただいているだけです。度重なるお願いにも居留守を使うなど、貴方の非礼の数々には閉口するばかりで、いよいよ我慢も限界に達しました。

即刻④完済を要求致します。

あの六十万円は、私どもが節約に節約を重ねて貯蓄した大切なお金で、先月初めにはご返済くださるとのことでしたので、その言葉を信じてお貸ししました。ところが、まったく誠意なく、残額は放置されたままです。

私どもは現在家賃の支払いを二か月も滞らせ、家主からは矢の催促を受けている状況です。何か私どもの落ち度があったわけでもないのに、このような仕打ちを受けるのは承服しがたく、貴方を心底恨みたい気持ちで一杯です。

貴方にわずかでも良心があるなら、一日も早く責任を果たしてください。

この要求もまた無視するのであれば、すぐに訴訟手続きを開始することにいたします。

草々

③ときにはこのように、厳しい姿勢で臨《のぞ》むことも必要です。

④「完済」は、全額返済すること。

手紙検定55　印刷年賀状には、必ず手書きのコメントを添えるのが常識です。印刷だ

子供のいたずらへの抗議

ポイント

●**どのような事実があったかを伝える**……抗議に値する事実、事件が、どのようなものであるかを、簡潔明瞭に子供の親に伝えます。

●**冷静に抗議するほうが効果的**……親は子を無条件で信じ、他人に自分の子のことを悪くいわれることを好みません。激昂《げっこう》して子供をののしれば、親に開き直られ、善処してもらうことがむずかしくなる場合があるので、十分注意して言葉を選びます。

一般的な例

拝啓　[1]ご近所に住む阿部と申します。お宅のお子さんのことで手紙を書きました。今日、たまたま休暇をとり家で昼寝をしていましたら、庭で物音がするので窓越しに見ると、少年二人が庭の池にいる錦鯉を網ですくっていました。すぐに外に出て注意したところ、一人は取り逃がしましたが、もう一人を捕まえ名前を聞くと、西口中学二年の大津一平君、そして逃げた子供の名は、大森俊二君と言っていました。

　お宅のお子さんに間違いありません。逃げるときに見た横顔は、見覚えの

解説

①時候のあいさつはもちろん不要です。

が失礼になる場合もあります。整いの足りないふつつかな手紙となるためです。

ある俊二君と一致します。錦鯉②は、昨年逝った父が丹精こめて育てていた形見で、我が家の家宝です。子供の悪戯にしては度が過ぎます。お子さんの将来のためにも十分に注意してあげてください。そして一度こちらに連れてきてくださいませんか。俊二君自身に一言謝ってほしいと思います。　敬具

改まった例

謹啓③　大変申し上げにくいのですが、昨日ご子息、正也君が息子玲の所に遊びにいらした際、玲が大事にしているフィギュアに、マジックで悪戯書きをしました。

残念なことに、昨日たまたま私が玲の部屋にジュースを持って行ったとき、玲がトイレに立ち正也君が一人で玲の部屋にいて、正也君が玲のフィギュアにマジックで悪戯書きをしているところを目撃してしまったのです。

すぐに正也君に謝るように言いましたが、自分は何も知らないと、持っていたマジックをポケットに隠し、認めようとしませんでした。今後の正也君のためにも、親御さんからそのあたりの事情をお聞きになり、ご訓戒いただければ幸いです。そして、正也君から直接玲に謝ることを願う次第④です。

この件、何卒宜しくお願い申し上げます。

謹言③

②激昂するのは得策ではありませんが、事の重大さは必ず伝えます。

③母親からの抗議ですが、「謹啓」「謹言」とし、「かしこ」をあえて用いませんでした。性差を表現する必要のない内容だからです。ビジネスの手紙以外でも、このように公的色彩の強い手紙では、「かしこ」を使わない場合があります。

④「次第」は、〜という訳、という意味。

手紙検定55の答え　✕　きわめて改まるべき相手への年賀状では、手書きの添え書き

騒音に抗議する

ポイント

●**ケンカ腰ではなく冷静に依頼する**……感情的になってケンカ腰で苦情を訴えるより、冷静に依頼したほうが迅速な対応を得やすく、効果的な場合が多いといえます。

●**困っている現状を具体的に伝える**……騒音による被害の具体例をあげます。ただやかましいというより説得力があります。

一般的な例

拝啓　先日当地に引っ越してまいりましたリバーサイドマンションの細井と申します。誠に不躾ですが、少々お願いがあります。

　お宅の愛犬が、毎夜深夜三時頃から一時間ほど吠《ほ》えるため、著しく安眠が妨げられています。子供は寝不足により食欲を失い体調を壊し、妻も私もやはり寝不足で頭痛やめまいがするなど、仕事に大変支障を来《きた》している状況です。①このままでは、子供は登校することさえ難しくなり、私ども夫婦も仕事に出ることができなくなってしまいます。

Column

個人には情意で依頼する

騒音による近隣トラブルが、大事件に発展することもあるので、抗議は十分注意して行う必要があります。特に個人同士の場合は、感情的にならないような言葉づかいが必要です。正論を盾にして改善を引き出すのではなく、情意によって相手の心を動かすことが大切です。「不躾ですが／恐れ入りますが」とへりくだり、「～していただけませんでしょうか」と依頼します。抗議ではなく、一種の依頼文と考えます。

す。草々と頓首は矛盾する結語だからです。○ or ×？〈難易度3〉

どうか私どもに、ゆっくり眠れる夜を与えていただけないでしょうか。格②別なご配慮を願ってやみません。宜しくお願いいたします。

敬具

改まった例

拝啓　再三再四、改善を依頼しております、貴工場の騒音ならびに悪臭について、未だに改善案のご提示をいただけませんので、近隣住民を代表して、改めて次の点を申し入れ、抗議いたします。

一③、早朝八時前と夜六時以降の操業を、速《すみ》やかに停止してください。

一、昼夜の騒音を、貴工場用地より百メートル以内の地域で、最高六十デシベルにまで抑えてください。

一、異臭の発生源を徹底究明し、即刻発生を止めてください。騒音により安眠が甚だしく妨害され、健康に異変を来す家庭が数多く、病人を抱える家では移転を真剣に考えているほどです。

以上三点について、貴工場がいかなる判断をされるかにより、今後の私どもの行動が決定されます。④大規模な住民運動に発展する前に善処されるほうが賢明と存じます。

六月六日迄に、誠意あるご回答をお寄せください。

敬具

解説

①被害や困惑の度合いを、このように具体的に示します。

②この程度低姿勢で抗議したほうが、効果的な場合もあります。

③要求を箇条書きにすると、相手も理解しやすくなります。

④次の抗議の手段も考えていることを明記し、厳しい態度で臨んだほうが、効果的な場合もあります。

手紙検定56　「草々頓首」は、夏目漱石が考案した、冗談まじりのあり得ない結語で

違約を詫びる

ポイント

- **無断欠席を詫びるには**……欠席したことを詫びるとともに、連絡しなかったことも謝ります。また、なぜ連絡できなかったかの事情説明も必要です。
- **約束事の違約を詫びるには**……手紙でのお詫びは略儀です。「改めて正式にお詫びに伺います」と伝えるのが正しい礼儀です。事情説明はあくまで簡潔に行うことが大切です。あまり長くなると言い訳がましくなり、かえって相手を不愉快にさせてしまいます。

一般的な例〈無断欠席を詫びる〉

メールOK

拝啓　昨日は申し訳ありませんでした。やむをえず欠席をすることになってしまいました。

　僕がいなくても会は盛り上がったと思いますが、とにかく①約束を守れなかったこと、連絡さえできなかったことを心からお詫びします。

　六時には会社を出る準備をしていたのですが、六時ちょうどに上得意が突然会社に訪れ、次の仕事のことで話し込まれ、その後もすぐに車に乗せられ、料亭に拉致《らち》されてしまったのです。

解説

①連絡しなかったことも詫びるのがていねいです。

れていました。粗雑な文面になったことを詫びつつ、相手に十分な敬意を示します。

解放されたのが午前一時。その間電話はおろかメールさえもする暇もありませんでした。

皆さんに会えず、残念でした。②次回も是非また声を掛けてください。

とりあえずお詫びまで。

敬具

改まった例〈手伝いに行けなかったお詫び〉

拝啓　先日はお約束していたにもかかわらず、誠に申し訳ございませんでした。心より深謝いたします。
たとえ微力とはいえ小生の手がなく、先日は定めてお忙しくお疲れのことと③拝察し、お詫びの言葉もございません。
④すでにお話しいたしました通り、当日、お伺いすべく家を出ましたが、⑤突然蒲田の老母より電話があり、持病の胃炎が悪化したとのことで、急遽蒲田に向かった次第です。
愚妻《ぐさい》にはその旨ご連絡するよう伝えましたが、気が動転して⑥失念したとのことでした。このような止むを得ない事情でしたので、何卒ご海容賜りますよう、謹んでお願い申し上げます。

改めて書中にてお詫びまで申し述べます。

敬具

②いいかげんに考えていたわけでなく、本当に出席したかったという気持ちを示す言葉です。

③「拝察」は、推察することを、へりくだっていう語。

④違約直後に謝り、改めて手紙で謝るときは、このような表現になります。

⑤違約の理由を簡潔に伝えます。

⑥「失念《しつねん》」は、忘れること。

手紙検定56の答え ✕ 「草々頓首」は漱石が考案した結語ではなく一般的に使用さ

未返却・未返済のお詫び

ポイント

● **返す期日を明記する**……すぐに返す、早速返すなどとあいまいにいうのではなく、何日に返すと明記します。

● **うっかり忘れたとするのは失礼**……返却や返済を、「ついうっかり忘れていた」などとするのは、非常に失礼です。実際はうっかり忘れたとしても、相手には納得できる理由を伝えるべきです。

● **手紙でのお詫びは略儀**……本来出向いて詫びるべきことを手紙で行う略儀を、失礼だと思う感覚が必要です。

一般的な例

メール OK

①返すのがすっかり遅くなってごめんなさい。あなたにお借りしているドレスのことです。先月パーティーのために借りたのに、まだお返ししていません。②使わせてもらってからすぐにクリーニングには出したのですが、このところ仕事が忙しくて、そちらにお伺いする暇が一日もありませんでした。

本当に申し訳なく思っています。

性懲《しょうこ》りもなく図々しいヤツと叱られそうですが、実は今週友達の結婚披露宴があるので、また使いたいのですが、よろしいでしょうか。来週初め、火

解説

①時候は不要です。まず謝ること。

②ここを「使用後」としたほうがすっきりしますが、「使用後」では冷たくぞんざいな感じになってしまいます。

曜日までには必ずお返しします。このままずるずると自分の物にしてしまうようなことは、絶対にありませんからご安心ください。
とりあえずお詫びかたがたお伺いまで。

かしこ

改まった例

拝啓　昨年ご拝借した金百万円、長々とお借りしたままで、大変ご迷惑をおかけしております。誠に申し訳ございません。③**即刻ご返済しなければと、各所に奔走《ほんそう》していますが**成果なく、遅延《ちえん》の失礼を重ねております。
しかし、今月にはようやくまとまった入金が見込めますので、来月一日にはお振り込みする予定でございます。
当方のわがままなお願いにご快諾いただき、さらにご返済の遅延にも一切ご催促をなさらない間山様のご芳情に、妻共々改めて深甚の感謝を捧げます。
とりあえず④**略儀ながら寸書にて**感謝とお詫びを申し上げます。

敬具

③返済するための努力をしていることを明記します。

④大金を借りているのだから、本来出向いて事情を説明するのが礼儀です。手紙が略儀であることを、このように自覚することが大切です。

Column　地図を借りて返しそびれた漱石の言い分

夏目漱石があるとき知人から地図を借り、催促されて返すとき、手紙にこう書きました。「永々留めて置いて済みませんもっと早く御返し致す積で居ました所今に読もう読もうという気があったものですからつい今日迄おくれたのです」。事情説明があるので、ていねいな感じがします。

手紙検定57　平安時代には、「誠惶誠恐謹言《せいこうせいきょうきんげん》」という、とても長い結語がありました。

失態・非礼のお詫び

ポイント

●**酒の失態を詫びるとき**……失態の理由を酒のせいにすると責任回避と思われます。自制力のなさを深く反省することが大切です。

●**非礼を詫びるとき**……事情説明は行いますが、言い訳がましくならないように注意します。さもないと、相手の不機嫌が倍増するだけです。

●**今後の自制を誓う**……今後、二度と失態、非礼がないよう自制することを誓い、変わらぬ厚誼、支援を願います。

一般的な例〈泥酔を詫びる〉

メール OK

昨日のこと、どうか許してください。いや、許してはもらえないと思いますが、お詫びだけはしなければなりません。

今日菅野さんから昨日の僕の失態を聞かされ、初めて知ったのですが、知①らなかったではすまされません。あなたにしつこくからみ、胸ぐらをつかむなどしたそうですが、本当に申し訳ない。僕はあなたに好意を感じこそすれ、悪意などまったくありません。

こんな醜態を演じたのは、初めてのことです。すっかり調子に乗って飲み

解説

①相手の心理の先回りをして詫びます。

り謹んだりと、とてもていねいな結語です。

すぎました。自制心のなさに、自分自身腹が立ちます。②最近営業の成績が芳しくなく、滅入っていたせいもありますが、それは理由になりません。どうお詫びすればあなたの怒りを鎮められるかわかりませんが、とりあえずこの手紙でお詫びの気持ちだけをお伝えします。後日改めてご挨拶に伺います。
本当にすみませんでした。

改まった例〈席次の間違いによる非礼を詫びる〉

拝啓　③本日は私どもの懇親パーティーにご来会賜り、誠に光栄の至りと存じます。さらには乾杯のご発声まで頂戴し深く感謝致します。

このようなご厚情を賜りながら、本日大変な不手際がありましたことを、心よりお詫び申し上げます。県会議員にあらせられる先生には当然④上席をご用意すべきにもかかわらず、会場係の不手際と私どもの監督不行き届きにより、大変失礼なお席にお座りいただくこととなってしまいました。謹んでお詫び申し上げるとともに、今後は二度とご無礼がないよう注意することをお誓い申し上げる次第です。今後も相変わらぬご交誼《こうぎ》を賜りますよう、何卒宜しくお願い申し上げます。

右、お礼かたがたお詫びまで申し上げます。

敬具

②このように、失態に至った事情説明をしながらも、それを言い訳にしない表現が必要です。

③まず感謝を伝え、相手の気持ちをやわらげておきます。

④「上席《じょうせき》」は、上座《かみざ》のこと。

手紙検定57の答え　○「誠惶誠恐謹言」は実際に存在しました。畏まったり恐れた

失言のお詫び

✎ ポイント

● まぜっ返さないほうがよい場合もある……お詫びの手紙に、失言内容を改めて書くと、相手に不快感が再燃する恐れがあります。失言を具体的に書かないほうが得策です。

● 意図的な言葉は撤回する……失言とは、不都合なことやまちがったことを、ついうっかりいってしまうことです。意識的な発言で傷つけたときは、前言を撤回して詫びます。

一般的な例〈パーティーでの失言を詫びる〉

✉ メールOK

今日は大変申し訳ありませんでした。僕の失言で君をすっかり怒らせてしまいました。

せっかくのパーティーだったのに、本当にすみません。

僕は君の営業的手腕を、常々うらやんでいました。しかし素直でない僕は、君への称賛の言葉に代えて、①君は言葉巧みに客を誘導するというようなニュアンスの暴言を吐いてしまいました。本心は、君の話術の冴えに感服する、と言いたかったのです。

≫ 解説

①実際には「客をだます」などと言ってしまった場合、また、その言葉を使うと、相手を刺激することになるので、このように表現をかえたほうがよい場合があります。

きました。なるほど風雲児にふさわしい自称です。○ or × ? 〈難易度3〉

気持ちの狭い僕の料簡[2]を、軽蔑してほしい。そしてどうか許してもらいたい。今度、お詫びのしるしに一席設《もう》けるから、つき合ってください。とりあえず手紙で、心からのお詫びを伝えます。

改まった例〈会議での言葉を撤回し詫びる〉

謹啓　本日の会議で、大変見識不足の意見を申し上げましたことを、衷心より深謝致します。

わたくしは、かねてより子供の遊び場の減少を嘆いていたため、今回の西町公園撤去問題にはひたすら反対を唱えてまいりました。会議の冒頭、「子供から遊び場を取り上げる大人は悪魔にも等しい」などと暴言を吐いたのも、そのためです。しかし会議後、冷静に池内様のご調査とご意見を思い返しておりますうちに、わたくしの意見がいかに一面的だったかに気がつきました。[3]治安の悪化した西町公園を撤去し、東町公園を充実させることのほうが、どれだけ子供たちの安全に役立つかわかりません。

わたくしは会議で述べた言葉をすべて撤回致し、不見識を心より恥じ、謹んで池内様にお詫び申し上げる次第です。

何卒ご寛恕[4]くださるようお願い申し上げます。

頓首

---

②「料簡《りょうけん》」とは、考えのこと。

③発言を撤回した理由をこのように示すと、さらにていねいな印象となります。

④「寛恕《かんじょ》」は、広い心で過ちや非礼を許すこと。

手紙検定58　幕末の志士、高杉晋作は手紙の文中に、「小生」ではなく「狂生」と書

好意を断ったときのお詫び

ポイント

- **断りをお詫びにすると角が立たない**……相手の好意を断るときには、お詫びの形にするのが一番です。
- **断る理由を簡潔明瞭に説明する**……理由を明記しなかったり、理由に説得力がないと、うるさがっていると思われかねません。あえて差し障りのないウソをつくのも礼儀のうちです。

一般的な例〈中古ピアノの譲渡を断るとき〉

メール OK

今日はわざわざ電話をくださり、ありがとうございました。

ピアノを譲ってくださるなんて驚きました。買えば何十万円もするのでしょう。①そのような物を譲っていただけるなんて夢のようなお話で感激しました。しかし、電話でもお話ししましたように、義父が以前から買ってくれると言っているので、断るわけにもまいりません。

義父が買い与えてくれるピアノより、お宅のピアノのほうが、きっとよい物と思いますので、返す返すも残念でたまりません。

ご好意、ありがとうございました。改めて特別なお気遣いに、心から感謝

解説

①中古ピアノをもらうのが嫌な場合も、相手の好意には、このように少々大げさすぎるほど感謝するのがていねいです。

しました。これ以上尊大な自称は他にありません。

いたします。
とりあえず、お詫びかたがた御礼まで申し上げます。

かしこ

改まった例〈旅行への誘いを断るとき〉

拝啓　この度はありがたくも、貴家のご家族旅行へお誘いくださり、誠に嬉しく存じます。格別のご高配に、心より感謝致します。

仕事の予定が定まらず、失礼ながらご返事遅らせておりましたが、やはり当日は得意先への訪問が外せず、ご一緒することができません。

春、桜が満開の京都へは、久しぶりに是非行ってみたく思いました。しかも、京都に精通していらっしゃる高橋様のナビゲーションを得られるとあらば、さらに興味深い旅行になることは間違いなく、残念[②]というほかありません。

心ならずもご好意を無にすることとなり、大変申し訳なく存じます。どうか悪しからずご了承くださいませ。

次の機会には万難を排してご同行させていただきますので、是非またお誘[③]いくださるようお願い申し上げます。

右略儀ながら書中にて、ご返事かたがたお詫びまで申し上げます。　敬具

②残念でなくても「残念」といって惜しむのも、相手の好意に対する感謝の表現です。

③次回の誘いを期待するのも、感謝の表現方法の一つです。

手紙検定58の答え　○「狂生」とは物騒な自称です。秀吉は自署名を「てんか」と

身元保証人の依頼

ポイント

●**親しい人でもていねいにお願いする**……身元保証人を依頼するときは比較的気軽に頼みがちですが、本来身元保証人の責任は重大ですから、頼まれる側は負担に感じるものです。そのあたりの事情を踏まえ、親しい間柄の人に対しても、ていねいに依頼しなければなりません。

●**文面中で迷惑をかけないことを誓う**……身元保証の責任が及ぶような行為を絶対にしないと誓い、相手を多少なりとも安心させることが必要です。

一般的な例〈親が子の身元保証人を依頼〉

メールOK

拝啓　いよいよ春の訪れとなりました。ご家族の皆さんは、お元気で頑張っておられることと思います。

さて、先日お知らせしましたように、長男翼が来月川西高校に入学することになりました。

つきましては、入学の手続きに保証人を必要としますので、大変恐縮ですが、①翼の身元保証人になっていただくことはできませんでしょうか。

もちろん翼のことですから、決して野島さんにご迷惑をかけるような失態

解説

①ここを、「身元保証人になってください」としてはいけません。「～でしょうか」として、うやうやしくお伺いを立てます。

した。○ or × ？〈難易度３〉

はございませんから、どうかご心配なさらないでください。

保証人はどなたも皆敬遠されるので、困り切っています。他には一切お願いできる方がいません。どうかお引き受けください。

お引き受けいただけるときには、本人に書類等持参にて出向かせます。どうかご検討ください。

まずは右ご依頼まで申し上げます。

敬具

改まった例〈本人が依頼するとき〉

謹啓　季節はにわかに秋涼《しゅうりょう》の候となりましたが、ご健勝のことと存じます。

さて、突然で恐縮ですが、お願いがございます。

実は私こと、このたび財団法人住宅共同金庫に転職が決まりました。ついては当市内在住の方を身元保証人として立て、誓約書を提出しなければなりません。

誠にご迷惑とは存じますが、右保証人の件お引き受けいただけませんでしょうか。ご迷惑は一切おかけしませんので、どうかご安心ください。

いずれ近日参上し改めてご依頼したく存じますが、取りあえず本状にてお願い申し上げます。

敬白

②他に候補がいないことを強調するのが効果的な場合があります。

③このように迷惑をかけないと誓うことが大切です。

手紙検定59　夏目漱石は正岡子規への手紙の自署名を、ふざけて「平凸凹《たいらでこぼこ》」と書きま

借金の依頼

ポイント

●**借金をしたい理由を明記する**……自分の不始末の公表は誰でも不名誉ですが、恥を忍んで正直に事情を説明しないと、相手の好意を引き出すことはできません。

●**返済計画をはっきり示す**……いくらをいつまでに返すのかなど、根拠のある返済計画を、具体的に説明しておくことが大切です。

●**他に方法のない窮状を訴える**……余裕がありそうな書き方で借金を申し込んでも相手は動きません。具体的に窮状を示し、切羽詰まった様子を伝えます。

●**手紙で依頼する略儀を詫びる**……後日出向いて依頼することを前提とし、とりあえず手紙で打診するという形にします。

一般的な例

拝啓　いつも大変お世話になっております。

さて、突然また身勝手なお願いがあり、お手紙を差し上げます。来月十月十日までに、十万円拝借したいのですが、お願いできませんでしょうか。

実は、板橋に所有するマンションの借家人が、半年にわたって家賃を滞納

Column

樋口一葉の窮状の訴え方

樋口一葉は、その清楚な容貌に似合わず、当時人気の占い師から借金を計画。父を亡くし、老母と世間知らずの妹と女三人暮らしとなり、頼みの人からも裏切られ、母に満足な食事も用意できない。そこで先生の勧める相場をやりたいが、その金もない。先生は万人の苦痛をいやすのが希望ということですから、その希望に従い、私に相場を始めるお金を貸してほしい――などと訴え、かなりの金を引き出しました。

凸凹」とか「凸凹」と書きました。顔にちょっと凸凹があったためです。

しているために、マンションのローンが払えなくなってしまったのです。①このままでは高利で借金するより仕方ない状況ですが、その前に貴方にお願いできればと思った次第です。②十二月になれば、兄に用立てた百万円が戻りますので、十二月二十日には必ずお返しできます。さぞかしご不快と思いますが、どうかお助けください。まずは書面にてお願い申し上げます。　敬具

改まった例

謹呈　貴家にはますますご隆昌の段お慶び申し上げます。当家増築に際しては、お祝いなど格別なご高配を賜り感謝にたえません。

さて、弊家はここへ来て思わぬトラブルに見舞われ、ただ今甚だ苦慮しております。と申しますのも、建築費用の最終支払い分五百万円を、建設仲介業者に詐取《さしゅ》されたためです。その後各方面からご支援を受け、かなりの部分都合がつきましたが、いよいよ万策《ばんさく》尽き残金百万円が準備できずにおります。

ついては、誠に失礼とは存じますが、金百万円、今月末までにご融通いただけませんでしょうか。謹んでお伺い申し上げます。③野生の退職金の前借りが、来月早々には下りますので、それまでの期間拝借できれば幸甚に存じます。

以上、事情をご賢察いただきご芳情を賜りたく御懇願致します。　頓首

解説

①このように、具体的に窮状を訴えます。

②このように根拠のある返済計画を、明確に伝えます。

③「野生《やせい》」は、一人称の人代名詞。自分のことをへりくだって言う語。「小生」と同じ。

手紙検定59の答え　○　漱石は親友の正岡子規への手紙には、自署名をふざけて「平

病気・事故見舞い

✎ ポイント

- **病気、事故を聞いたらすぐに出す**……早ければ早いほど誠意が伝わりやすくなります。心痛をいたわるだけでなく、突然の事故による心痛をも察し、励まし勇気づけます。
- **深刻になりすぎない**……親身になるあまり、深刻に心配しすぎると、かえって病人や怪我人の不安をかき立てることになります。
- **不安材料は記さない**……「深刻な大病でなくてよかった」などと記すのも禁物です。
- **体の苦痛と心痛を慰める**……怪我の痛さ
- **不幸中の幸いは禁物**……たとえ軽い病や負傷でも不幸に変わりはないので、「軽くてすみ不幸中の幸いでした」と他人がいうのは禁物。患者や負傷した本人が使う言い方です。
- **重ければ家族に宛てる**……病や怪我の程度が重いときは、家族に宛てて見舞います。

一般的な例〈病気見舞い〉 📧 メールOK

① 今日鈴木さんから入院のことを聞きました。検査入院したところ、心臓の疾患が見つかり、バイパス手術となったとのこと。

Variation

家族宛ての病気見舞い

急啓　手術のこと拝聞しました。成功とうかがい一応安堵しております。術後の経過はいかがでしょうか。

ご家族様はさぞかしご心配とは存じますが、豊田先生は必ずご闘病に勝利されるものと信じております。ご看護により、ご家族様は心身ともにお疲れのこととお察し申し上げます。ご家族様におかれましても、くれぐれもご自愛ください。

まずはお見舞いまで申し述べます。　　　　敬具

んに、原稿用紙30枚を超える恋文を書きました。○ or × ?〈難易度3〉

「この忙しいときに、手術なんかしていられるか」と、あなたは相変わらず②気力十分とうかがい、ひとまずほっとしましたが、やはり手術は早くしたほうがよいと思います。一日も早く回復されることを願っています。

手術後に、病院にうかがいます。まずはお見舞いまで。

改まった例〈事故見舞い〉

拝啓　承りますれば、この度は思わぬ③輪禍に遭遇され、お怪我をなされたとのこと、謹んでお見舞い申し上げます。
④大事には至らず、ご自宅より通院ご加療とのことですが、お加減はいかがでしょうか。お伺い申し上げます。
お怪我のご苦痛もさることながら、⑤不慮の災厄にさぞや驚かれたものと拝察します。ご家族様が手厚いご看護をされていることとは存じますが、もしや何かご入り用の物がございましたら、何なりとおっしゃってくださいませ。すぐにでもお見舞いに参上したく存じますが、遠路にてままなりません。

お怪我が一日も早く治癒されることをお祈り致します。

右略儀ながら⑥寸書にてお見舞いまで申し上げます。

敬具

解説

①このように、入院を聞いて、すぐにお見舞いの手紙を出したことを示すと、誠意が伝わりやすくなります。
②ここを、「元気」としないほうが無難です。決して元気ではないので。
③「輪禍《りんか》」は自動車事故のこと。
④ここを、「幸い大事には至らず」としてはいけません。「幸い」なことではないので。
⑤「不慮の災厄《さいやく》」は、思いもよらないよくない出来事。
⑥「寸書《すんしょ》」は、自分の手紙をへりくだっていう言い方。「寸簡《すんかん》」ともいう。

手紙検定60　芥川賞の選考委員などをしていた佐藤春夫は、友人の谷崎潤一郎の奥さ

災害見舞い

ポイント

● **驚き、不安、落胆、心痛を慰める**……被災した驚き、復旧への不安、損害による落胆、怪我の具合への心痛などを、相手の気持ちになって慰めます。

● **詳しい状況報告をせがまない**……質問は少なくします。相手の負担になるような報告の要求はつつしみます。

● **実際にできる援助を申し出る**……気休めに「何なりとお申しつけください」というのは禁物です。可能な手助けだけを申し出るようにします。

● **被災を知ったらすぐに出す**……被災を知ったら、すぐに見舞います。早いほど誠意が伝わりやすくなります。電話、メール、手紙、どのツールによるお見舞いがよいかは、そのときの状況によります。

一般的な例

メール OK

昨夜来の豪雨で竜雲川の堤防が決壊したとのニュースを、①今テレビで知り、驚いています。

浸水地域は斉田町一帯で、新町は無事と聞いていますが、お宅の様子はいかがでしょうか。

このまま豪雨が続き増水すれば新町まで浸水域は広がりそうですが、お宅

解説

①その事実を知ったら、このようにすぐに見舞います。

は少し高台にあり、豪雨も明日には上がる見込みなので、恐らく被害にあわずにすむと思います。②けれど暑い時期ですから、出水後のよくない病気の蔓延《まんえん》にも、どうかくれぐれも気をつけてください。

とりあえずお見舞いまで。

改まった例

拝啓　昨夜半御地を近年稀なる大地震が襲い、被害甚大《じんだい》の由、誠に驚き入るとともに、ご一同様にはご安否いかがかとご案じ申し上げます。

報道によりましても、負傷者の発表はありませんので、③定めて皆様はご無事で、また、強固なご普請の貴邸にも、恐らく損害はないと存じます。

しかしながら、震度六強とも伝わる激震に、さぞかし皆様驚かれ、その後もかなり大きな余震が頻繁に起こっていますので、引き続きご不安なことと拝察し、心よりお見舞い申し上げます。

遠地ゆえ何もお役に立てませんが、皆様のご無事を家族全員でお祈り申し上げております。

まずは心よりのお見舞いまで申し上げます。

敬具

②このように、相手の困難や不安を想像して、注意を促したり、慰めたりします。

③「定めて」は、きっと、たぶん、という意味。

火災見舞い

ポイント

- **火災見舞いは三種類**……火災に関わる見舞いには、出火見舞い、類焼見舞い、近火見舞いの三種類があります。
- **前文は省略して「急啓」などを使う**……前文省略で主文からいきなり入ります。頭語・結語は使わないことも多く、使うときは「急啓／草々」「前略／草々」などが一般的です。ただし、「拝啓／敬具」でも、間違いではありません。
- **文章量はできるだけ少なく要点を**……取り込み中なので、長文は失礼です。

一般的な例

メール OK

急啓　昨夜の大火、テレビで知り驚いています。
①確か台東橋三丁目はお宅の近くと思い、すぐに地図を取り出し調べてみると、もう目と鼻の先ではありませんか。心配になり電話をかけました。あいにく、電話殺到中のためかつながりませんでした。②お宅のある、音羽レンガ通りには火は届いていないと聞いていますが、いかがでしたでしょうか。ご無事だとは思いますが、さぞかし不安な一夜を過ごされたことでしょう。
心からお見舞いいたします。
草々

解説

①このように、具体的な行動を示し、心配した様子を伝えると、より一層強い誠意が伝わります。
②これは近火見舞いの手紙です。まず間違いなく被害がなくても、不安な思いをした相手をいたわるために、このようなお見舞いを書きます。

10章

手紙の常識とマナー

意外と知らない手紙のマナーから、
いつも迷ってしまう宛先・宛名の書き方まで。
これだけ知っておけば安心な手紙の常識をご紹介します。

意外と知らない手紙・はがきの常識

手紙文の書き方以外にも、手紙を書いて出すときには、相手に失礼にならないようにするためのいくつかのマナーがあります。次に紹介するマナーのうち、あなたはいくつ実践しているでしょうか。

エンピツ書きは失礼。安価なボールペンもNG

エンピツは下書き用の筆記具ですから、これを手紙に使えば失礼と思われます。消せるので証拠能力もありません。手紙を書くときの筆記具は、筆、万年筆、つけペン、あるいは、インク漏れやカスレのない高級なボールペン、もしくはパソコンなどを用います。フェルトペンや安価なボールペンは、改まった手紙には向きません。

フォーマルな手紙のインクの色は？

フォーマルな手紙のインクの色は、黒かブルーブラックが正式です。そして墨を使うときには、結婚式などのお祝いには濃い墨を用い、葬儀などの不祝儀では、薄い墨で書くのが常識です。薄い墨を使うのは、悲しみのあまり硯《すずり》に涙が落ち、墨が薄められるから、という説があります。もちろん、友人同士のパーティーの招待状なら、思い切り派手な色を何色も使い、楽しい雰囲気に仕上げるのもよいでしょう。

便箋は薄い色が上品。社用箋の私用はダメ！

祝儀、不祝儀は必ず白い便箋を用います。改まった手紙は、内容に限らず、すべて白が無難です。改まった手紙でも、多少親しみや趣《おもむき》を込めたいときには、色のついた便箋でもかまいませんが、薄い色で白に近いもののほうが、上品な印象となります。

原稿用紙やレポート用紙を便箋代わりにするのは失礼

です。いずれも下書き用の用紙だからです。また、たとえ正式な便箋でも、会社ロゴの入った社用箋を仕事以外で使用するのは禁物です。

他人に知られたくない手紙は封書に

はがきと封書は、その内容や取り交わす者同士の状況によって、注意深く使い分けなければいけません。

はがきは、すべての人の目にさらされる公開文書で、略式の手紙です。書き込める文章量は限られていますが、開封の手間がないというメリットもあります。そこで、次のような場合に用いられます。

・親しい相手へ出す場合
・内容が気軽な場合
・同等以下の人へ出す場合
・誰の目に触れてもよい内容の場合
・文章量が比較的少ない場合

一方封書は、宛名に示された人以外は開封できない非公開文書ですから、正式な手紙として使われます。また、便箋数をふやせば文章量をいくらでも多くできます。デメリットは開封の手間がかかることぐらいです。

そこで、用いられるのは次のような場合となります。

・親しくない相手へ出す場合
・内容がフォーマルな場合
・目上に出す場合
・差出人や受取人が内容を他人に知られたくない場合
・はがきでは書き切れない文章量がある場合

だいたい以上の基準を参考にして、はがきと封書を使い分けます。

便箋は一枚でもいいってホント？

便箋が一枚で終わってしまうときは、一枚だけを封筒に入れます。かつては、便箋が一枚で終わってしまったら、白紙の便箋をもう一枚添えて出すというマナーがありました。諸説ありますが、縁起が悪いという理由だそうです。今でも稀にそうする人がいますが、一枚で非常識と思う人は、ほぼいないといってよいでしょう。

宛名だけ最後の便箋に書いてはいけない理由

何枚か便箋を書いて、最後の便箋に、日付、自署名、宛名だけを書くことは避けます。最後が相手の宛名だけになってしまうことも、もちろんいけません。不体裁な印象になり、失礼を感じさせることがあるからです。書きながら調整して、少なくとも最後の便箋に本文の二、三行がかかるようにします。

白の二重の封筒がていねい。ただし不祝儀は一重

封筒も便箋と同様に白が正式です。濃い色つきやキャラクター入りは、改まった手紙には向きません。祝儀や不祝儀は白と決まっています。ただし色つきでも白に近い薄い色、たとえば薄いクリーム色などであれば、改まった手紙に用いても失礼にならないとされています。

もちろん、事務用の茶色の封筒を改まった手紙に使うのは失礼です。また、封筒の作りの違いからいうと、一重は略式の礼儀、二重（内袋があるもの）は正式となります。ただし、不祝儀のときは不幸が重ならないようにと、必ず一重を選びます。

テープで封をするのは失礼。ノリできちんと貼る

せっかく趣深い季節の便りを出しても、封締めがホチキスやテープでは、興ざめです。多少時間と手間がかかっても、封締めはノリで行います。ていねいにノリづけされた封を開けるとき、先方にこちらの時間と手間が静かに伝わり、趣や敬意がよりいっそう深まります。

「あなた」は行頭に。「私」は文末に

手紙では謙譲の美徳を謙譲語、尊敬語、丁寧語などの敬語で表す他、書式でもそれを表現します。「私／小生／野生」などの第一人称の人称代名詞は、行頭に来ない

ような字配りで書きます。相手より高い位置に自分がいるのは失礼だからです。

一方、「貴方／貴殿／貴君」などの第二人称の人称代名詞や、「伯父様／先生」などの相手の呼称は、行末に置くことを避けます。下に置くのは失礼だからです。書いていくうちに行末に来そうなときは、その行の下を空けたままで改行し、行頭に上げます。この古いマナーは、転勤通知、退職通知などの儀礼的な手紙では、いまだに行われている場合があります。

「が・に・は・の・を」は行頭を避ける

このマナーは、最近ではほとんど顧みられていませんが、「が・に・は・の・を」などの格助詞を行頭に置かないようにすると、相手がとても読みやすくなります。「……すばらしい贈り物を頂戴し……」などといった文を、「……すばらしい贈り物」と行末に書き、「を頂戴し……」を行頭に書くのではなく、「……すばらしい贈り物を」と書き、次行は「頂戴し……」から書き始めるといった具合です。

書きながら調整して、行末に格助詞が来るようにしても、相手はあまり気づかないかもしれませんが、なんとなく読みやすい手紙にはなるはずです。気づかれない親切こそが、本当の親切かもしれません。

人名・数字・熟語は二行に分けない

手紙の大切な使命の一つは、正確な情報伝達です。したがって、誤読を避ける配慮は欠かせません。そこで、人名・数字・熟語など、ワンセットで意味をなす重要な単語は、行末と次行の行頭に分断することを避けるのがマナーとされています。

人名や熟語は分断されると誤読の可能性が高くなり、数字はとくに読みちがえやすくなります。薬の調合量や値段や時間を二行に振り分け、誤読を誘発させるようなことがないようにします。

手紙文の組み立て方と実例

手紙文には基本の形と順番のルールがあります。この形式を守ることで礼儀が保たれ、意図がきちんと伝わる手紙を書くことができます。ただし、前文や追って書きを書かない場合もありますので注意してください。

注意
お礼、お見舞い、お悔やみの手紙では前文を省く場合があります

❶ 前文		
頭語		拝啓（一筆申し上げます）
時候のあいさつ		春爛漫、いよいよお花見の季節となりました。
安否のあいさつ	相手の様子	その後いかがお過ごしでしょうか。
	自分の様子	私ども家族は皆ますます元気ですので、ご安心ください。
お礼・お詫び		先日はまたお世話になり、ありがとうございました。
起語		さて、折り入って、お願いがございます。

*「一筆申し上げます」「かしこ」は女性用

注意 ⚠ 改まった手紙では追って書きは書きません

❷ 主文	本文	五月の連休に妻の両親を連れて、軽井沢まで家族旅行をすることになりましたが、あいにく我が家には大人数が乗れる大型車がございません。 ついては、お宅のワンボックスカーをお借りすることはできませんでしょうか。 厚かましいのを承知の上で、謹んでお伺い申し上げます。ぜひご検討くださるようお願い申し上げます。
❸ 末文	結びのあいさつ	まずは右お願いまで申し上げます。
	結語	敬具（かしこ）
❹ 後付け	日付	平成二十七年四月三日
	署名	逸見 幸一
	宛名・敬称	中野 一樹 様
	脇付	机下
❺ 副文	追って書き	追伸 先日ご紹介いただいたお店、早速友人と行ってみました。絶品でした。友人も大喜び。有難うございました。

手紙文の要素の解説

前の項目でご紹介したそれぞれの構成要素の解説です。「拝啓」と書く意味や、安否のあいさつの目的、結びのあいさつの効果など、それぞれが持つ目的を正しく知ることで、より文章が書きやすくなります。

❶ 前文

頭語（冒頭語・起筆・起首）

「拝啓」「謹啓」などの語です。どちらも、「これから謹んで、あなたを尊敬して、申し上げます」という意味です。一般的には「拝啓」、とても改まるべき手紙では、「謹啓」などを使います。女性は、頭語は書かないのが一般的ですが、ビジネスシーンなど、性差のない状況で書く手紙は、男性と同じ頭語を用います。

時候のあいさつ

「春暖の候」「朝夕心なしかひんやりとし、秋の気配が感じられる今日この頃」など、季節感を盛り込んだあいさつのことです。コミュニケーションの前提を作るのに役立ちます。ただし、時候を省いて主文から始めるのがよい手紙も少なくありません。たとえば、お詫びやお悔やみの手紙は時候を省くのが通例です。

安否のあいさつ

＊相手の様子を尋ねる――時候のあいさつの後は、まず相手の安否を尋ねます。「その後いかがお過ごしでしょうか」「皆様ますますご健勝のことと存じます」など、相手の健康を伺ったり、無事や幸福を喜んだりするあいさつです。

＊自分の様子を伝える――相手の安否を尋ねてから、自分の様子を伝えるのが礼儀です。「おかげさまで元気にしております」などと、健康や無事を伝えます。親しくない相手や、お詫びの手紙などでは、余計で失礼なあいさつとなるので注意します。

お礼・お詫び

前文の最後に、「先日はお世話になりました」など、ちょっとしたお礼やお詫びのあいさつを加えることがあります。これはなくてもかまいません。

❷主文

手紙文の主要な部分で、伝えたい内容を書きます。「さて」「ところで」などの起語を置いてから書き始めると、前文から主文に入ったことが明確になります。

❸末文

結びのあいさつ

「まずはお礼まで」など、主文を締めくくるあいさつです。「ご家族の皆様にもよろしく」「お元気で」など、日常のあいさつで締めることもあります。必ずしも必要ではありませんが、用いると文面が締まります。

結語（留書）

「敬具」「謹言」などの語です。どちらも謹んで尊敬して申し上げました、という意味です。手紙全体を敬意で包んで締めくくるための語です。

❹後付け

日付

年月日を記入するのが原則です。気軽な手紙は月日だけの場合もあり、慶事の手紙は「四月吉日」などとすることがあります。

署名

姓名を書きます。ペンネームなど、本名以外を目上に書くのは失礼です。親には名前だけ書きます。

宛名・敬称

敬称は「様」が一般的です。「殿」は避けます。恩師、芸術家などには「先生」を用い、「先生様」とは書きません。

脇付

敬称の左下に、宛名より小さめに書き添える「机下《きか》」「侍史《じし》」などの語です。手紙を直接渡すのは恐れ多いので、「机」の「下」に置きます、「侍史＝お付きの人」を通じてお渡しします、という敬意を伝えます。今はほとんど使われません。

❺副文

追って書き

手紙を書き終えてから、書き忘れたことを付け足すために添える短い文章のことです。「追伸」「追白《ついはく》」などと書いてから始めます。改まった手紙には書きません。

定型の言い回し・用語の使い方

手紙文には定型の言い回しや用語が多く登場しますが、基本のパターンさえつかめばそれほど難しいものではなく、この形を守ることで一定の礼儀を保つことができます。ここでは代表的なものをご紹介します。

相手の様子を尋ねるあいさつ

- 皆様
- 皆々様
- ご家族様
- ご家族の皆様方
- ご一同様

↓

- には
- におかれましては

→ （その後）→

- いかがお過ごしですか
- いかがお暮らしですか
- お変わりございませんか
- お元気でお過ごしでしょうか

→

- ますます
- いよいよ

↓

- ご活躍
- お元気
- ご清祥《せいしょう》
- ご壮健
- ご清栄《せいえい》
- ご隆昌《りゅうしょう》
- ご健勝
- ご清福《せいふく》

↓

- の由
- の趣《おもむき》
- の段
- のことと承《うけたまわ》り
- のことと拝察いたし

→

- 心から
- 心より
- 衷心《ちゅうしん》より

↓

- お喜び申し上げます
- なによりと存じ上げます
- 大慶《たいけい》に存じます
- 慶賀《けいが》いたします
- 慶賀の至りに存じます

（ご活躍～ご清福から）↓

- のことと存じます
- のことと拝察いたします

自分の様子を伝えるあいさつ

- 私事ではございますが
- 私事で恐縮ですが

↓

- お陰様で → 当方／私ども／家族 → 一同／いずれも／皆
- 私も → 相変わらず

↓

- 元気にしております
- 無事暮らしております
- 健康な毎日を過ごしております
- 元気で働いております

↓

- から、ご安心ください
- ので、他事ながらご休心ください
- ので、何卒ご放念ください

＊点線囲いの部分は、入れたほうがていねいですが、入れなくてもかまいません

ご無沙汰のあいさつ

- 平素は
- ついつい
- 日頃は
- 久しく
- 長らく

↓

- ご無沙汰
- ご無音《ぶいん》

↓

- いたしまして
- のみにて
- に打ち過ぎの段

↓

- （大変）申し訳ございません
- お許しください
- （誠に）恐縮に存じます
- 悪しからずご容赦くださいませ
- ご海容《かいよう》ください

お礼のあいさつ

- いつも
- 日頃は
- 平素は
- 常々
- 過般《かはん》は
- いつぞやは
- 過日は
- 先般は
- 先日は
- 先だっては

↓

- いろいろと
- なにかと
- 格別の
- 並々ならぬ

↓

- お世話になり
- ご心配をいただき

- ご高配《こうはい》
- ご高誼《こうぎ》
- ご厚情
- ご指導
- ご鞭撻《べんたつ》
- ご激励《げきれい》

↓

- を賜《たまわ》り
- にあずかり

↓

- （誠に）ありがとうございます
- （厚く・心より）御礼申し上げます
- （深く）感謝しております
- 深謝《しんしゃ》申し上げます

お詫びのあいさつ

本日は
いつぞやは
過日は
先日は
先般は
先だっては

↓

ご好意を無にしてしまい
ご無礼を働き
不本意にも時間に遅れ
思わぬ長居をしてしまい
お手数をおかけして
ご迷惑をおかけし
ご厚恩《こうおん》に背いてしまい

↓

深く反省しております
お詫びの申し上げようもございません
誠に申し訳ございません
誠にあいすみません
合わせる顔がございません
万死《ばんし》に価《あたい》します

↓

どうかお許しください
何卒ご容赦ください
ご海容いただければ幸いです

起語（主文の起こし言葉）

さて／ところで／ついては／つきましては／実は／このたび／早速ですが／突然ですが／いささか唐突ですが／前便《ぜんびん》でお伝えしましたように／すでにご存じかと思いますが／すでにお耳に達しているとは存じますが／承りますれば／かねてお話のありました○○の件につきまして

※カッコ内は傍線部分の言い換え例です

用件を結ぶあいさつ

■まずは、お知らせ（ご依頼・お願い・お礼・お祝い・お見舞い・ご忠告・お詫び・お悔やみ）まで申し上げます

■右取り急ぎご依頼（ご通知・ご報告・ご返事・ご案内）申し上げます

■まずは、用件のみにて失礼いたします（ごめんください）

■以上、くれぐれも（何卒）よろしくお取り計らいくださいませ

■それでは甚《はなは》だ勝手（不躾《ぶしつけ》）ですが、以上よろしくお願いいたします

■では、お越しを心より（楽しみに）お待ち申し上げます

■詳しくはお目にかかったときにお伝えいたします

■委細《いさい》はお目もじのうえで〔詳しくはお会いしてから〕＊女性用

■委細後便《こうびん》〔詳しくは後の手紙で〕

健康と無事を祈るあいさつ

■時節柄《じせつがら》お体をくれぐれもご自愛《じあい》くださいますように

■天候不順（酷寒《こっかん》・盛夏）のおりから、お体（御身《おんみ》）ご大切に

■末筆《まっぴつ》ではございますがご自愛専一《せんいつ》に

■それでは、なお一層のご健勝をお祈り申し上げます

■皆様（ご家族様）のご多幸（ご多祥《たしょう》）を心よりご祈念申し上げます

返事を求めるあいさつ

■ご（お）返事をお待ち申し上げております

■ご多用中恐縮ですが、折り返しのご返事をお待ちしております

■会場準備の都合がございますので、恐れ入りますが○月○日までにご返事をいただければ幸甚《こうじん》に存じます

■来週末にお電話を差し上げますので、その際ご返事を頂戴できれば幸いに存じます

今後に関するあいさつ

■今後とも、何卒宜《よろ》しくお願い申し上げます

■今後とも宜しくご指導（ご鞭撻・ご教示・ご配慮・ご支援）くださいますようお願い申し上げます

■この先も倍旧《ばいきゅう》のご厚情をたまわりますよう、謹んでお願い申し上げます

■旧に倍するご支援のほど、切に願い上げます

伝言を依頼するあいさつ

■それでは皆様に宜しくお伝えください（ご伝声《でんせい》ください）

■末筆ながら奥様によろしくお伝えください

■あなたからもその点くれぐれもよろしくご説明ください

■以上、恐縮ですが先様《さきさま》にご伝声くださるようお願いいたします

日付の書き方

一般的な書き方	平成二十七年五月二十日／平成27・9・27／二〇一五年十一月三日／2015・6・27
お祝いの手紙のとき	平成二十七年五月吉日
季節の見舞い状のとき	平成二十七年盛夏／平成二十七年晩夏／平成二十七年極寒
年賀状での書き方	平成二十八年元旦／二〇一六年元旦

自分の署名の書き方

ふつうの手紙では	酒井由紀子
親しい相手へは	桜井 生（「生」の字を加える）＊男性用
目上の相手には	倉田 拝（「拝」の字を加える）
身内への手紙では	姉より／兄より／父／母／由紀子（親宛ての場合）
連名の手紙では	目下の人の名を先に書く。ただし親子の連名は父、母、子供の順。兄弟姉妹は年の順。夫婦は夫が先。
代筆したときは	高田義男 代（代筆者の姓名ではなく差出人の姓名の下に「代」の字を加える） 倉橋光男 内（妻が代筆したときは夫の姓名の下に「内」の字を加える）

宛名の書き方

ふつうの手紙では　山岸孝也様

親しい相手へは　恵子さん／友則さん

目上の相手には　山岸 様（姓だけで名を書かないのが、本来は正式。ただし、現在はこだわらない）

目上の人の妻へ　高野令夫人様／高野御令室様

目上の人の母親へ　福井御母堂様／福井御母君様

身内・親戚への手紙では　父さんへ／父上様／母さんへ／母上様／伯母様／叔父様／恵子さん／重人君

宛名の敬称の書き方

一般　様

同輩・目下　様（「殿」は不適当）

友人・同輩　君／兄／大兄《たいけい》／様

親しい人　さん／くん／ちゃん

先輩　大兄／学兄《がっけい》／畏兄《いけい》／賢兄《けんけい》／貴兄《きけい》／様

教師・学者・歌人　先生／大人／様

学問・文学上の友　学兄／雅兄《がけい》／雅賢《がけん》／詞兄《しけい》

画家　先生／画伯《がはく》／様

詩人　詩宗《しそう》／詩伯《しはく》／先生／大人

俳人・茶人　先生／宗匠《そうしょう》

書家・作家・議員・弁護士　先生／様

ビジネス・公用　様（「殿」は不適当）

多人数　各位《かくい》

会社・団体　御中《おんちゅう》

脇付の書き方

＊ビジネス・慶弔全般の手紙、御中・各位を使ったときには脇付を添えない

一般に対して

●男性が書くとき　机下《きか》　机右《きゆう》　座下《ざか》　足下《そっか》　玉案下《ぎょくあんか》　硯北《けんぼく》　膝下《しっか》

●女性が書くとき　みもとに　御許《みもと》に

目上の人へ

●男性が書くとき　侍史《じし》

●女性が書くとき　御前《みまえ》に　みまえに

解説

昔手紙は、相手に直接渡さず、机の下や横、あるいは足元に置きました。尊敬すべき相手に直接手紙を渡すのは失礼というしきたりがあったからです。「机下」「足下」などと封筒や便箋に書いて相手を尊敬するのは、その頃の習慣の名残です。また、さらに尊敬すべき目上に対しては、「侍史」と書きました。侍史とは貴人のお付きの人のことで、お付きの人を通じて手紙をお渡ししますという意味の最上級の敬意の表現になります。

追って書き

追伸／追白《ついはく》／二（三）伸／なお／追って／それから／重ねて申し上げます／一言申し添えます／忘れておりました／P.S.（Post Scriptの略）

頭語と結語の呼応関係

「拝啓」と「敬具」など、頭語と結語には決まった組み合わせがあります。本来、男女での使い分けのあるものですが、現代ではビジネスシーンなど性差のない場面では、女性も男性と同じものを使うことが一般的です。

手紙の種類	頭語	結語
一般的な手紙	男 拝啓／拝呈／啓上 女 こんにちは／一筆申し上げます／はがきで失礼いたします	男 敬具／拝具 女 かしこ／ごめんくださいませ
対等以下・親しい人への手紙	こんにちは／啓	では／いずれまた／またお手紙差し上げます／さようなら
改まった手紙	男 謹啓／謹呈／謹白／恭啓／粛啓 女 謹んで申し上げます	男 謹言／頓首／再拝／敬白 女 かしこ／可祝
初めて出す手紙	初めてお便りを差し上げます／突然お手紙を差し上げる失礼をお許しください／未だ拝眉の機会を得ませんが、ご尊（高）名はかねてより承っております	男 敬具／謹言／頓首 女 かしこ
時期をおかずに重ねて出す手紙	男 再啓／再呈／追啓 女 重ねて申し上げます／度々失礼とは存じますが、お手紙（寸書）をお送りいたします／○月○日付のお手紙、ご高覧いただけましたか	男 敬具／謹言／頓首 女 かしこ
一般的な返信	拝復／復啓／お手紙拝見いたしました／お手紙感謝いたします／ご返事申し上げます	男 敬具 女 かしこ

手紙の種類	頭語	結語
改まった返信	男 拝復／御状拝見／謹復／謹答／ご書面拝見 女 お手紙（玉章《ぎょくしょう》／芳簡）、ありがたく拝見（拝読）いたしました	男 敬具／謹言／頓首 女 かしこ
返信が遅れたとき	あいにく雑用に取り紛れ 折悪しく出張中のため 数日病気で寝ており 生来の筆無精のため 考えがまとまらず ➡ お返事が大変遅れて、誠に申し訳ございません	男 敬具／謹言／頓首 女 かしこ
緊急の手紙	男 急啓／急白／急呈 女 早速ですが／取り急ぎ申し上げます／突然で恐縮ですが	男 敬具／謹言／頓首／草々 女 かしこ
前文省略のとき	男 前略／冠省／略啓 女 前略／前略ごめんください／前文お許しください	男 草々／不一／不備／以上 女 かしこ／あらあらかしこ

敬語の表現方法

敬語には、尊敬語と謙譲語と丁寧語などがあります。それぞれの役割と使い方をしっかり覚えることが大切です。謙譲語を尊敬語として使うなど、その使用法を間違えて文章を書いてしまうと、失礼な手紙となってしまいます。

敬語の種類と作り方

種類	敬語		
	尊敬語	謙譲語	丁寧語
	相手の側の動作・人・物などを尊敬して言うことにより、敬意を表す語	下位者が上位者に対して、自分の側の動作・人・物などをへりくだって言うことにより、敬意を表す語	話し手が聞き手に対して丁寧に言うことにより、直接敬意を表す語
作り方	↓名詞に「お・ご・芳・貴・尊」などをつける。 「お手紙／尊宅《そんたく》」 ↓独特の形の動詞の尊敬語を使う。 「おっしゃる」 ↓「お～になる」「お～なさる」「お～ください」の形にする。 「お聞きください」 ↓尊敬の助動詞「れる・られる」をつける。 「言われる」 ↓尊敬語＋丁寧語の形にして敬意を強める。 「読まれますか」	↓名詞に「拙・卑・愚・小・粗」などをつける。 「拙宅《せったく》／愚妻」 ↓独特の形の動詞の謙譲語を使う。 「申す／うかがう」 ↓次の型に動詞を入れる。 「お～する」「お～いたす」「お～申す」 「お～申し上げる」 「お会いする」 ↓謙譲語＋丁寧語の形にして敬意を強める。 「お伺いいたします」	↓名詞に「お・ご」をつける。 「お手紙／おうち」 ↓「～です／～でございます」の形にする。 「元気です」 ↓動詞に「ます」をつける。 「行きます」

※注 平成十九年の文化審議会答申により「敬語の指針」が示され、尊敬語や謙譲語を説明する際に、「敬う・へりくだる」という表現のほかに、「相手を立てる」という表現も用いられるようになりましたが、ここでは混乱を避けるために、旧来のまま「敬う・へりくだる」という解説用語だけを使用しました。

敬語の作り方の実例

普通の表現	尊敬語	謙譲語
聞く	お聞きになる・聞かれる	伺う・拝聴する
言う	おっしゃる・言われる	申す・申し上げる
来る	いらっしゃる・来られる	参る・伺う
行く	いらっしゃる・行かれる	伺う・参る
会う	お会いになる・会われる	お目にかかる・お会いする
食べる	召し上がる・食べられる	いただく・頂戴《ちょうだい》する
読む	お読みになる・読まれる	拝読する
見る	ご覧になる・見られる	拝見する
推察	賢察《けんさつ》・お察しになる	拝察《はいさつ》・恐察《きょうさつ》・お察しいたす

尊称と謙称

「尊称《そんしょう》」とは、相手の側の物・場所・人などを尊敬して、ていねいに言うときに使う言葉です。

「謙称《けんしょう》」とは、自分の側の物・場所・人などをへりくだって言うときに使う言葉です。

	尊称	謙称
場所	御地《おんち》・錦地《きんち》・ご地方・ご町内・ご市内・ご都下《とか》・尊邑《そんゆう》・貴県《きけん》・尊地《そんち》・貴地《きち》・貴国《きこく》・貴村《きそん》	弊地《へいち》・寒地《かんち》・僻地《へきち》・当町内・当県下《とうけんか》・国元《くにもと》・当地・当所・当方・当県《とうけん》・本村《ほんそん》
住まい	お宅・貴邸《きてい》・貴家《きか》・尊宅《そんたく》・尊家《そんか》・尊邸《そんてい》・尊堂《そんどう》	拙宅《せったく》・拙家《せっか》・茅屋《ぼうおく》・小宅《しょうたく》
店舗	貴店《きてん》・御店《おみせ》	弊店・弊舗《へいほ》・当店
手紙	お手紙・貴書《きしょ》・芳書《ほうしょ》・貴墨《きぼく》・芳翰《ほうかん》・尊簡《そんかん》・玉章《ぎょくしょう》・芳墨《ほうぼく》・華墨《かぼく》・貴封《きふう》	書状《しょじょう》・寸書《すんしょ》・卑簡《ひかん》・一筆《いっぴつ》・手翰《しゅかん》・寸箋《すんせん》・拙書《せっしょ》・拙墨《ちぼく》
訪問	ご来訪《らいほう》・ご訪問・ご来臨《らいりん》・ご来車《らいしゃ》	お訪ね・お伺い・ご訪問・拝趨《はいすう》
意見	ご高見《こうけん》・ご卓見《たっけん》・ご名案・仰せ・ご意見	愚考《ぐこう》・愚案《ぐあん》・愚見《ぐけん》・私見《しけん》・僻見《へきけん》・卑見《ひけん》・所感《しょかん》
安否	ご清穆《せいぼく》・ご清栄《せいえい》・ご健勝・ご多祥《たしょう》・ご清福《せいふく》・ご無事	無事・無異《ぶい》・健在・頑健《がんけん》・消光《しょうこう》
授受	ご笑納《しょうのう》・ご査収《さしゅう》・ご領収・ご入手《にゅうしゅ》	拝受《はいじゅ》・落掌《らくしょう》・落手《らくしゅ》・頂戴《ちょうだい》・受納《じゅのう》・ご送付
会社・銀行	貴社《きしゃ》・御社《おんしゃ》・貴行《きこう》	本社・小社・弊社《へいしゃ》・弊行《へいこう》・当行《とうこう》・当社・本行《ほんこう》・本社支社・本行支店
学校・官庁・病院・団体	貴校《きこう》・貴大学《きだいがく》・貴省《きしょう》・御庁《おんちょう》・貴署《きしょ》・貴院《きいん》・貴協会《ききょうかい》・貴会《きかい》・貴組合《きくみあい》	本校・当校・本学・本省・当省・本庁・当庁・本署・本院・当院・本協会・当会・当組合
品物	美酒《びしゅ》・美果《びか》・佳肴《かこう》・尊影《そんえい》（相手を写した写真）・佳品《かひん》・結構なお品	粗品・粗菓《そか》・粗酒《そしゅ》・粗肴《そこう》・小照《しょうしょう》（自分を写した写真）

和封筒の書き方

表書き

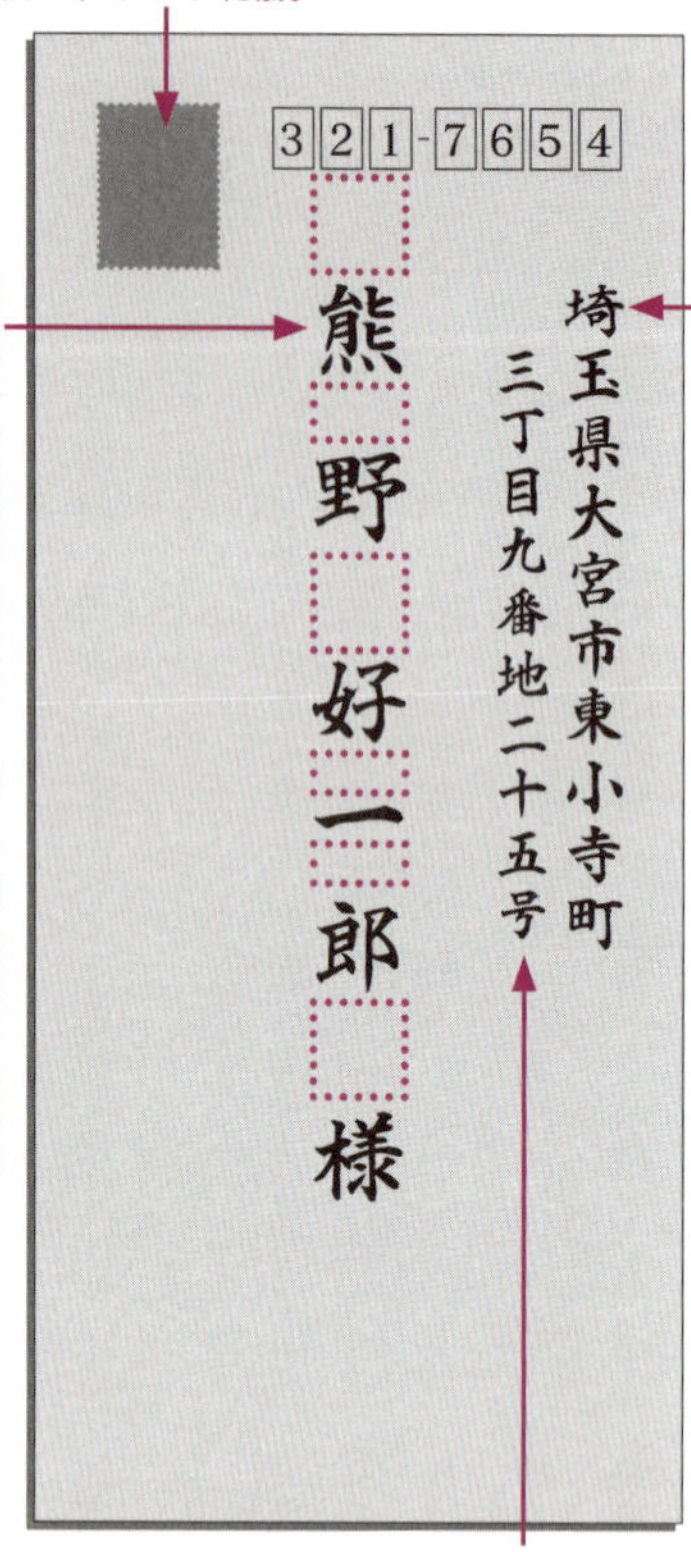
切手は、まっすぐに貼り、1枚にするのが礼儀。
321-7654
埼玉県大宮市東小寺町
三丁目九番地二十五号
熊野好一郎様
宛先は、封筒の右端から書き始めるが、極端に右よりにならないように注意する。
宛名は、封筒の中央に大きく書く。宛名の書き出しは郵便番号欄にぴったりくっつけないで少し空け、ほどよく余裕を持たせて字配りする。
宛先は、1行で収めるが、収まらないときは、区切りのよい箇所で2行に分ける。2行目の書き出しは 1行目より1字分程度下げ、1行目より少し小さめに書く。

宛名、宛先などの書き方にも、一般的な決まり事があります。その決まりを守らないと、マイナスの印象が強くなって、せっかく内容のすばらしい手紙を書いても、効果が半減してしまいます。

宛名、宛先は、郵便局への事務的な情報にとどまりません。手紙の内容を引き立たせるためにも、ていねいに美しく書くことが大切です。美しさは相手への敬意につながります。

裏書き

「〆」「締」「封」などの封字は、封印の意味があるので、書くのが正式。「〆」がもっとも一般的。

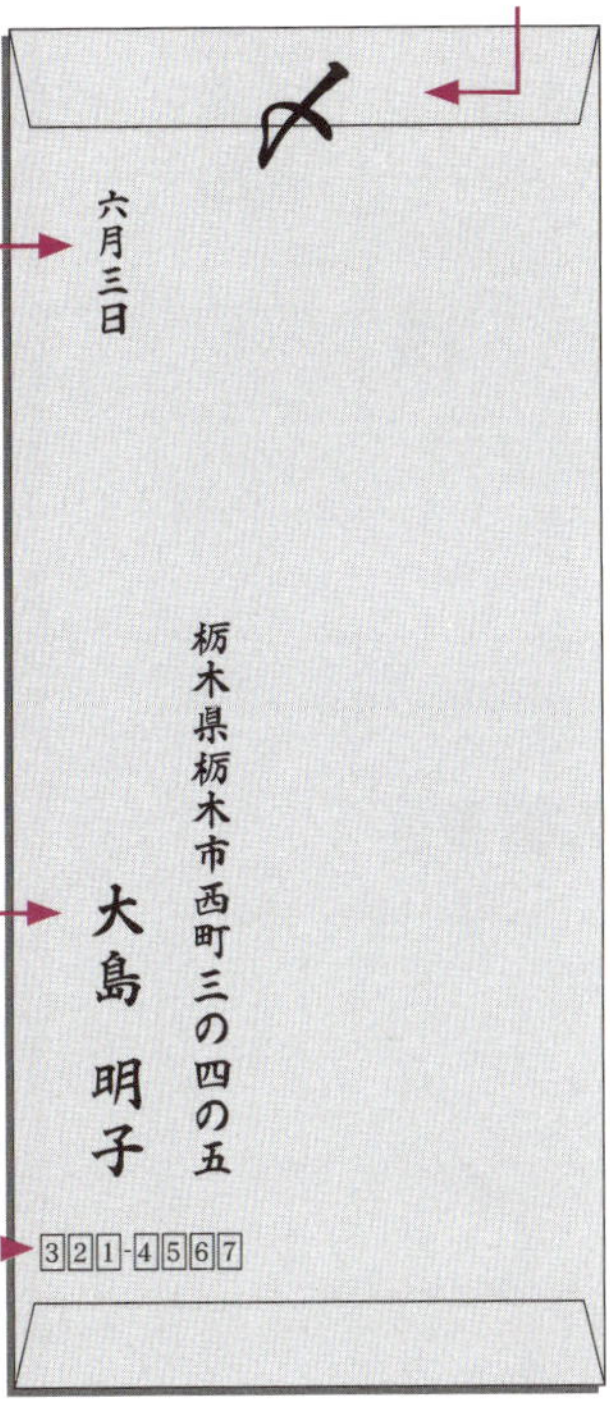
〆
六月三日
栃木県栃木市西町三の四の五
大島 明子
321-4567

発送した日付は、住所より小さめの文字で、左端に書く。

差出人氏名は、住所より大きめに書く。

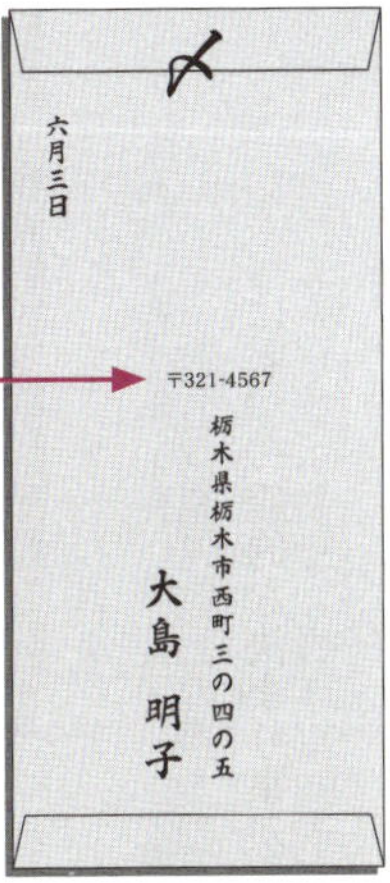
〆
六月三日
〒321-4567
栃木県栃木市西町三の四の五
大島 明子

郵便番号欄のない封筒の場合 裏面中央に差出人の住所と氏名を書くようにするとよい。

会社に宛てる表書き

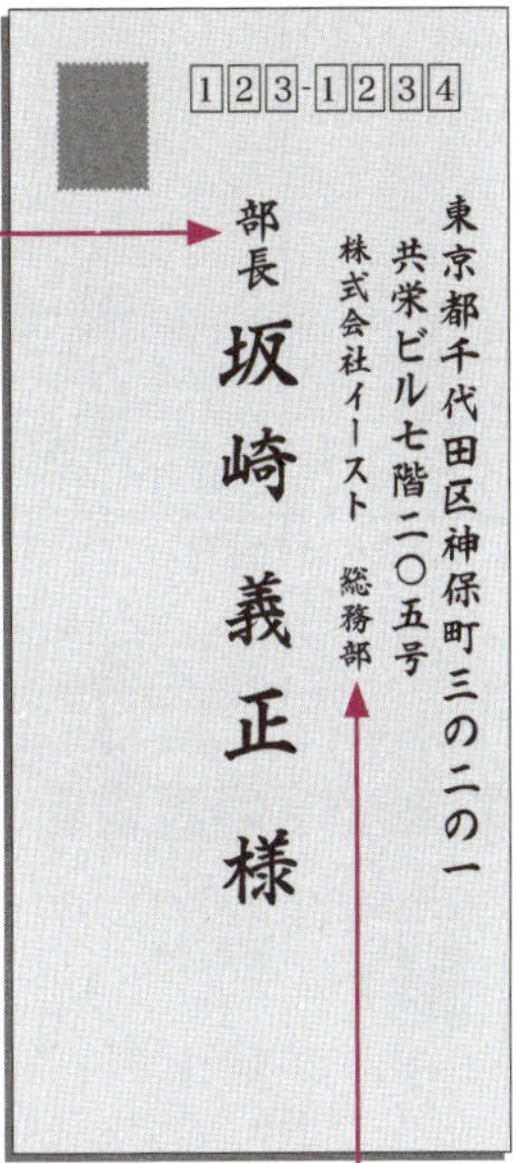
123-1234
東京都千代田区神保町三の二の一
共栄ビル七階二〇五号
株式会社イースト 総務部
部長
坂崎 義正 様

肩書は、氏名の上に書くのが原則。「副部長」など三文字までは一行に書き、「総括部長」など四文字は二行にする。ただし、五字以上なら、宛名の右に小さく書く。

社名は、改行して「株式会社」などを含めた正式名を、住所よりやや小さな文字で書き始める。社名と部署名の間は1字分空ける。

文字の大きさの目安

宛名の大きさを⑩とするなら、その他の文字は、次の比率を目安に書くと、よりきれいに見えます。

- 宛先一行目 ⑦
- 宛先二行目 ⑥
- 宛名 ⑩
- 差出人住所 ⑤
- 差出人氏名 ⑦
- 日付 ④

洋封筒の書き方

横書きの表書き

切手は、絵柄の上が封筒の上辺を向くように右肩に貼る。

住所番号は、算用数字を用いるほうが読みやすい。

宛名は、中央に大きく書く。字配りを工夫して、左右の幅もゆったりととるようにする。

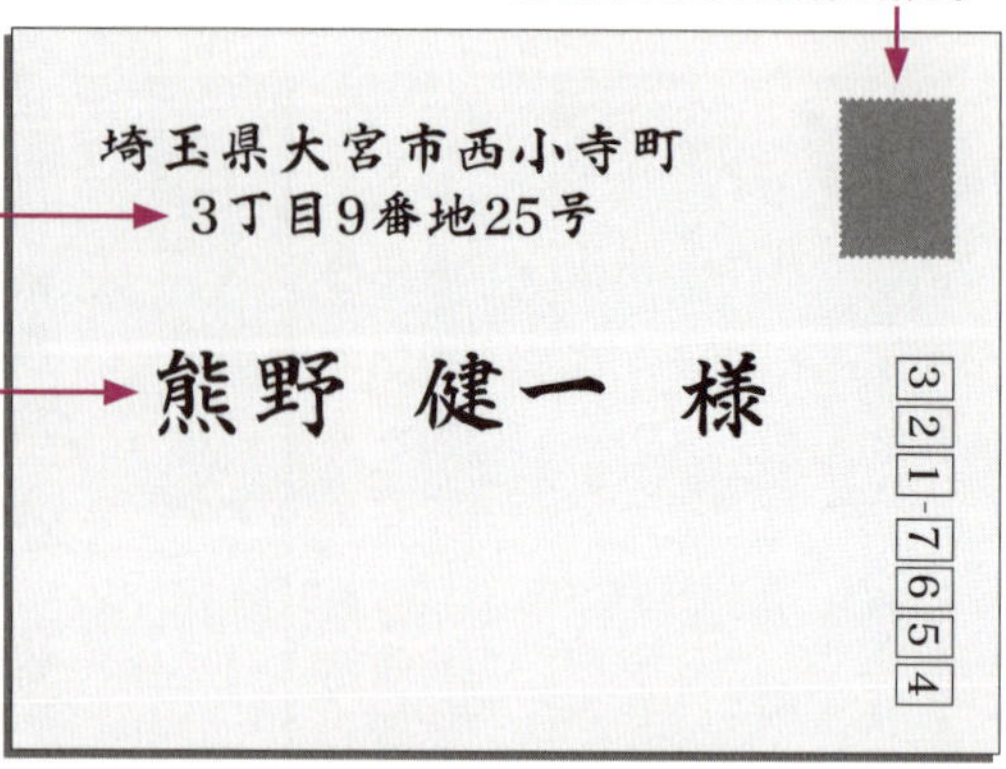
埼玉県大宮市西小寺町
3丁目9番地25号
熊野　健一　様
321-7654

縦書きの表書き

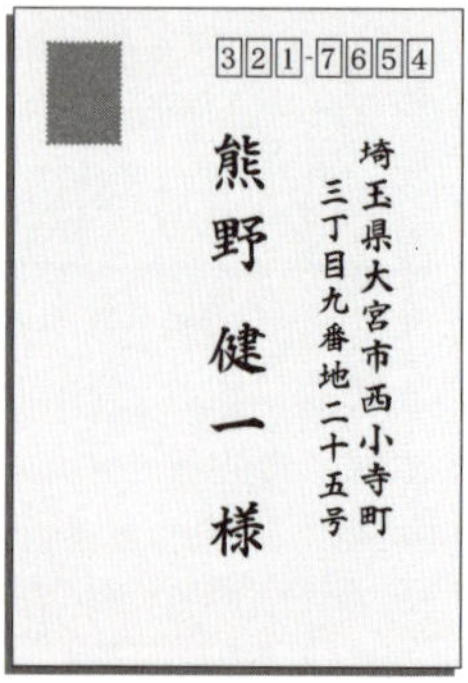
321-7654
埼玉県大宮市西小寺町
三丁目九番地二十五号
熊野 健一 様

縦書きの場合は、和封筒の書き方と同じ。

横書きの裏書き

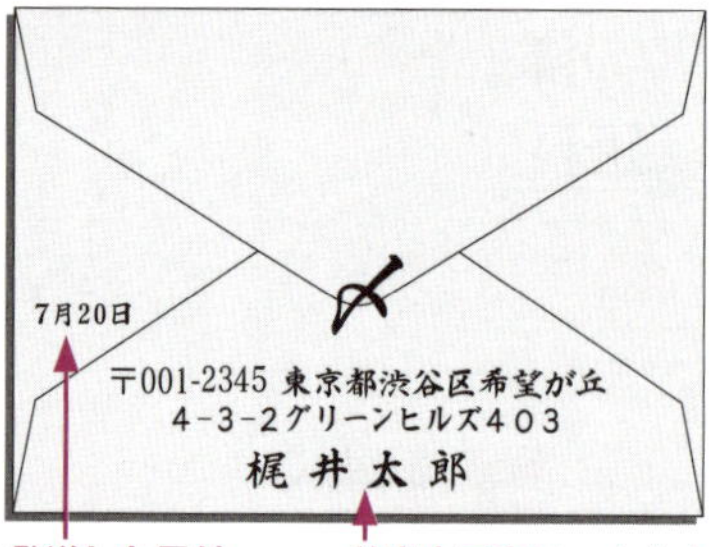
〆
7月20日
〒001-2345 東京都渋谷区希望が丘
4-3-2グリーンヒルズ403
梶井太郎

発送した日付を入れる。

差出人氏名は、左右中央に、住所よりやや大きめに書く。

洋封筒の書き方も、基本的には和封筒と同じです。文字の大きさの比率（313頁参照）を目安にしてください。

洋封筒は、縦書きだけでなく、横書きにするときもあり、用途に応じて選びます。最近は改まった内容の手紙でも横書きにすることがありますが、中身の通信文が縦書きなら、表・裏書きともに縦書きにします。

また、改まった手紙でどちらにすべきか迷ったときは、中身も封筒書きも両方とも縦書きにするのが無難です。縦書きのほうが、礼儀正しさを強調することができるからです。

不祝儀の裏書き

七月三日
〒001-2345
東京都渋谷区希望が丘
四の三の二グリーンヒルズ四〇三
〆
梶井太郎

縦書きの不祝儀の裏書きは、封の舌が左に来るように置いて書く。

縦書きの一般的な裏書き

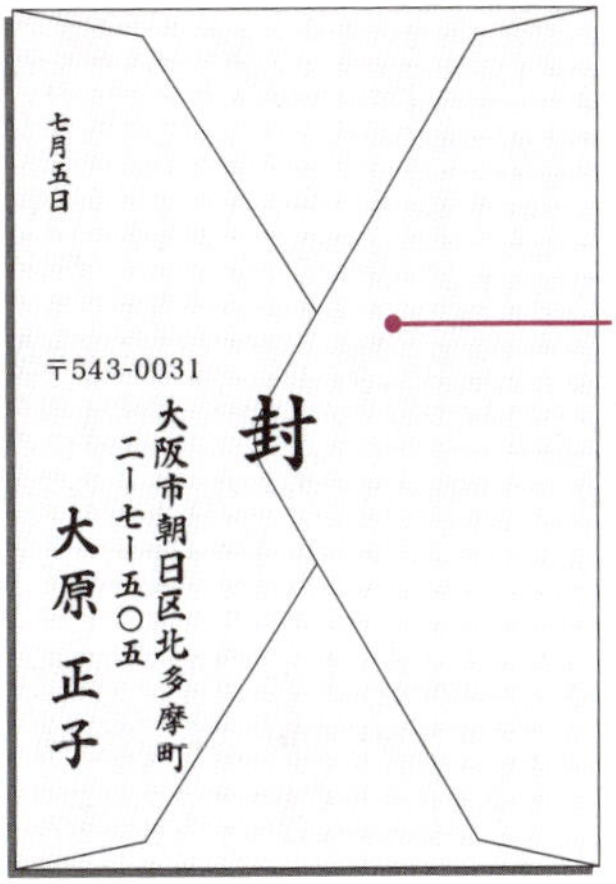
七月五日
〒543-0031
大阪市朝日区北多摩町
二－七－五〇五
大原正子
封

縦書きの一般的な裏書きは、封の舌が右に来るように置いて書く。

エアメールの洋封筒の書き方

日本から海外に出すとき

❸Yasunori Kuwata
❹7-10-13 Kawagoe
Tokorozawa-si Saitama
233-1201 JAPAN
❶Mr.Bob Greene
❷322 Lincoln Ave.
New York, N.Y. 11102
U.S.A
❺AIR MAIL

海外から日本に出すとき

❸Bob Greene
❹322 Lincoln Ave.
New York, N.Y. 11102
U.S.A
埼玉県所沢市川越
7-10-13
桑田 康則 様
233-1201 JAPAN
❺AIR MAIL

エアメールの洋封筒は、次の点に注意する。

❶受取人氏名……封筒の右中央に、大きめの文字で書く。敬称、名前、苗字の順。

❷受取人住所……大きめの文字で、日本語の書き方とは逆の順次で書く。アパートなどの建物名、部屋番号、住所番号、街路名、都市名、地方名、州名、郵便番号、国名の順。国名は必ず大文字で書く。

❸差出人氏名……受取人の氏名より、やや小さめに書く。

❹差出人住所……氏名の下に2行ぐらいに収まるように書く。受取人住所と同じように、日本とは逆の順番になる。

❺AIR MAILと書く。

海外から日本に出すときは、宛名、宛先は日本式で書くが、郵便番号は住所の後に書き、国名「JAPAN」を最後に大文字で書く。

便箋の書き方

便箋の書き方にも習慣化されたいくつかの決まりがあります。その決まりを守ると、文章が書きやすく、相手も読みやすい、美しい手紙になります。美しく手紙を整えることは、相手への敬意を示すために、とても重要です。

1 ⑬

①拝啓

②　富士見池の桜の蕾が、いよいよほんのりピンクに色づき始め、春の訪れを感じさせます。

　ご家族様にはその後もお変わりなくお健やかにおすごしのことと、心よりお喜び申し上げます。

③　先日はご多忙の中、わざわざご足労くださり、感謝にたえません。ありがとうございました。

④　さて、はなはだ不躾ではございますが、少々お願いがあり、本日はお手紙をしたためました。息子が春休みを利用して、ニューヨークに一人で遊びに行きたいと申しますが、いかがなものでしょうか。ご意見をお聞かせ願えれば幸いに存じます。

⑤　彼の地については、私ども夫婦はまったくの不案内です。ニュースなどで様子を知る限りで、私どもの印象としては、はなはだ心配です。

▼**注意事項**

①「拝啓」などの頭語は、行頭の一字目から書く。

②時候のあいさつは、改行一字下げで開始。改行せず頭語の下を一字空けて書いてもよい。

③前文の内容を変えるときは、改行一字下げで開始。

④主文に入るときは、改行一字下げで開始。

⑤主文内でも内容が変わるときは、改行して読みやすくする。

⑥末文も改行一字下げで開始。

⑦結語は、改行して主文の下から一字上げて書く。末文が

2 ⑬

恐縮ですがお時間のある折、お電話で結構ですので、お考えをお聞かせくださるようお願い致します。

⑥春近しとはいえ、まだまだ気温は低いようです。くれぐれもご自愛ください。

とり急ぎ、お願いまで申し上げます。

⑦敬具

⑧三月二十五日

⑨山口　健太

⑩玉川　五郎　様

⑪机下

⑫追伸　妻が先日熱海に出掛けました。おみやげにあじひらきを貴家にお送り致しました。ご笑納ください。

行頭で終わるなら、その行の下に結語を入れる。

❽日付は改行して、原則として、主文より一、二字下げて書き始める。

❾署名は、日付の下か次行に書くが、主文の下端より一字程度上げ主文と同じ大きさの文字で書く。

❿宛名は、主文と頭をそろえ、主文より少し大きめに書き敬意を払う。

⓫脇付は、敬称の左脇に、敬称よりやや小さく書く。

⓬追って書きは、主文より二、三字下げ、主文の文字より小さめの文字で、二、三行に短くまとめる。

⓭ページ数は必ず記入する。記入がないと、脱落があってもわからない。一枚なら不要。

はがきの表書きの書き方

■ 縦書きの表書き

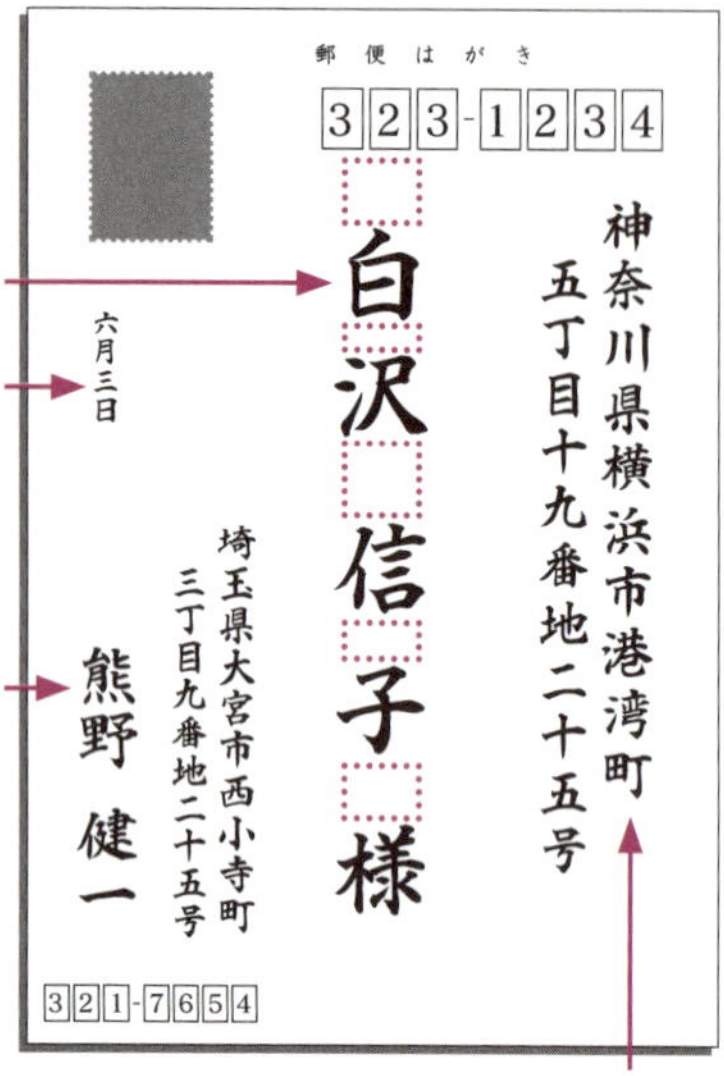

宛名は、はがきの中央に大きく書く。宛名の書き出しは郵便番号欄にぴったりくっつけないで少し空け、ほどよく余裕を持たせて字配りする。

発送した日付

差出人氏名は、差出人の住所より大きめに書く。

郵便はがき
323-1234

神奈川県横浜市港湾町
五丁目十九番地二十五号

白沢 信子 様

六月三日

埼玉県大宮市西小寺町
三丁目九番地二十五号

熊野 健一

321-7654

宛先は、はがきの右端から書き始めるが、極端に右よりにならないように注意する。

■ 横書きの表書き

郵便はがき
323-1234

神奈川県横浜市港湾町
5丁目19番地25号

白沢 信子 様

埼玉県大宮市西小寺町
3-9-25

321-7654　熊野 健一

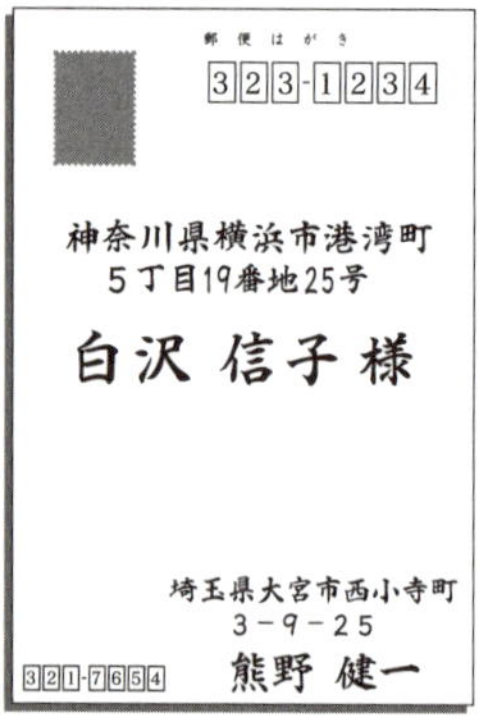

横書きの場合も宛名は、はがきの中央に大きく書く。宛先と差出人の住所番号は、算用数字で書くほうが読みやすい。

はがきの表書きの書式も、宛名、宛先などを書くときの文字の大きさの比率も、基本的に和封筒の場合と同様です（313頁参照）。

はがきの表書きは、縦書きが原則ですが、気軽な内容のとき、あるいはスマートな印象を強調したいときには、本文を横書きにすることがあるので、そのときは、表書きも横書きにします。また、はがきは表面の半分の面積まで本文を書くことができるので、その決まりを利用した絵はがきなどは、宛先、宛名をはがきの半分のスペースに、コンパクトに書くことになります。

便箋の折り方

●和封筒に三つ折りで入れる場合

便箋の下から3分の1を折り上げ、上3分の1を折り下げて三つ折りにする。そして、書き出し部分が封筒の開口部に来るように入れる。

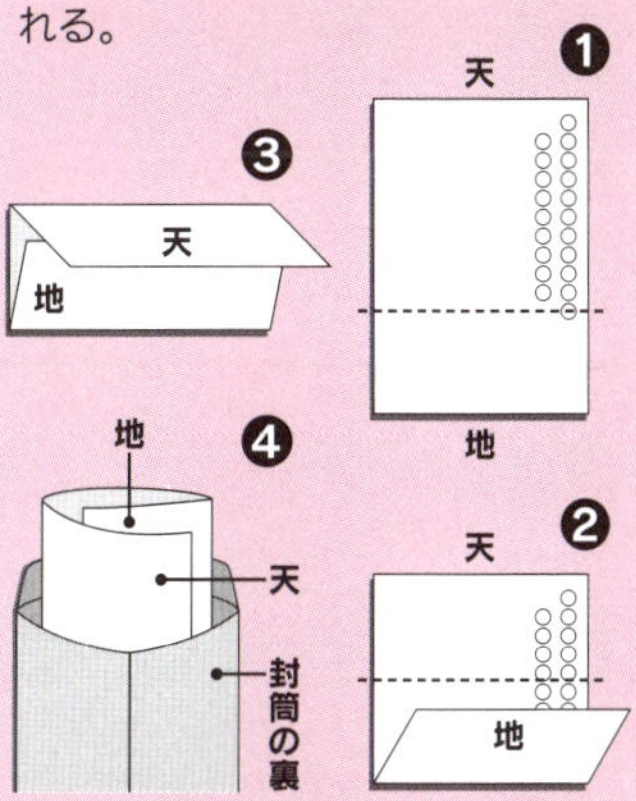

●洋封筒に四つ折りで入れる場合

まず縦に二つ折りしてから、上下を合わせるように横に二つに折り、四つ折りにする。折り目が封筒の開口部に来ないようにして入れる。

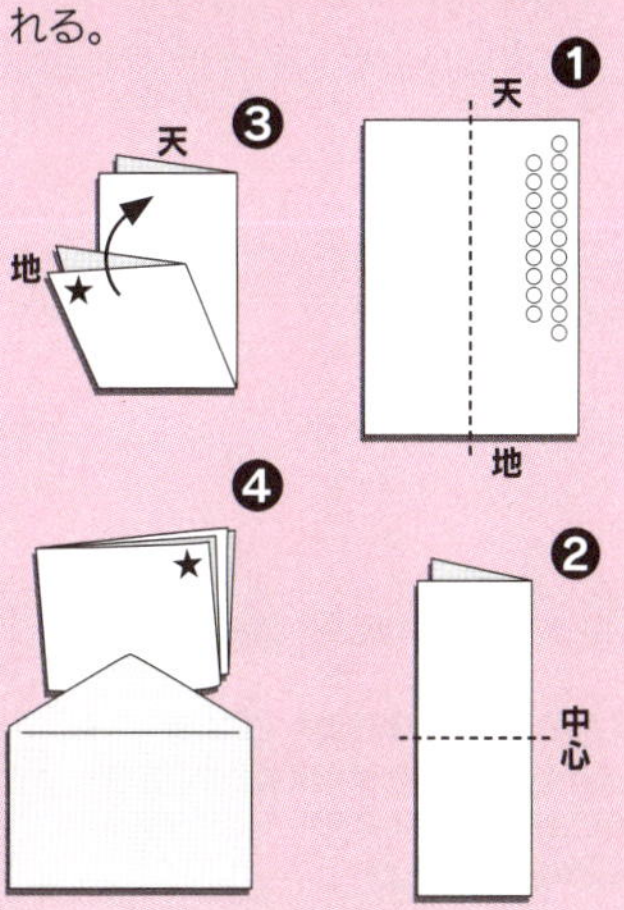

■絵はがきの表書き（国内）

POST CARD
567-1234
静岡県富士市新町
二の三の十二
児玉 玲子 様
練馬区桜台町
六の五の二
楠瀬 明美
154-0015

基本的な注意点は、表書きの書き方と同じ。表面の上半分に、宛先、宛名、差出人住所、氏名をコンパクトに収める。

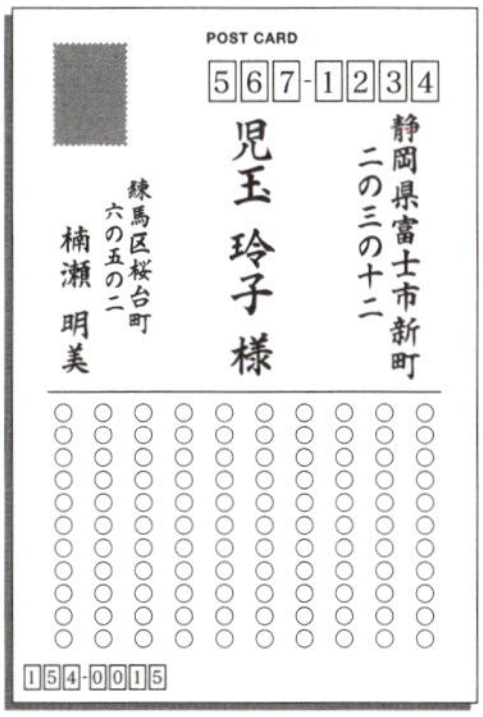

■絵はがきの表書き（海外⇔国内）

海外から日本への絵はがき

❶ハワイ・オワフ島にて 佐伯正信
❷〒567-1234
静岡県富士市新町
2の3の12
児玉 玲子 様
JAPAN
❸AIR MAIL

❶旅先からなら、発信地の地名を入れる。
❷宛先、宛名は日本語でよい。ただし、国名は「JAPAN」と大文字で書く。
❸「AIR MAIL」を必ず目立つように書く。

日本から海外への絵はがき

❶〒567-1234
静岡県富士市新町2の3の12
児玉 玲子 JAPAN
❷Mr.Bob Greene
322 Lincoln Ave.
New York, N.Y. 11102
U.S.A
❸AIR MAIL

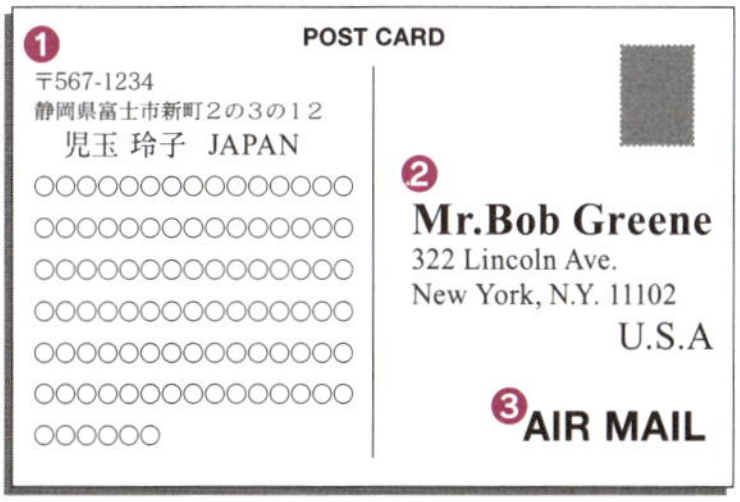

❶差出人住所は日本語でよいが「JAPAN」と書く。
❷1行目に宛名、2行目から住所。行頭をそろえる。そして国名を大文字で書く。
❸「AIR MAIL」を必ず目立つように書く。

中川 越（なかがわ・えつ）
1954年、東京都に生まれる。雑誌・書籍編集者を経て、執筆活動に入る。古今東西、有名無名問わずさまざまな手紙から手紙のあり方を研究、多様な切り口で執筆した手紙に関する書籍は数十冊に及ぶ。著書のほか、東京新聞での連載コラム「手紙 書き方味わい方」、NHKのテレビ番組「先人たちの底力 知恵泉」「視点・論点」への出演などを通じて手紙の良さを紹介している。
著書には『夏目漱石の手紙に学ぶ 伝える工夫』（マガジンハウス）、『文豪たちの手紙の奥義』（新潮文庫）、『結果を出す人のメールの書き方』（河出書房新社）、『気持ちが伝わる手紙・はがきの書き方全集』（PHP研究所）、『完全手紙書き方事典』（講談社+α文庫）など多数がある。

講談社の実用BOOK
実例 大人の基本 手紙書き方大全
2015年6月16日　第1刷発行

著者　中川 越
©Etsu Nakagawa 2015, Printed in Japan

発行者　鈴木 哲
発行所　株式会社 講談社
　　　　東京都文京区音羽2-12-21　〒112-8001
　　　　電話　編集 03-5395-3529
　　　　　　　販売 03-5395-3606
　　　　　　　業務 03-5395-3615

装丁　村沢尚美（NAOMI DESIGN AGENCY）
カバー・本文イラスト　KIKO
本文デザイン　細野慶太、古郡 萌（サン企画）
印刷所　大日本印刷株式会社
製本所　株式会社国宝社

落丁本・乱丁本は購入書店名を明記のうえ、小社業務あてにお送りください。送料小社負担にてお取り替えいたします。

なお、この本の内容についてのお問い合わせは、生活実用出版部 第二あてにお願いいたします。本書のコピー、スキャン、デジタル化等の無断複製は著作権法上での例外を除き禁じられています。本書を代行業者等の第三者に依頼してスキャンやデジタル化することは、たとえ個人や家庭内の利用でも著作権法違反です。

定価はカバーに表示してあります。

ISBN978-4-06-299829-1